순교자 열전

Foxe's Book of Martyrs

순교자 열전

존 폭스

Foxe's

홍병룡 옮김 | 최상도 해설

Book of Martyrs

포이에마
POIEMA

일러두기

−

1. 이 책은 미국 라이트하우스 트레일스에서 출간한 *Foxe's Book of Martyrs*의 한국어판이다.

2. 본문에 실린 인명과 지명은 존 폭스가 1563년부터 1583년까지 네 번에 걸쳐 출간한 원전 텍스트 (www.johnfoxe.org)와 라이트하우스 판, 해당 국가 순교자 명단을 비교·대조한 뒤 국립국어원 외래어표기법에 맞추어 표기했다.

3. 교부 시대의 인명과 지명은 한국교부학연구회에서 정리한 《교부학 인명·지명 용례집》에 따라 고전 라틴어를 음역 표준으로 삼되, 현대인들에게 익숙한 영어 이름과 차이가 많은 경우에는 영어명을, 성경에 나오는 표기와 다른 경우에는 성경 속 명칭을 괄호에 병기했다.

4. 인명과 지명의 원어는 본문에 병기하지 않고 찾아보기에 따로 정리했다.

순교자 열전

존 폭스 지음 | 홍병룡 옮김 | 최상도 해설

1판 1쇄 발행 2014. 3. 7. | **1판 4쇄 발행** 2025. 2. 20. | **발행처** 포이에마 | **발행인** 박강휘 | **등록번호** 제 300-2006-190호 | **등록일자** 2006. 10. 16. | 서울특별시 종로구 북촌로 63-3 우편번호 03052 | 마케팅부 02)3668-3260 편집부 02)730-8648 | 팩스 02)745-4827

값은 뒤표지에 있습니다. | ISBN 978-89-97760-74-9 03230 | 이메일 masterpiece@poiema. co.kr | 좋은 독자가 좋은 책을 만듭니다. 포이에마는 독자 여러분의 의견에 항상 귀 기울이고 있습니다.

또 어떤 이들은 더 좋은 부활을 얻고자 하여 심한 고문을 받되 구차히 풀려나기를 원하지 아니하였으며 또 어떤 이들은 조롱과 채찍질뿐 아니라 결박과 옥에 갇히는 시련도 받았으며 돌로 치는 것과 톱으로 켜는 것과 시험과 칼로 죽임을 당하고 양과 염소의 가죽을 입고 유리하여 궁핍과 환난과 학대를 받았으니 (이런 사람은 세상이 감당하지 못하느니라) 그들이 광야와 산과 동굴과 토굴에 유리하였느니라.

–

히 11:35-38

이번에 포이에마에서 고전 시리즈 제4권으로 《순교자 열전》을 출판하게 된 것을 축하하며 충심으로 환영합니다. 서양 기독교 전통에서 존 폭스의 《순교자 열전》은 존 버니언의 《천로역정》과 함께 가장 많은 사랑을 받은 고전이자 가장 많은 독자를 거느린 저작으로 기독교 신앙의 힘이 얼마나 위대한지를 보여준 기념비적인 작품이라 할 수 있습니다. 과거에도 이 책이 한국어로 번역된 적이 있으나, 이번에 포이에마에서 윌리엄 바이런 포부쉬의 편집본을 토대로 축약한 라이트하우스 판을 새로 번역하고 더 편하게 읽을 수 있도록 만들었을 뿐 아니라, 정성이 깃든 아름다운 책으로 출판하게 된 것은 한국 독자들을 위한 배려이자 한국 교회에 주신 값진 선물이라고 생각합니다.

널리 알려져 있듯이 《순교자 열전》은 방대한 책입니다. 제가 소장하고 있는 판본은 런던 나이트앤선 사가 1860년대에 발행한 것으로 깨알 같은 글씨와 삽화로 무려 1,085쪽으로 구성되어 있습니다. 어떤 이는 이 책의 단어 수가 약 800만 개에 이른다고 말합니다. 미국의 도널드 윌리엄스 교수는 방대함이 도리어 약점이라고까지 말할 정도입니다. 이 책의 축약본이 나온 것은 지극히 자연스러운 일이었습니다. 그래서 여러 형태의 축약본이 나왔지만, 그중에서도 윌리엄 바이런 포부쉬의 축약본은 저자의 정신과 의도를 반영한 대표적인 축약본으로 인정받아왔습니다.

제가 이 책을 처음 접한 것은 신학대학원에 다닐 때였습니다. 순교 역사에 관심을 가지면서 초기 교회의 순교사를 다룬 《카타콤의 순교자》, 침례교의 《피 흘린 발자취》, 메노나이트교회의 《순교자의 책》을 구해 읽으면서 기독교 역사는 바로 순교의 역사라는 생각이 들었고, 신사참배를 거부했던 우리나라뿐 아니라 영국에서도 이런 심각한 환란과 박해가 있었다는 사실을 알게 되었습니다. 그리고 '신앙이란 무엇인가' 하고 깊이 생각하게 되었습니다. 2002년에는 호주 맥쿼리 대학 초기기독교연구소에서 순교에 대한 사회적 해석을 공부하면서 위에서 말한 런던 나이트앤선 사의 편집본을 구입하여 《순교자 열전》을 다시 읽었습니다. 그리고 진지하고도 성실한 기록에 감탄하지 않을 수 없었습니다. 우리나라에서는 폭스의 책이 여러 버전으로 출간되었는데, 이번에 보다 충실한 역본이 출간된 것은 참으로 다행스러운 일입니다.

존 폭스의《순교자 열전》은 내용의 방대함이 암시하듯이 1-2년 사이에 완성된 책이 아니라 오랜 기간에 거쳐 보완되고 확장된 책입니다. 1563년에 초판이 나왔고 1570년과 1576년, 1583년에 다시 증보판이 발행되었습니다. 원전에는 '기독교 순교자들의 보편 역사An Universal History of Christian Martyrdom'라는 부제가 달려 있는데, 부록까지 포함하여 전 8권으로 구성되어 있습니다. 초기 기독교 순교자들에 관한 이야기부터 기록하고 있으나 메리 1세 치하의 영국에서 있었던 박해와 순교에 관한 기록이 큰 기둥을 이루고 있어서 메리가 죽고 엘리자베스가 왕위에 오른 뒤인 1570년 4월 캔터베리에서 소집된 회의에서는 이 책을 모든 교회에 비치하도록 결의하기도 했습니다.

실제로《순교자 열전》은 영국 개신교도들에게 극진한 사랑을 받았습니다. 성경과 함께 그리스도인들이 가장 소중히 여기는 책으로 각 가정에 비치되어 믿음을 굳건하게 하고 용기와 저항 정신을 북돋는 강력한 도구가 되었습니다. 이 책이야말로 '믿음만이 할 수 있는 위대한 일'을 보여주는 동시에 '믿음 때문에 겪는 위대한 일'을 보여줍니다. 이 책에 기록된 순교자들은 성경을 하나님의 말씀으로 받아들였고, 성경의 말씀이 자신의 삶 속에 역사했음을 온전히 증명했습니다. 그들에게는 이 땅에서의 어떤 것도, 집과 토지, 부와 명예, 친구와 친척, 심지어는 이 땅에서의 어떤 인연이나 자신의 생명조차도 하나님을 향한 사랑과 믿음에 비하면 아무것도 아님을 보여주었습니다. 이들이야말로 주의 이름을 위하여 집이나 형제나 자매나 부모나 자식이나 전토를 버린 자들입니다(마 19:29). 이 책이 우리말로 새롭게 번역된 것은 큰 축복입니다. 신실한 영국의 성도들이 그랬던 것처럼 성경 옆에 두고 도전과 자극을 받기를 기대합니다.

2014년 2월

이상규 (고신대학교 교수, 개혁주의학술원장)

존 폭스와 순교자 열전

'폭스의 순교자 열전'으로 알려진 이 책의 본래 제목은《교회 문제와 관련된 근래의 위태로운 날들의 행적과 공적》으로서 거의 5세기 동안 신실한 그리스도인의 서재에서 중요한 자리를 차지해왔다. 존 폭스는 이 책에서 예수 그리스도의 복음을 위하여 자기를 희생한 이들의 고난과 잔인한 죽음을 연대순으로 기록하면서, 성령의 영감을 받은 이 고귀한 영혼들의 용기를 잘 포착했다. 비인간적이고 잔인한 묘사 때문에 때론 읽기 힘들기도 하지만, 영웅들의 신실한 모습만큼은 영원히 우리 마음에 새겨질 것이다.

존 폭스는 1517년 잉글랜드 링컨셔에서 태어나 옥스퍼드 대학교에서 공부했다. 옥스퍼드에서 공부하는 동안 지적인 탁월성과

명민함이 무척 돋보이는 인물이었다. 그의 특별한 재능은 무엇보다 시詩에서 잘 드러났으며 라틴 희극을 몇 편 창작하기도 했다. 그러다가 좀 더 진지한 주제로 관심을 돌렸는데 바로 성경에 대한 연구였다. 이를 시작으로 그는 결국 신학에 열정적으로 몰두하게 되었다. 그즈음 종교개혁이 불붙기 시작했는데, 폭스는 종교개혁을 옹호하는 입장이었다. 폭스의 이런 행보는 고통스런 여정이 시작되었음을 의미했다.

폭스의 첫 번째 관심사는 교회 역사였다. 그는 초기 교회와 근대 교회의 역사를 공부하면서 교회의 시작과 발전을 탐구하고, 그동안 발생했던 논쟁의 원인을 연구하고, 교회의 교리 및 행습의 단점을 부지런히 닳아보았다.

서른 살이 되기 전에 헬라 교부와 라틴 교부를 비롯한 박식한 저자들과 공의회 의사록 및 교회 재판소 법령 등을 연구했고 히브리어를 능숙하게 구사했다. 존 폭스는 이런 공부에 상당한 시간을 투자했고 심지어는 밤을 새우기까지 했다. 이처럼 줄기차게 공부한 뒤에는 긴장도 풀 겸 대학 근처 숲길을 거닐었다. 홀로 산책하며 종종 흐느껴 울거나 탄식하며 하나님께 기도를 쏟아내기도 했다. 그리고 이와 같이 밤중에 자주 몸을 숨기는 바람에 로마 교회로부터 멀어지고 있다는 의심을 받았다. 이런 행동의 변화에 대해 해명하라는 압력을 받자 그는 굳이 변명하려고 하지 않았고 자신의 견해를 분명히 밝혀 대학 측으로부터 이단으로 유죄 판결을 받아 쫓겨났다.

잉글랜드는 점점 종교개혁을 지지하는 사람들이 살기 어려운 곳으로 변해갔다. 프로테스탄트에 대한 무시무시한 박해가 막 시작되던 때에 폭스는 곧 실형을 선고받아 투옥될 거라는 말을 듣고 즉시 독일로 몸을 피했다. 독일에는 잔인한 박해자들을 피해 조국을 등지고 온 잉글랜드 피난민이 많았다. 폭스는 그들과 교제하면서 《교회의 행적과 공적의 역사》를 쓰기 시작하여 1554년에 라틴어로, 1563년에 영어로 출간했다.

메리 여왕이 죽은 뒤 개혁파는 영국에서 다시 꽃을 피우기 시작했고 교황파는 내리막길을 걸었다. 이를 계기로 많은 프로테스탄트 망명객이 모국으로 돌아왔다.

폭스도 잉글랜드로 돌아와 정착했고 순교자 열전을 확대 개정하는 일에 몰두했다. 엄청난 노력과 부단한 연구 끝에 11년 만에 작품을 완성할 수 있었다. 그는 정확성을 기하기 위해 이 방대한 책을 직접 필사했다. 이 일로 너무 과로한 탓에 건강이 악화되고 무척 야위어서 이따금 그와 대화를 나누었던 지인들조차 폭스를 알아보지 못할 정도였다. 몸은 그렇게 쇠약해졌으나 연구에 대한 열정은 조금도 사그라지지 않았다. 쉬어야 한다는 주변 사람들의 권면도 들리지 않는 듯했다. 교황파는 자신들의 오류와 잔인성을 고발하는 역사 기록이 장차 그들의 대의에 얼마나 큰 악영향을 미칠지 알았기에 폭스의 작품을 평가절하하려고 갖은 애를 썼다. 그러나 교황파의 간계는 폭스도, 하나님의 교회도 막지 못했다. 교황파가 폭스의 글을 깎아내리기 위해 내놓는 증거가 오히려 폭스의 작품이 확실한 사실임을 입증하는 데 사용되어 작품의 진가가 더 드러났다.

피의 여왕 메리의 치하에서 당한 박해 자료를 수집할 때는 원한에 사무쳐 글을 쓰기도 했지만, 사실 폭스는 메리 여왕에게 호의적인 인물이었다. 또한 로마 교회에 저항하면서도 프로테스탄트 동지들과 로마 교회의 화합을 처음으로 시도한 인물이기도 하다. 이런 면에서 그는 진정한 관용의 사도였다.

1563년에 잉글랜드에서 전염병이 발생했을 때 많은 사람이 이웃을 돕는 본분을 저버렸지만, 폭스는 소외된 사람을 돕고 구제를 베풀면서 그리스도인으로서 마땅히 해야 할 본분을 다했다. 그리스도의 이름으로 도움을 청하는 사람에게는 거절하는 법이 없었다. 실로 관대하고 넓은 마음씨를 가진 그는 엘리자베스 여왕에게도 감화를 주어 종교적 신념이 다른 이들을 죽음으로 몰아넣는 잔인한 행위를 더 이상 하지 않도록 이끌었다. 여왕이 그를 무척 존경하여 "우리 아버지 폭스"라고 부를 정도였다.

폭스는 살아 있는 동안 자기 작품이 끼치는 영향력을 직접 목격했다. 그가 죽기 전에 이 책은 이미 큰 판형으로 4판版이나 출간되었다. 당시에는 성경을 교회 안에 있는 성서대에 비치해놓고 사람들이 읽을 수 있게 했는데, 교회 주교들은 폭스의 책도 잉글랜드에 있는 모든 교회에 비치해 두루 읽히도록 했다.

폭스는 오랫동안 사역과 집필 활동을 통해, 그리고 자비롭고 보람되고 거룩한 삶을 통해 교회와 세상을 섬겼다. 그리고 1587년 4월 18일, 70세의 나이에 그리스도의 품에 안겼다.

폭스의 유산인 《순교자 열전》은 1583년에 출간된 최종판의 경우 무려 2,000페이지가 넘었다. 여기에는 위풍당당한 성도들이 불꽃 속에 죽어가며 찬송을 부르는 모습 등을 그린 정교한 목판화가 들어 있다.[*] 폭스가 책에 이런 그림을 포함시킨 이유는 글을 모르는 사람들도 교회 역사의 진실을 알고 성도들이 얼마나 어렵게 신앙의 길을 걸었는지 알게 하기 위함이었다.

이 책을 포함하여 요즘 출간되는 대다수의 《순교자 열전》은 많은 부분이 축약된 것이다. 이런 축약판을 갖게 된 것은 필라델피아의 윌리엄 바이런 포부쉬의 수고 덕분이다. 포부쉬는 원고 분량을 크게 줄이고, 언어를 현대화했으며, 폭스의 전기와 폭스가 죽은 뒤 발생한 사건들에 관한 이야기 등 새로운 자료를 덧붙였다.[**]

라이트하우스 출판사는 폭스의 《순교자 열전》을 출간하기 위

---

[*] 이 책 《순교자 열전》에는 원전에 실린 목판화뿐 아니라 다른 미술가들이 그린 삽화도 추가했다. 삽화의 출처는 375~377쪽에 명시했다. 장(章) 뒤편에는 여러 성경 구절도 덧붙였다.
[**] 폭스의 생전에 출간된 네 가지 판의 원전 텍스트를 보려면 다음 웹사이트를 참고하라. http://www.johnfoxe.org

해 존 폭스가 기록한 생생한 묘사와 그림을 그대로 넣으면서도 현대 독자들이 이해할 수 있게 만들려고 노력했다. 그래서 일부 이야기는 생략하고 또 어떤 이야기들은 짧게 줄였다. 고어는 현대어로 교체했다. 그러면서도 편집 과정에서 저자의 본의를 왜곡하지 않으려고 상당한 주의를 기울였다. 이 영예로운 순교자들 가운데 과연 누구를 생략할지를 정하는 일은 무척 어려운 과정이었다. 우리는 시대별 나라별로 본보기가 될 만한 진정한 그리스도의 순교자들과 함께 잘 알려진 이야기와 알려지지 않은 이야기를 모두 포함시켰다.

여기에 나온 이야기들은 무척 고통스러워서 어쩌면 독자들이 감당하기 어려울지도 모른다. 하지만 성경에 나오는 다음 말씀을 기억하자. "그의 경건한 자들의 죽음은 여호와께서 보시기에 귀중한 것이로다"(시 116:15). 아무쪼록 순교한 그리스도인들에 대한 이 기억이 현대를 살아가는 신자의 마음과 생각 속에 길이 살아 있기를 바란다.

라이트하우스 트레일스 편집진

차 례

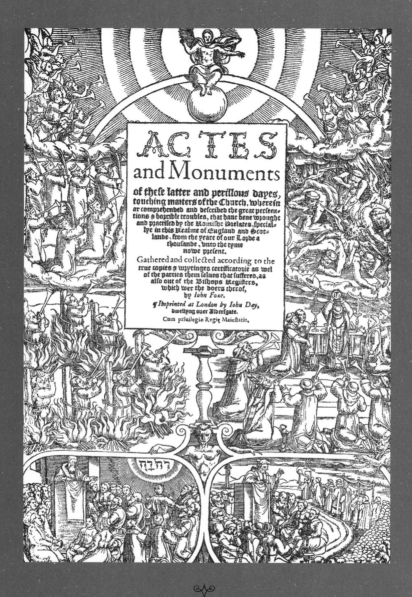

초판 표지

존 폭스

1

네로 황제의 박해 이전의
순교 역사

History of Christian Martyrs to
the First General Persecutions Under Nero

마태복음에 따르면 우리의 구원자이신 그리스도는 시몬 베드로
의 고백, 즉 최초로 그분을 하나님의 아들로 공공연하게 인정한
신앙고백을 듣고 그분의 교회를 세우되 음부의 권세가 이기지
못할 만큼 튼튼하게 세우겠다고 말씀하셨다.

　이 예언은 오늘까지 이르는 교회의 역사가 다름 아닌 그 예언
의 증명이라고 할 만큼 놀랍게 성취되었다. 첫째, 그리스도가 교
회를 세우셨다는 사실은 굳이 언급할 필요조차 없다. 둘째, 이
세상의 귀족과 군주와 왕과 총독과 통치자, 그리고 그들의 신하
가 모든 권력과 잔꾀를 동원하여 교회에 대항했다. 셋째, 그럼에

도 교회는 지금까지 얼마나 잘 견디고 버텨왔는가! 이런 이유로 나는 현존하는 역사를 다루려고 한다. 하나님의 교회 안에서 이루어진 그분의 놀라운 사역을, 그분의 영광을 위해 드러낼 목적으로 이 일을 시작하려 한다. 아울러 때때로 교회의 성장 과정을 설명함으로써 더 많은 지식을 습득하고 경험하게 하여 독자에게 유익을 주고 그들로 하여금 기독교 신앙을 함양하도록 북돋을 생각이다.

우리 구주의 십자가 죽음을 전후한 그분의 내력에 대해 상술하는 일은 우리의 본분이 아니다. 다만 독자들에게 그분의 부활로 말미암아 발생한 변화를 상기시키고 싶을 따름이다. 비록 한 사도가 그분을 배신했고 또 한 사도는 엄숙히 서약했음에도 그분을 부인했고 나머지 사도들이 모두 그분을 버렸지만, 그분의 부활의 역사는 그들의 마음을 새로운 방향으로 인도했고 성령께서 오시어 그들의 마음에 새로운 확신을 주셨다. 실로 그들은 새로운 능력을 받아 담대하게 그분의 이름을 선포했다. 이 일로 유대 지도자들은 혼란에 빠졌고 이방인 개종자들은 깜짝 놀랐다.

스데반

스데반은 순서상 우리 주님 다음에 죽임을 당한 인물이다. 그리스도를 배신하고 살해한 자들에게 복음을 신실하게 전파한 결과 그는 죽음에 이르렀다. 그들은 광분하여 스데반을 성 밖으로 내치고 돌로 쳐서 죽였다. 그가 처형을 당한 시기는 우리 주님이 십자가에서 죽으신 이듬해 유월절 즈음으로 추정된다.

이를 계기로 그리스도를 메시아나 선지자로 믿는 신앙을 고백한 모든 사람이 큰 박해를 당했다. 누가에 따르면 "그날에 예루살렘에 있는 교회에 큰 박해가 있어 사도 외에는 다 유대와 사마리아 모든 땅으로 흩어졌다"(행 8:1)고 한다. 스데반의 순교를 계기로 일어난 박해가 계속되는 동안 일곱 집사의 하나인 니가노르를 비롯하여 2,000여 명의 그리스도인이 순교했다.

돌에 맞는 스데반

그들이 돌로 스데반을 치니 스데반이 부르짖어 이르되 주 예수여 내 영혼을 받으시옵소서 하고 무릎을 꿇고 크게 불러 이르되 주여 이 죄를 그들에게 돌리지 마옵소서 이 말을 하고 자니라(행 7:59-60).

큰 야고보

사도행전의 역사를 기록한 누가에 따르면 우리가 만나볼 다음 순교자는 세베대의 아들 야고보다. 그는 요한의 형이자 우리 주님의 친척이었다. 그의 어머니 살로메가 예수님의 어머니인 마리아의 사촌이었기 때문이다. 두 번째 순교는 스데반의 죽음이 있은 지 10년 후에 일어났다. 아그리파 1세는 유대 총독으로 임명되자마자 유대인의 환심을 살 목적으로 그리스도인을 심하게 박해했고, 기독교 지도자들을 공격하여 효과적인 타격을 가하기로 결심했다. 우리는 저명한 초대교회 저술가였던 알렉산드리아의 클레멘스가 전해준 이야기를 간과해서는 안 된다. 그에 따르면, 야고보를 고소한 사람이 야고보가 처형장으로 끌려가는 동안 비범한 용기를 보이자 회개했다고 한다. 그 고소인은 야고보의 발 앞에 엎드려 용서를 구하고 스스로 그리스도인이 되었다고 고백했다. 그리고 야고보 홀로 순교의 면류관을 받게 해서는 안 된다고 생각해 자기도 야고보를 따르기로 결심했다. 그리하여 두 사람이 동시에 목이 베여 죽임을 당했다. 이렇게 해서 사

야고보의 죽음

도로서 최초의 순교자가 된 야고보는 주님이 권하신 잔을 기쁘고 단호하게 받았다. 이 사건은 AD 44년에 있었다.

빌립

빌립은 갈릴리의 벳새다에서 태어났고 처음으로 '제자'로 불린 인물이다. 그는 북아시아에서 부지런히 사역했고 프리기아의 헬리오폴리스에서 순교했다. 채찍에 맞고 감옥에 갇혔다가 AD 54년에 십자가형을 당했다.

마태

세리 마태는 나사렛에서 태어났다. 그는 파르티아와 에티오피아에서 복음을 위해 수고했다. AD 60년에 에티오피아 나다바에서 전투용 도끼로 살해당하여 순교자의 대열에 합류했다.

작은 야고보

야고보는 예루살렘 교회의 초대 감독이었다. 야고보서의 저자이기도 한 그는 94세의 나이에 유대인에게 매질을 당하고 돌에 맞았으며 몽둥이에 머리를 맞아 뇌가 튀어나왔다.

맛디아

다른 제자들에 비해 맛디아에 관해서는 알려진 바가 별로 없다. 그는 유다의 빈자리를 메우기 위해 선출된 인물이다. 맛디아는 예루살렘에서 돌에 맞고 참수형을 당했다.

안드레

안드레는 베드로의 형제였다. 그는 많은 아시아 국가에 복음을 전파했는데, 에데사에 도착하자마자 붙잡혀서 십자가에 못박혔다. 그 십자가의 양끝이 대각선 모양으로 땅에 박혀 있었는데, 바로 여기에서 X자 형의 십자가를 가리키는 '세인트 앤드루 십자가'라는 용어가 유래했다.

십자가에 거꾸로 매달리는 사도 베드로

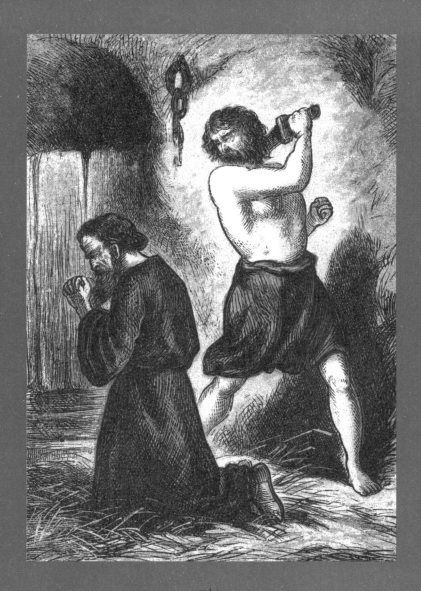

사도 바울의 순교
또 우리 형제들이 어린 양의 피와 자기들의 증언하는 말씀으로써 그를 이겼으니,
그들은 죽기까지 자기들의 생명을 아끼지 아니하였도다(계 12:10–12).

마가

마가는 유대인 레위 족속인 부모에게서 태어났다. 베드로에 의해 기독교로 개종한 것으로 추정된다. 베드로의 비서로 섬겼던 마가는 베드로의 감독 아래 마가복음을 헬라어로 기록했다고 한다. 마가는 무자비한 알렉산드리아 사람들의 손에 붙잡혀 그들의 우상인 세라피스를 숭배하는 연례 축제 때 질질 끌려 다니며 갈기갈기 찢겨 생을 마감했다.

베드로

특별히 축복받은 사도였던 베드로는 사형 선고를 받고 십자가에서 처형되었다. 헤게시푸스[1]에 따르면, 네로는 베드로를 죽일 빌미를 열심히 찾았다고 한다. 히에로니무스(제롬)의 글에는 베드로가 십자가에 달리기 전, 자신은 주님과 같은 모양과 방법으로 십자가에 달릴 자격이 없으니 거꾸로 매달려 죽게 해달라고 요청한 것으로 기록되어 있다.

바울

회심 이전에 사울이라고 불렸던 사도 바울은 그리스도의 복음을 전하다가 큰 고생과 이루 말할 수 없는 수고를 다한 뒤에 네로 치하에서 일어난 첫 번째 박해 때 사형을 당했다. 네로는 자기의 병사 페레가와 파르테미우스를 보내 바울에게 죽음을 통보

이교도 제사장들의 손에 죽는 도마

했다. 그들은 바울이 사람들을 가르치고 있을 때 그에게 와서 자기들도 예수를 믿을 수 있도록 기도해달라고 부탁했다. 바울은 그들에게 믿은 직후에 주님의 무덤에서 세례를 받으라고 일러주었다. 그 뒤 병사들이 돌아와서 바울을 도시 밖에 있는 처형장으로 데리고 갔고, 그는 기도한 뒤에 참수형을 당했다.

유다

사도 야고보의 형제였던 유다는 흔히 다대오라고 불렀다. 그는 AD 72년에 에데사에서 십자가형을 당했다.

바돌로매

바돌로매는 여러 나라에서 복음을 전파하고 마태복음을 힌두어로 번역했으며 인도에서 복음을 전했다. 그러다 열성적인 우상숭배자들에게 심한 매질을 당하고 십자가에 매달려 죽었다.

도마

디두모라고 불리는 도마는 파르티아와 인도에서 복음을 전했다. 이교도 제사장들의 분노를 샀던 그는 창에 찔려 순교했다.

누가

복음 전도자 누가는 누가복음의 저자다. 그는 바울과 함께 여러 나라를 여행했으며, 우상을 숭배하는 헬라인 제사장들에 의해 올리브 나무에 달려 죽은 것으로 전해진다.

시몬

'셀롯'이라는 별명을 가진 시몬은 아프리카의 모리타니와 저 멀리 영국까지 가서 복음을 전파했고, AD 74년에 영국에서 십자가형을 당했다.

요한

예수님의 '사랑하는 제자' 요한은 사도 야고보의 형제였다. 스

파트모스 섬에 유배당한 요한

미르나(서머나), 페르가뭄(버가모), 사르데스(사데), 필라델피아(빌라델비아), 라오디케아(라오디게아), 티아티라(두아디라) 등에 있던 교회는 모두 요한이 설립한 교회다. 그는 에페수스(에베소)에서 로마로 강제 송환되어 기름이 끓는 가마에 던져졌으나 아무런 상처도 없이 기적적으로 빠져나왔다. 그 후에 도미티아누스 황제는 요한을 파트모스(밧모) 섬으로 유배시켰고 그는 거기에서 계시록을 남겼다. 그리고 후에 도미티아누스의 후계자가 된 네르바가 요한을 다시 송환했다. 요한은 참혹한 죽음을 면한 유일한 사도인 셈이다.

바나바

바나바는 키프로스(구브로)에서 태어난 유대인 혈통이다. 그는 AD 73년에 죽은 것으로 추정된다.

계속되는 박해와 끔찍한 형벌에도 교회는 사도들의 가르침에 깊이 뿌리박고 성도들의 피를 충분히 공급받아 계속 성장했다.

━━━━━ ❧❦❧ ━━━━━

그러므로 하나님의 지혜가 일렀으되 내가 선지자와 사도들을
그들에게 보내리니 그중에서 더러는 죽이며 또 박해하리라 하였느니라.
창세 이후로 흘린 모든 선지자의 피를 이 세대가 담당하되(눅 11:49-50).

2

초창기에 일어난
열 번의 박해

The Ten Early Persecutions

네로 치하의 첫 번째 박해

AD 67년, 로마의 여섯 번째 황제 네로의 치하에서 교회에 대한 첫 번째 박해가 시작되었다. 네로는 처음 5년 동안 비교적 관대하게 통치했으나, 그 후에는 실로 터무니없는 분노를 참지 못해 잔학한 만행을 서슴지 않고 저질렀다. 충동적으로 자행한 악마 같은 행태 중 하나는 로마 시를 불태우라고 명령한 일이다. 네로의 관리와 호위병, 종들이 이 명령을 집행했다. 제국의 수도가 불타는 동안 그는 마케나스 탑에 올라가 하프를 연주하며 불타는 트로이에 관한 노래를 불렀다. 자기가 죽기 전에 모든 것이 파멸되는 것을 보고 싶다고 공공연하게 선언하면서 말이다. 키르쿠스Circus라고 불리던 훌륭한 건축물 이외에도 많은 궁전과 가옥 수천 채가 불에 타 없어지고 심하게 훼손되었다.

이 무서운 대화재는 9일 동안 계속되었다. 네로는 자기가 저지른 만행으로 비난과 모욕이 쏟아질 것을 예상하고 그것을 그리스도인의 탓으로 돌리기로 결심했다. 그렇게 하면 비난을 모면하는 동시에 잔인한 짓을 저지르며 쾌감을 느낄 기회가 다시한 번 생길 것으로 생각했다. 첫 번째 박해는 이렇게 시작되었다. 당시에 그리스도인을 상대로 가해진 박해는 너무 잔악해서로마인들조차 연민을 느낄 정도였다. 네로는 잔인한 행위를 교묘하게 고안해냈고 지극히 악마 같은 상상력을 동원해 별의별방법으로 그리스도인들에게 형벌을 가했다. 구체적으로 말하면,일부는 야수의 가죽을 입혀놓고 톱으로 썬 뒤에 숨을 거둘 때까지 개들이 먹어 치우게 했고, 일부는 초로 만든 딱딱한 셔츠를입혀놓고 차축에 단단히 묶은 채 불을 붙여놓고 자기 정원을 밝히는 횃불로 사용했다. 이런 박해는 로마제국 전역에서 일어났지만 기독교의 정신을 약화시키기는커녕 더욱 강화시켰다. 그리고 이런 과정에서 바울과 베드로가 순교했다.

여기에 덧붙일 순교자들의 이름은 코린투스(고린도)의 고위 관리였던 에라스도, 마케도니아(마게도냐) 사람 아리스다고, 바울에의해 회심하고 동료가 된 에페수스(에베소) 사람 드로비모, 바사 바라고 불리던 요셉, 다마스쿠스(다메섹)의 감독이었던 아나니아, 70인에 속한 모든 사람들 등이다.

도미티아누스 치하의 두 번째 박해

천성이 잔인했던 도미티아누스 황제는 먼저 친형제를 살해한 뒤에 그리스도인들을 상대로 두 번째 박해를 시작했다. 그는 분노에 가득 차서 로마 원로원의 일부 의원을 죽음에 이르게 했다. 그중 일부는 원한 때문에, 나머지는 자산을 몰수하기 위해 죽인 것이다. 그러고는 다윗의 혈통에 속한 모든 사람을 죽이라고 명령했다.

두 번째 박해 때에 순교한 수많은 순교자 가운데는 예루살렘의 감독으로서 십자가형을 당한 시므온, 펄펄 끓는 기름통 속에서 살아남아 나중에 파트모스 섬으로 유배당한 요한이 있다. 로마 원로원 의원의 딸이었던 플라비아도 폰투스(본도)로 유배를 당했다. 도미티아누스 집권기에 "재판소에 끌려 나온 그리스도인은 자기 신앙을 버리지 않으면 형벌을 면할 수 없다"는 법이 제정되었다.

이 기간에는 그리스도인을 해치기 위해 온갖 이야기가 날조되었다. 예컨대, 로마의 어느 지방이든 기근이나 전염병이나 지진이 발생하면, 어리석은 이방인들은 그것을 그리스도인의 탓으로 돌렸다. 이런 박해로 말미암아 그리스도인들 사이에 밀고자가 늘어났으며, 이익에 눈이 먼 자들 때문에 무고한 사람이 목숨을 잃기도 했다.

그리스도인을 재판관 앞에 세울 때는 그에게 진실을 말할 것을 맹세하게 했고 이를 거부하면 사형이 언도되었다. 스스로 그리스도인이라고 자백해도 동일한 선고가 내려졌다.

바울의 제자로 유명했던 디모데도 두 번째 박해 기간에 죽임을 당했다. 디모데는 에페수스의 감독으로서 AD 97년까지 교회를 위해 열심히 섬겼다. 그러던 어느 날 그는 카타고기온이라 불리는 축제를 준비하던 이방인 행렬을 만났다. 디모데가 그들의 어리석은 우상숭배를 심하게 나무라자 그들은 크게 격분하여 그를 몽둥이로 무섭게 구타했다. 디모데는 이때 입은 상처로 이틀 후에 숨을 거두었다.

트라야누스 치하의 세 번째 박해

세 번째 박해가 일어났을 때 학식 있는 플리니우스는 그리스도인의 대학살을 보고 연민의 정을 느꼈다. 그래서 트라야누스에게 날마다 수천 명의 그리스도인이 죽어가고 있지만 그들 중 어느 누구도 박해를 받을 만큼 로마법에 저촉되는 짓을 한 사람은 없다고 증언하는 편지를 썼다. "그들이 저지른 범죄나 잘못은 기껏해야 이런 것뿐입니다. 습관에 따라 정해진 날에 날이 밝기 전에 모여 자기네가 믿는 그리스도 앞에 정해진 기도문을 함께 외우고 악한 짓을 하지 않기로 맹세하는 것입니다. 말하자면, 도둑질이나 강도질이나 간음을 행하지 않고 거짓 증언을 하지 않고 누구든지 속이지 않겠다는 맹세입니다. 이렇게 한 뒤에 따로 흩어졌다가 소박한 음식을 먹기 위해 다시 모이는 것이 그들의 관습입니다."

이 박해에서 죽임을 당한 순교자는 많은 사람의 존경을 받았던 이그나티우스다. 이그나티우스는 베드로에 이어 안티오키아(안디옥)의 주교로 임명되었던 인물이다. 그는 그리스도를 믿는다고 고백한 죄로 시리아에서 로마로 송환되어 야수들의 먹이로 던져졌다. 아울러 그는 호송인의 엄격한 관리 아래 아시아를 지나가는 동안 모든 교회를 권면하고 하나님의 말씀을 전하며 그들의 믿음을 북돋워주었다고 한다. 스미르나에 온 뒤에는 로마 교회에 편지를 써서 자신이 가장 갈망하고 바랐던 것을 이루게 해달라고, 즉 순교를 모면하도록 자기를 구출하려고 애쓰지 말라고 권면했다. "이제야 나는 제자가 되기 시작했소. 나는 오직 그리스도를 얻기 위하여 보이는 것이나 보이지 않는 것이나 아무것도 상관하지 않소. 불과 십자가, 야수 떼가 달려들게 하시오. 뼈가 부서지고 사지가 찢기고 온몸이 가루가 되고 마귀의 모든 악의가 나를 덮치게 하시오. 아무래도 좋소. 내가 그리스도 예수만 얻을 수 있다면 말이오." 그의 뜨거운 열망대로 그는 결국 야수들에게 던져졌다. 이그나티우스는 사자들이 으르렁거리는 소리를 듣고 이렇게 말했다고 한다.

나는 그리스도의 밀이다. 이제 나는 야수의 이빨에 가루가 되어 순전한 떡이 될 것이다.

트라야누스에 이어 하드리아누스가 황제가 되었지만 그 역시 전임자만큼이나 가혹하게 그리스도인을 박해하여 1만여 명이 순교했다.

아라라트 산에서는 많은 그리스도인이 그리스도의 수난을 본

AD 111년, 사자들에게 던져진 이그나티우스

받아 가시 면류관을 쓰고 창에 옆구리가 찔려 십자가형을 당했다. 용감하고 훌륭한 로마 지휘관이었던 에우스타티우스는 황제의 승리를 기념하는 우상숭배적인 제사에 참석하라는 황제의 명을 받았다. 그러나 그는 신앙(그는 진심으로 그리스도를 믿고 따랐다)이 허영심보다 훨씬 컸기에 황제의 명을 거부했다. 몹시 성난 황제는 이 유능한 지휘관의 공로를 잊은 채 그와 그의 온 집안을 순교의 대열에 합류시켰다.

브레시아 시의 시민이자 형제인 파우스티누스와 요비누스가 순교를 당할 때에 이교도 칼로세리우스는 그토록 큰 고통을 훌륭하게 인내하는 그들의 모습을 보고 큰 감동을 받아 자기도 모르게 "그리스도인의 하나님은 참으로 위대하다!"라고 소리쳤다가 즉시 체포되어 그들과 똑같은 운명에 처했다.

이밖에도 여러 잔인하고 가혹한 행위가 그리스도인에게 가해지던 중에 아테네(아덴)의 주교였던 콰드라투스는 황제 앞에서 설득력 있게 그리스도인을 변호했다. 그리고 아테네의 철학자였던 아리스티데스도 황제에게 편지를 보냈는데, 덕분에 이후 가혹 행위가 줄어들고 적대감도 많이 누그러졌다.

AD 138년에 하드리아누스가 죽고 안토니누스 피우스가 후계자가 되었다. 안토니누스 피우스는 그리스도인에게 꽤 우호적인 군주로서 그리스도인에 대한 박해를 모두 중지시켰다.

마르쿠스 아우렐리우스 치하의 네 번째 박해

네 번째 박해는 AD 161년에 마르쿠스 아우렐리우스가 선동했다. 그는 엄격하고 가혹한 인물이었다. 철학적 탐구와 시민 정치 면에서는 높은 점수를 줄 수 있을지 모르지만, 그리스도인에 대해서는 모질고 사나운 태도를 보였다.

이 박해 기간에 얼마나 잔인한 방법을 동원했던지 구경꾼들이 그 광경을 보고 전율을 느낄 정도였다. 그들은 또한 순교자들의 두려움 없는 모습에 깜짝 놀라기도 했다. 일부 순교자들은 이미 상처투성이인 발로 가시나 못, 날카로운 조개 등을 밟고 지나가야 했다. 어떤 순교자들은 힘줄과 혈관이 적나라하게 드러날 때까지 채찍질을 당했고 고통스러운 고문에 시달린 끝에 끔찍한 죽음을 맞았다.

참된 그리스도인 청년 게르마니쿠스는 신앙 때문에 야수에게 던져졌지만, 깜짝 놀랄 만한 용기를 보여줬다. 이 일로 여러 이방인이 기독교로 개종했다.

존경받는 스미르나의 주교였던 폴리카르푸스(폴리캅)는 자신을 쫓고 있다는 소문을 듣고 몸을 숨겼으나 한 어린아이에게 들켜 잡히고 말았다. 폴리카르푸스는 자기를 체포한 호위병들에게 음식을 대접한 뒤에 한 시간 동안 기도하게 해달라고 요청했다. 그때 얼마나 뜨겁게 기도했던지 호위병들은 그를 호송하는 책임을 맡은 것을 후회했다고 한다. 그럼에도 결국 그는 총독 앞에

화형당하는 폴리카르푸스

끌려가 사형 선고를 받고 장터에서 화형을 당했다.

당시 총독은 폴리카르푸스에게 그리스도를 비난하라고 촉구했다. 그러나 폴리카르푸스는 이렇게 답했다. "내가 86년 동안 섬겨온 그분은 나에게 한 번도 잘못한 일이 없는데 내가 어찌 나를 구원하신 나의 왕을 모독할 수 있겠소?" 그러고는 화형대에 묶였다. 화형대에 죄수를 묶은 뒤에는 원래 못을 박기 마련인데, 그가 움직이지 않겠다고 약속했기에 못은 박지 않았다. 화형대에 불이 붙었으나 불꽃이 그를 사르지 않고 아치형을 그리며 그의 몸을 둘러쌌다. 이 광경을 지켜보던 사형 집행관은 그를 칼로 찌르라는 명령을 받았다. 폴리카르푸스를 칼로 찌르자 상처에서 엄청난 피가 흘러 불이 꺼져버렸다. 그러나 복음의 대적들이 선동하는 바람에 그의 몸에 다시 불을 붙였고 그는 완전히 불에 타 없어졌다. 친구들은 폴리카르푸스를 위해 기독교식 장례를 치르게 해달라고 요청했지만 거절당했다. 그럼에도 그들은 그의 뼈와 잔해를 모아 정중히 매장했다.

훌륭한 미덕을 지닌 로마 명문가 출신 숙녀였던 펠리시타스는 독실한 그리스도인이었다. 그녀는 진실한 신앙으로 일곱 아들을 교육했다. 장남인 야누아리우스는 채찍에 맞고 나서 무거운 짐에 눌려 압사했다. 차남과 삼남인 펠릭스와 필리페는 몽둥이에 맞아 뇌가 튀어나왔다. 사남인 실바누스는 절벽에서 던져져 죽음을 맞았다. 그리고 나머지 세 아들, 알렉산더, 비탈리스, 마르티알리스는 참수형을 당했다. 그들의 어머니도 세 아들을 죽인 그 칼에 죽임을 당했다.

유명한 철학자였던 유스티누스(저스틴)도 이 박해 기간에 순교했다. 그는 AD 103년에 사마리아의 네아폴리스에서 태어났다. 유스티누스는 진리를 지극히 사랑하는 세계적인 학자였다. 먼저 스토아학파와 소요학파를 연구했고, 피타고라스학파에 합류하려 했으나 이 학파 선생들의 행위가 너무도 역겨워 플라톤 사상에 몰입해 큰 기쁨을 얻었다. 그러다가 서른 살 되던 AD 133년경에 기독교로 개종해 처음으로 참된 진리의 본질을 깨달았다.

그는 이방인들에게 격조 높은 편지를 써서 보냈고, 자기 재능을 활용하여 기독교의 진리로 유대인들을 설득하려고 애썼으며, 훗날 로마에 정착하기까지 주로 여행하며 시간을 보냈다.

유스티누스는 한 공립학교를 지키면서 위대한 인물을 많이 배출했고 온갖 이단을 폭로하는 글을 쓰기도 했다. 이교도들이 그리스도인을 매우 가혹하게 대하기 시작하자 그리스도인을 변호하는 첫 번째 변증론을 썼다. 이 저술은 뛰어난 학식과 재능을 담고 있다. 황제가 이 글을 읽고 나서 그리스도인을 지지하는 칙령을 공표하기도 했다.

이후에 유스티누스는 유명하면서도 사악한 견유학파 철학자였던 크레스켄스와 자주 논쟁을 벌였다. 유스티누스가 강력한 논증을 펼치자 견유학파 사람들이 크레스켄스를 선동하여 유스티누스를 파멸시키기로 작정했다.

유스티누스가 두 번째 변증론을 쓰자 크레스켄스는 황제가 유스티누스에 대해 편견을 갖게 부추겼다. 그리하여 유스티누스와 동료 여섯 명이 체포되었다. 이들은 이방의 우상들에게 제사를 지내라는 명령을 받았으나 거부했고, 결국 채찍에 맞은 뒤에 참수형을 당했다. 참수형은 상상을 초월할 정도로 가혹하게 집행되었다.

당시에 북쪽에 있던 몇 나라가 로마에 대항하여 무장 봉기하자 황제가 직접 정벌하러 나섰다. 그런데 황제는 매복한 적들에게 포위돼 군대를 모두 잃을 지경에 이르렀다. 산과 적에게 둘러싸여 사면초가인데다가 목이 말라 죽을 것 같아서 이방의 신들을 힘껏 불러보았지만 아무 소용이 없었다. 그때 황제는 그리스도인으로만 구성된 천둥 군단에게 그들의 하나님께 도움을 요청하라고 명령했다. 그러자 곧 기적적인 구출 사건이 잇따라 일어났다. 갑자기 엄청난 양의 비가 쏟아져 안도의 숨을 쉴 수 있었다. 이어서 삽시간에 적의 얼굴에 폭풍우가 쏟아져 일부는 두려워하며 로마 군대 쪽으로 탈주하였고, 나머지는 패퇴했으며, 봉기가 일어난 지방은 완전히 평정되었다. 이 사건을 계기로 박해가 한동안 잠잠해졌다. 적어도 황제가 직접 감독하던 지역에서는 그랬다.

그러나 얼마 지나지 않아 프랑스 리옹 지방을 중심으로 박해가 일어났다. 거기에서 많은 그리스도인이 당한 고문은 이루 말로 표현할 수 없을 정도였다.

몸이 허약한 그리스도인 숙녀인 블란디나는 원형 극장에 끌려가 말뚝에 매달린 채 야수의 밥이 될 위기에 처했다. 그 순간에도 블란디나는 정성스러운 기도로 다른 이들을 격려했다. 그런데 어떤 야수도 블란디나를 건드리지 않는 바람에 다시 감옥에 갇혔다. 블란디나가 마지막이자 세 번째로 다시 극장에 모습을 드러냈을 때는 열다섯 살 난 폰티쿠스와 함께였다. 그들의 한결같은 신앙을 보고 몹시 화가 난 군중은 블란디나의 성性적 존엄성이나 소년의 연소함 따위는 조금도 고려하지 않고 온갖 형벌과 고문을 가하라고 소리쳤다. 블란디나로부터 힘을 얻은 폰티쿠스는 죽을 때까지 버틸 수 있었고, 블란디나는 모든 고통을 견딘 끝에 칼로 살해당했다.

그리스도인이 이와 같이 순교를 당할 때에는 화환으로 머리를 장식하곤 했다. 이는 천국에서 받을 영원한 영광의 면류관을 상징했다.

흔히 초기 그리스도인의 삶을 두고 "땅 위에서의 박해와 땅 아래서의 기도"라고 말한다. 콜로세움과 카타콤이 그들의 삶을 대변한다. 로마의 땅 밑에는 카타콤이라고 불리는 굴이 있는데 카타콤은 성전인 동시에 무덤이었다. 초기 로마 교회는 카타콤 교회라 불러도 무방하다. 로마 근처에서 약 60개의 카타콤과 무려

아수의 밥으로 던져진 블란디나

965킬로미터나 되는 지하도가 발굴되었지만 사실 이것이 다가
아니다. 이 지하도는 높이가 약 2.4미터, 폭이 90센티미터에서
1.5미터 정도이고, 한쪽 면에는 여객용 배에 층층이 쌓인 침대
같이 천장이 낮고 긴 방이 줄줄이 이어져 있다. 그 속에 시체가
놓여 있고 앞은 대리석판 한 개나 회반죽으로 붙인 큰 타일 여
러 개로 막혀 있었다. 이런 대리석판과 타일에는 비문이나 상징
이 새겨져 있었다. 이방인과 그리스도인 모두 죽은 자를 이 카
타콤에 매장했다. 그리스도인이 묻힌 무덤을 파헤치면 유골이
끔찍한 이야기를 들려준다. 머리는 몸에서 분리되어 있고, 갈비

뼈와 어깨뼈는 부서지고, 남은 뼈마저도 불에 시꺼멓게 탄 경우가 많다. 유골은 이렇듯 무시무시한 박해 이야기를 하고 있는데 반해 비문은 평안과 기쁨과 승리감에 차 있다. 가장 흔한 카타콤의 벽화에는 선한 목자가 어깨에 양을 메고 있는 모습과 하프, 닻, 면류관, 포도나무, 그리고 물고기를 싣고 항해하는 배가 그려져 있다.

세베루스와 함께 시작된 다섯 번째 박해

셉티미우스 세베루스 황제는 심한 병을 앓다가 어떤 그리스도인의 도움으로 건강을 회복한 뒤 그리스도인을 지지하는 후원자가 되었다. 그러나 무지한 군중의 편견과 격정에 압도당하여 그리스도인을 대적하는 혹독한 법을 제정했다. 기독교의 부흥은 이방인들에게 경종을 울렸고, 그들은 우발적으로 발생한 사건을 기독교인의 탓으로 돌리는 케케묵은 만행을 재현했다.

사방에서 악의가 창궐했지만 복음은 눈부신 빛을 비추었다. 복음은 견고한 바위처럼 든든하여 난폭한 적의 공격에도 잘 견뎠다. 이 시대에 살았던 테르툴리아누스는 만일 그리스도인들이 집단적으로 로마 땅을 떠났다면 로마제국의 인구가 크게 감소했을 것이라고 말한다.

로마의 주교였던 빅토르는 3세기의 첫 해인 AD 201년에 순교했다. 유명한 오리게네스의 아버지였던 레오니데스는 그리스도인이라는 이유로 참수형을 당했다. 오리게네스의 청중 가운데 많은 이들이 똑같이 순교의 길을 걸었다. 예컨대, 라이스는 어머니 마르셀라와 마찬가지로 펄펄 끓는 물을 머리에 뒤집어쓰고 화형을 당했다. 라이스의 자매인 포타미에나는 라이스와 똑같은 방법으로 처형을 당했다. 한편 포타미에나의 처형장에 수행원으로 참석한 군대 장교 바실리데스는 포타미에나를 통해 회심하게 되었다.

바실리데스는 알렉산드리아의 장교로서 특정한 맹세를 해야만 했다. 그러나 그는 자신이 그리스도인이기에 로마 우상의 이름으로 맹세할 수 없다며 이를 거부했다. 사람들은 너무 놀라서 처음에는 자기 귀를 의심했다. 바실리데스는 재판관 앞에 끌려가서도 똑같이 선언하고 감옥에 갇혔다. 그리고 바로 참수형을 당했다.

리옹의 주교였던 이레네우스는 그리스에서 태어나 일반 교육과 기독교 교육을 모두 받았다. 리옹 박해에 관한 이야기는 이레네우스가 쓴 것으로 추정된다. 그는 리옹의 주교였던 순교자 포티누스의 후계자로서 담당 교구를 훌륭하게 감독했다. 특히 이단을 적극 반대했던 인물로 AD 187년에는 이단에 대한 반론을 써서 발표했다. 이 글은 널리 알려졌다. 이런 활동 때문에 일부 그리스도인들 사이에 소동이 발생했고, 황제는 불안을 조장하는 핵심 인물로 이레네우스를 지목하게 되었다. 결국 이레네우스는

AD 202년에 참수형을 당했다.

박해는 아프리카까지 확대되어 아프리카에서도 수많은 그리스도인이 순교를 당했다. 그 가운데 아주 특별한 몇 가지 사례를 소개할까 한다.

페르페투아는 스물두 살가량 된 기혼 여성이었다. 그녀와 함께 순교한 인물 중에는 체포 당시 임신 중이라 체구가 컸던 펠리키타스와 카르타고 출신의 새로운 개종자였던 레보카투스, 그리고 노예 한 명이 있었다. 이번 박해에 고난받을 운명에 처한 다른 죄수들의 이름을 들자면 사투르니누스와 세쿤둘루스와 사투

감옥에 갇힌 펠리키타스

르 등이었다. 그들은 사형 집행일에 원형 극장으로 끌려갔다. 사투르와 사투르니누스와 레보카투스는 야수를 돌보는 사냥꾼들 사이에서 달리라는 명령을 받았다. 사냥꾼들은 두 줄로 늘어서 있었고, 죄수들이 그 사이에서 달리는 동안 사냥꾼들은 그들을 심하게 매질했다. 펠리키타스와 페르페투아는 옷이 벗겨진 채로 성난 황소에게 던져졌고 황소의 공격을 받아 정신을 잃고 말았다. 황소는 펠리키타스에게 돌진하여 무섭게 들이받았다. 그러나 이 충격으로도 죽지 않아서 사형 집행인이 칼로 그들을 처형했다. 레보카투스와 사투르는 야수 떼에 죽임을 당했고, 사투르니누스는 참수형을 당했으며, 세쿤둘루스는 감옥에서 최후를 맞았다. 이 모든 처형은 AD 205년 3월 8일에 이뤄졌다.

로마의 명문가 출신의 숙녀 체칠리아는 신사 발레리아누스와 결혼했다. 그녀는 남편과 형제를 회심시켰다. 이들은 참수형을 당했다. 이들을 처형장으로 안내했던 장교 역시 회심하여 순교할 운명에 처하게 된다. AD 222년에 체칠리아는 발가벗겨진 채로 뜨거운 목욕통에 던져져 오랫동안 고통받다가 참수를 당했다.

막시미아누스 치하의 여섯 번째 박해

AD 235년은 막시미아누스가 통치하던 시기다. 카파도키아(갑바도기아)의 총독이었던 세레니아누스는 그 지방에서 그리스도인을 전멸시키려고 전력을 다했다.

AD 237년에 막시미아누스 황제에게 화형당하는 수천 명의 그리스도인

막시미아누스가 박해를 자행하던 기간에 수많은 그리스도인이 재판도 없이 살해되었고 대충 매장되었다. 때로는 50-60명이 최소한의 존중도 받지 못한 채 한꺼번에 구덩이에 던져지기도 했다.

폭군 막시미아누스는 AD 238년에 죽음을 맞았다. 그의 뒤를이은 고르디아누스 3세와 그 후계자인 필리푸스가 통치할 동안에는 교회가 10년 이상 박해를 면했다. 그러나 AD 249년에 황제도 모르는 가운데 이교도 제사장의 선동으로 알렉산드리아에서 난폭한 박해가 일어났다.

데키우스 치하의 일곱 번째 박해

일곱 번째 박해는 부분적인 그리스도인으로 간주되었던 전임자 필리푸스에 대한 데키우스의 증오심 때문에 촉발되었다. 일정 부분은 기독교의 놀라운 부흥에 대한 질투심이 작용한 탓도있다. 교회에는 사람이 몰려드는 데 반해 이방 신전은 인적이 뜸해졌기 때문이다

이에 데키우스는 그리스도인이라는 이름 자체를 없애버리려했다. 그리고 이 당시에 많은 오류가 교회 안에 스며들어 복음전파에 나쁜 영향을 미쳤다. 그리스도인들 사이에 알력이 생겨공동체적 사랑으로 하나가 되어야 할 사람들이 이기심으로 분열되었다. 자만심 때문에 여러 파당이 생기기도 했다.

이교도들은 대체로 교황의 칙령이 집행되기를 열망했고 그리스도인이 죽어나가는 것이 자기들에게 유리하다고 생각했다. 이 당시에 순교한 사람은 셀 수 없이 많다. 그중에서 대표적인 사례 몇 가지만 살펴보자.

로마의 주교였던 파비아누스는 유명 인사들 가운데 첫 번째로 가혹한 박해를 경험한 인물이다. 고인이 된 필리푸스 황제는 정직한 파비아누스에게 자기 재산을 관리하게 했다. 그러나 데키우스의 탐욕은 사그라질 줄 몰랐고 마침내 그는 이 선한 성직자에게 복수하기로 결심했다. 그래서 파비아누스를 붙잡아 AD 250년 1월 20일에 참수했다.

킬리키아 출신의 율리아누스는 그리스도인이라는 이유로 붙잡혔다. 그리고 많은 뱀과 전갈이 들어 있는 가죽 가방에 갇힌 채 바다에 던져졌다.

몸과 마음이 건강했던 젊은이 페트루스는 비너스에게 제사하기를 거부하는 바람에 참수형을 당했다. 그는 이렇게 말했다. "당신들이 악명 높은 여인에게 제사를 드린다니 나는 깜짝 놀랄 뿐이오. 그녀의 방탕함은 당신네 역사가들도 기록하고 있고, 그녀의 삶은 당신네 법이 처벌할 만한 행위로 가득하오. 나는 참하나님께 그분이 받을 만한 찬양과 기도의 제사를 드리겠소." 아시아의 총독이었던 옵티무스는 이 소리를 듣고 페트루스를 바퀴 위에 놓고 잡아당기게 하여 뼈를 모두 부서뜨린 뒤 참수형에 처했다.

니코마쿠스는 또 다른 그리스도인으로서 총독 앞에 끌려와서 이방 우상들에게 제물을 바치라는 명을 받았다. 그때 니코마쿠스는 "나는 오직 전능하신 분에게만 합당한 존경을 표하오. 마귀들에게는 그럴 수 없소" 하고 응수했다. 이 말을 들은 총독은 크게 격분하여 니코마쿠스를 고문대에 올려놓았다. 그는 한동안 고문을 견디다 그만 신앙을 부인하고 말았다. 그런데 이처럼 연약한 모습을 드러내자마자 견딜 수 없는 고뇌에 빠졌고 몸이 땅에 떨어져 즉시 숨이 끊어졌다.

열여섯 살밖에 안 된 젊은 여성 데니사는 이 끔찍한 심판을 목격하고 "아 불행하고 가엾은 자여, 당신은 왜 비참한 영원을 희생하여 한 순간의 안락함을 사려고 하는가?" 하고 소리쳤다. 이 소리를 들은 옵티무스는 데니사를 불러냈다. 스스로 그리스도인임을 자백한 데니사는 옵티무스의 명령에 따라 곧바로 참수형을 당했다.

알렉산드리아의 알렉산더와 에피마쿠스는 그리스도인이라는 이유로 체포되었다. 고발 내용이 사실임을 자백한 그들은 몽둥이로 맞고 갈고리로 몸이 찢긴 채 불에 타 죽었다. 네 명의 여성도 동일한 날에 동일한 장소에서 순교했으나 앞의 두 사람과는 달리 목이 잘려 죽었다.

사악한 이방인이었던 루키아누스와 마르키아누스는 교묘한

마술사였지만 기독교로 전향했다. 이들은 예전의 잘못을 뉘우치기 위해 은둔 생활을 하며 빵과 물로만 연명했다. 한동안 이렇게 산 뒤에 열성적인 복음 전도자가 되어 많은 회심자를 배출했다. 그런데 박해가 사납게 일어나는 바람에 붙잡혀서 비티니아의 총독 사비누스 앞에 끌려왔다. 무슨 권세로 복음을 전파하느냐는 심문을 받자 루키아누스는 "박애와 인류애의 법은 이웃을 회심시키고 전력을 다해 그들을 마귀의 올무에서 구출할 의무를 모든 사람에게 부과했소"라고 대답했다. 마르키아누스는 "그들의 회심은 열성적인 교회의 박해자였다가 복음 전도자가 된 바울에게 주어진 은혜로 말미암아 일어난 것이오"라고 말했다. 총독은 신앙을 버리도록 그들을 설득할 수 없음을 알고는 화형을 선고했고 곧바로 집행되었다.

저명한 인물이었던 트리포와 레스피키우스는 그리스도인이라는 이유로 체포되어 니스 감옥에 수감되었다. 그들은 발에 못이 박힌 채 길거리에 끌려 다니며 채찍질 당하고 쇠갈고리로 찢기고 횃불로 태워진 뒤에 AD 251년 2월 1일에 참수형을 당했다.

시칠리아 숙녀였던 아가타는 경건함과 뛰어난 아름다움을 겸비한 여성이었다. 시칠리아 총독이었던 퀸티아누스가 그녀에게 반하여 여러 차례 순결을 빼앗으려고 시도했으나 성공하지 못했다. 그는 자신의 정욕을 채우기 위해 이 덕스러운 여성을 음탕하기로 소문난 아프로디카의 손에 맡겼다. 이 천박한 여성은 갖은 수단을 동원하여 아가타를 매춘부로 만들려고 애썼다. 그러나 아가타의 순결은 난공불락이었고 그녀는 오로지 미덕만이 참된 행복을 가져다준다는 것을 알았기에 아프로디카의 모든 노력을 물거품으로 만들었다. 그리하여 아프로디카는 아무리 애써도 소용없다는 사실을 퀸티아누스에게 알렸다. 계략이 실패하자 퀸티아누스의 정욕은 분노로 변했다. 아가타가 그리스도인이라고 고백하는 소리를 들은 퀸티아누스는 정욕을 채우는 대신 보복을 하기로 결심했다. 총독의 명령에 따라 아가타는 채찍에 맞고 뜨겁게 단 쇠와 날카로운 갈고리로 고문을 당했다. 감탄할 만한 강인함으로 그 모든 고문을 견딘 아가타는 발가벗겨진 채로 유리를 섞은 불타는 숯 위에 눕혀져 감옥으로 돌아와 AD 251년 2월 5일에 숨을 거두었다.

고르티나의 주교였던 키릴루스는 그 지역 총독 루키우스의 지시로 체포되었다. 루키우스는 키릴루스에게 황제의 칙령에 복종하고 제물을 바쳐 그의 명예로운 인격이 파괴되는 것을 모면하라고 권했다(당시 키릴루스는 여든네 살이었다). 선한 키릴루스 주교는 지금까지 다른 이들에게 그들의 영혼을 구하라고 가르쳤던 만큼 이제는 오직 자기의 구원만 생각하면 된다고 대답했다. 키릴루스는 아무런 동요 없이 화형 선고를 받은 뒤에 성큼성큼 처형장으로 걸어가서 매우 용감하게 순교자의 대열에 합류했다.

당시 크레타 섬보다 박해가 심한 곳은 없었다. 그곳 총독이 아주 적극적으로 황제의 칙령을 집행했기에 크레타 섬에는 순교의 피가 강물을 이루었다.

바빌라스는 일반 교육을 받고 AD 237년에 제비누스의 뒤를 이어 안티오키아의 주교가 되었다. 심한 폭풍우가 몰아치는 험난한 시대에 바빌라스는 타의 추종을 불허하는 열정과 신중한 태도로 교회를 감독했다.

그의 재임 시기에 안티오키아에 닥친 첫 번째 불행은 페르시아의 사포르 왕에게 포위 공격을 당한 일이었다. 시리아 전역을 점령한 사포르 왕은 안티오키아를 탈취하여 약탈을 일삼았다. 그는 기독교를 믿는 주민들을 더 심하게 학대했으나, 곧 고르디아누스 3세에게 참패했다.

고르디아누스 3세가 죽은 뒤에 로마 황제였던 데키우스가 기독교 집회도 방문할 겸 안티오키아에 왔다. 그런데 바빌라스가 그를 반대하며 교회에 들어가지 못하게 했다. 황제는 한동안 분노를 참다가 바빌라스 주교를 불러 그의 오만함을 심하게 꾸짖었다. 그리고 무례를 속죄하는 의미로 이방 신에게 제물을 바치라고 명했다. 바빌라스 주교는 이를 거부했다가 쇠사슬에 묶인 채 감옥에 갇혀 심한 고통을 겪었고, AD 251년에 자기 제자였던 세 명의 젊은이와 함께 참수형을 당했다.

AD 251년에 데키우스 황제는 에페수스에 이방 신전을 건립한 뒤에 그 도시에 있는 모든 사람에게 우상 앞에 제물을 바치라고 명했다. 그런데 그의 병사 일곱 명, 막시미아누스, 마르티아누스, 요한, 말쿠스, 디오니시우스, 세라피온, 콘스탄티누스가 이 명령을 거부했다. 황제는 그들에게 신앙을 버리라고 부탁하고 회유하기도 했으며, 자기가 원정에서 돌아올 때까지 생각해보라며 상당한 유예 기간도 주었다. 하지만 그들은 황제가 없는 틈을 타서 탈출해 동굴에 몸을 숨겼다. 나중에 이 사실을 보고받은 황제가 동굴 입구를 막아버리는 바람에 그들은 모두 굶어 죽었다.

안티오키아의 아름다운 숙녀였던 테오도라는 로마 우상들에게 제물 바치기를 거부했다는 이유로 사창가로 쫓겨났고 잔인한 정욕에 순결을 짓밟혔다. 그리스도인인 디디무스는 로마 군병으로 위장하고 사창가에 가서 테오도라를 만나 자기 정체를 밝힌 후에 자기가 입었던 군복을 입혀 그녀를 도피시켰다. 테오도라가 있어야 할 자리에 남자가 있는 것이 발각되자 디디무스는 총독에게 끌려갔다. 그는 사실을 직고하고 자기도 그리스도인임을 시인했다. 곧바로 그에게 사형이 선고되었다. 자기를 구출해준 남자가 처형된다는 소식을 들은 테오도라는 재판관을 찾아갔다. 그녀는 재판관의 발 앞에 엎드려 자기에게 사형 선고를 내려달라고 빌었다. 무고한 자의 울부짖음에 귀를 막고 정의로운 요구에 둔감했던 그 재판관은 두 사람 모두에게 사형을 선고했다. 이들은 먼저 참수된 후 불태워졌다.

알렉산드리아의 저명한 장로요 교리 선생이었던 오리게네스

고문 당하는 오리게네스

는 예순넷의 나이에 체포되어 투옥되었다. 그는 족쇄가 채워지
고 억지로 가랑이를 최대한 벌린 채로 오랫동안 고통당했다. 그
는 불의 위협을 받고 온갖 극악무도한 방법으로 고문을 당했다.
이런 잔인한 세월이 얼마간 흐르고 데키우스 황제가 죽었다. 그
의 뒤를 계승한 갈루스가 고트족과 전쟁을 벌이는 바람에 그리
스도인들은 한숨을 돌릴 수 있었다. 이 기간에 석방된 오리게네
스는 티루스로 돌아가 거기에 머물다가 예순아홉 살에 죽음을
맞았다.

　갈루스 황제가 전쟁을 끝낸 뒤에는 로마제국에 전염병이 돌았

다. 이방신들에게 제물을 바치라는 황제의 명령이 떨어졌고, 박해가 제국의 중심부에서부터 저 멀리 변방까지 퍼져나갔다. 성급한 폭도들과 편견을 품은 재판관들 때문에 많은 그리스도인이 순교했다. 이들 중에는 253년에 순교한 로마의 주교 코르넬리우스 1세와 그의 후계자인 루키우스 1세가 있다.

발레리아누스 치하의 여덟 번째 박해

AD 257년 4월 발레리아누스 치하에서 박해가 시작되어 3년 6개월 동안 계속되었다. 이 기간에 순교한 사람은 셀 수 없을 정도로 많았고 고문과 죽음의 종류도 그만큼 다양하고 고통스러웠다. 그리스도인들은 계급, 성별, 나이를 막론하고 죽임을 당했는데 그중에 가장 저명한 순교자 몇 명을 살펴보자.

루피나와 세쿤다는 로마의 저명한 신사였던 아스테리우스의 딸로 아름답고 교양 있는 숙녀였다. 언니인 루피나는 젊은 귀족 아르멘타리우스와 결혼하기로 약속한 상태였고, 동생인 세쿤다도 상류층 인물인 베리누스와 정혼한 터였다. 구혼자들도 박해가 시작될 당시에 모두 그리스도인이었으나 위험이 닥치자 파산을 면하려고 신앙을 부인했다. 그리고 두 자매에게도 신앙을 부인하라고 열심히 설득했다. 하지만 아무리 설득해도 마음을 돌리지 않자 비열하게도 이들은 루피나와 세쿤다를 당국에 고발했다. 두 자매는 그리스도인이라는 이유로 붙잡혀 로마 총독이었던 유니우스 도나투스 앞에 끌려나와 AD 257년에 순교의 피를 흘렸다.

로마의 주교였던 스테파누스 1세도 같은 해에 참수형을 당했다. 비슷한 시기에 툴루즈의 경건한 주교였던 사투르니누스는 우상에게 제물 바치기를 거부하는 바람에 상상하기도 힘든 모욕을 당했다. 그는 성난 황소 꼬리에 발이 묶인 채 신전 계단 아래로 끌려 내려오면서 뇌가 튀어나왔다.

섹스투스가 스테파누스 1세에 이어 로마 주교가 되었다. 그는 헬라 혈통이었던 것으로 추정되며 한동안 스테파누스의 부제로 섬기기도 했다. 그는 충성심과 지혜와 용기가 남다른 인물이었다. 몇몇 이단들과 벌인 논쟁이 잘 마름된 것도 그의 신앙심과 신중함 덕분이었다. 그런데 258년에 로마 정부를 관리했던 마르키아누스는 발레리아누스 황제로부터 로마에 있는 모든 성직자를 죽이라는 명을 받았다. 그리하여 258년에 섹스투스 주교와 그의 부제 여섯 명이 순교했다.

이제 로렌스 형제라는 이름으로 잘 알려진 라우렌티우스가 순교한 화형장으로 달려가 차가운 마음을 따스하게 데우자. 무자비한 폭군은 라우렌티우스가 성례를 집전할 뿐 아니라 교회의 부를 나눠주는 것을 알고 꿩도 먹고 알도 먹을 심산으로 접근했다. 먼저, 탐욕의 갈퀴로 가난한 그리스도인들의 재산을 긁어모아 자기 주머니를 채울 생각이었다. 이어서 폭정의 삼지창을 휘

둘러 그를 혼란에 빠뜨리고 결국 지치게 만들 작정이었다. 사나운 얼굴과 잔인한 용모를 가진 이 탐욕스러운 이리는 라우렌티우스에게 교회의 보물을 챙겨둔 곳이 어딘지 대라고 윽박질렀다. 라우렌티우스는 사흘 뒤에 보물을 숨겨둔 곳을 알려주겠다고 약속했다. 그리고 그동안 가난한 그리스도인들을 불러 모았다. 약속한 날이 다가오자 박해자는 약속을 지키라고 강하게 몰아붙였다. 그때 용감한 라우렌티우스는 가난한 자들을 향해 자기 팔을 벌리고 이렇게 말했다.

이 사람들이 교회의 귀중한 보물입니다. 이들은 정말로 그리스도에 대한 신앙에 사로잡힌 보물이고, 예수 그리스도가 거하시는 집입니다. 그리스도께서 그들 안에 내주하시니, 그분에게 이만큼 귀한 보석이 어디 있겠습니까? 우리의 주인이신 그리스도의 소유 중에 그리스도를 밝히 보여주는 이 가난한 사람들보다 더 큰 것이 어디 있겠습니까?

아, 그때 그 폭군의 마음속에 타오르던 격정과 광기를 어떻게 표현할 수 있을까! 그는 발을 쿵쿵 구르더니 제정신이 아닌 듯 격분했다. 눈은 열화처럼 번쩍거렸고 입은 멧돼지 같았으며 이빨은 지옥의 개처럼 노여움을 드러냈다. 이성을 가진 사람이 아니라 으르렁거리는 사자 같았다.

"불을 지펴라!" 그가 소리쳤다. "나무를 조금도 아끼지 마라. 채찍으로 휘갈기고, 막대기로 치고, 주먹으로 때리고, 몽둥이로 골통을 부수어라. 불길로 괴롭히고 불타는 쇠판으로 지져라. 이 반역자의 손과 발을 묶어라. 그의 몸을 불로 골고루 태워라. 내 마음이 심히 불쾌하니 이 일을 속히 이행하라."

명령이 떨어지자마자 모든 일이 그대로 진행되었다. 온순한 어린 양 라우렌티우스는 엄청난 고통을 당한 뒤에 불같이 뜨거운 쇠침대가 아니라 '안락한 품'에 안겼다. 하나님이 그 불길을 진정시켜서 라우렌티우스를 고통의 침대가 아닌 편안한 침상에 눕게 하신 것이다.

아프리카에서 일어난 박해에는 특이한 폭력이 뒤따랐다. 수천 명이 순교의 면류관을 받았는데 그중에서 가장 두드러진 인물은 키프리아누스였다.

키프리아누스는 명석한 두뇌와 확실한 판단력을 가졌을 뿐 아니라 상당한 부를 획득하여 호화롭게 살던 신사였다. AD 246년 경 그는 카르타고의 사제였던 카이킬리아누스를 통해 기독교로 개종했다. 그는 언제나 자기의 회심을 도와준 은인에게 큰 애정을 품고 있었기에 이름 앞에 카이킬리아누스를 붙여 카이킬리아누스 키프리아누스로 불렸다. 이 품위 있는 신사는 주의 깊게 성경을 연구하다가 거기에 담긴 진리의 아름다움에 감격하여 성경이 권하는 미덕을 실천하기로 결심했다. 그래서 그의 자산을 팔아 가난한 자에게 나눠주고, 자신은 수수한 옷을 입은 채 간소한 생활을 영위했다. 그 후 곧 장로로 임명되었고, 훌륭한 미덕과 선행으로 큰 존경을 받았으며, AD 248년에 도나투스가 죽자 거의 만장일치로 카르타고의 주교로 선출되었다.

키프리아누스의 목회 사역은 카르타고 전역은 물론이고 누미디아와 모리타니까지 확장되었다. 그는 무슨 일을 하든지 동역하는 성직자들의 조언을 열심히 경청하는 편이었다. 오직 만장일치만이 교회에 큰 유익을 준다는 것을 알았기 때문이다.

AD 250년에 키프리아누스는 '그리스도인들의 주교 카이킬리아누스 키프리아누스'라는 성직의 이름으로 데키우스 황제에게 공공연한 비난을 받았다. 이방인들은 입을 모아 "키프리아누스를 사자에게, 키프리아누스를 야수에게 보내라"라고 외쳤다. 그의 재산은 즉시 압류되었다. 주교는 군중의 분노를 피해 뒤로 물러났으나 자기 양떼에게 목회 서신을 쓰는 일은 멈추지 않았다. 그때 카르타고에서 무서운 전염병이 발생하자 늘 그랬듯이 그리스도인을 탓했고, 법관들은 그리스도인을 박해하기 시작했다. AD 257년에 키프리아누스는 아스파시우스 파투르누스 총독에게 끌려왔고, 총독은 그를 리비아 해에 있는 작은 도시에 유배시켰다. 이 총독이 죽은 뒤에 키프리아누스는 카르타고로 돌아왔으나 다시 체포되어 새 총독 앞에 끌려가 결국 참수형을 선고받았다. 이 선고는 AD 258년 9월 14일에 집행되었다.

튀니지 북동부에 있던 우티카에서는 아주 끔찍한 비극이 연출되었다. 총독의 지시로 300명의 그리스도인이 뜨거운 가마 둘레에 배치되었다. 거기에는 숯과 향이 든 냄비가 준비되어 있었고, 그들은 주피터에게 제물을 바치든지 가마에 뛰어들든지 양자택일을 하라는 압박을 받았다. 그들은 하나같이 제사를 거부하고 용감하게 가마로 뛰어들어 순식간에 질식사했다.

디오클레티아누스 치하의 아홉 번째 박해

디오클레티아누스는 AD 284년에 황제의 자리에 오른 뒤 처음에는 그리스도인들에게 호의를 베풀었다. 286년에는 막시미아누스와 함께 제국을 통치했고, 대박해가 시작되기 전에는 일부 그리스도인만 처형했다.

마르쿠스와 마르켈리아누스는 로마 귀족 출신의 쌍둥이였다. 이교도 부모에게서 태어났으나 가정교사들이 이들을 그리스도인으로 양육했다. 쌍둥이 형제의 한결같은 태도에 이들을 이교도로 끌어들이려던 자들은 속수무책 떨어져 나갔고, 부모와 온 집안이 한때 자신들이 정죄하던 기독교 신앙으로 전향했다. 그들은 말뚝에 묶인 채로 발에 못이 박혔다. 이런 상태로 하루 밤낮을 보낸 뒤에 창에 찔려 생을 마감했다.

마르쿠스와 마르켈리아누스를 떠맡았던 간수의 아내 조도 그들에 의해 회심한 뒤에 나무에 매달리고 발밑에 불이 지펴진 채 죽음을 맞았다. 그녀의 시신은 큰 돌에 묶여 강물에 던져졌다.

주후 286년에는 아주 특별한 사건이 발생했다. 그리스도인 병사 6,666명으로 구성된 군단이 있었는데, 이 군단에 속한 병사는 전부 테베 출신이라서 테베 군단으로 불렸다. 이들은 동쪽에 진을 치고 있다가 버건디의 반역자들을 진압하기 위해 갈리아로 행군하라는 막시미아누스 황제의 명령을 받았다. 그래서 훌륭한 지휘관이었던 마우리키우스와 칸디두스와 엑수페르니스의 지휘 아래 알프스를 지나 갈리아로 들어가서 마침내 황제의 군대와 합류했다. 막시미아누스는 온 군대가 참여하는 제사를 드리라고 명했다. 아울러 병사들에게 충성을 맹세하고 갈리아에 있는 그리스도인을 말살할 것을 서약하게 했다. 이런 명령에 깜짝 놀란 테베 군단 병사들은 제물을 바치지도 서약을 하지도 않겠다고 모두 거부했다. 이에 격노한 막시미아누스는 열 명에 한 명씩 제비를 뽑아 칼로 죽이라는 명령을 내렸다. 이 잔인한 명령이 그대로 실행되는 것을 보고도 병사들은 여전히 요지부동이었다. 살아남은 병사들 가운데서 또 다시 열 명에 한 명씩 죽임을 당하는 일이 벌어졌다. 이 두 번째 비극은 첫 번째와 마찬가지로 병사들에게 아무 영향도 주지 못했다. 병사들은 여전히 불굴의 정신과 원칙을 지키면서 상관들의 충고에 따라 황제를 반대하는 입장을 고수했다. 이는 사실상 상관에 대한 충성의 표현이었다. 이로써 황제의 마음이 누그러질 수도 있었건만 사실은 정반대의 효과를

테베 군단

가져왔다. 그들의 끈기와 단결력에 격분한 황제는 전 군단을 죽이라고 명령했다. 그리하여 286년 9월 22일에 다른 부대들이 테베 군단을 칼로 도륙하는 대참사가 일어났다.

하트퍼드셔에 있는 세인트알반스의 뿌리가 되는 알바누스는 영국 최초의 순교자였다. 브리타니아는 로마제국 왕으로서 최초의 그리스도인이었던 루키우스로부터 그리스도의 복음을 받아 그 후 여러 해 동안 박해에서 벗어나 있었다. 본래 이방인이었던 알바누스는 자기가 숨겨준 암피발루스라는 사제를 통해 회심했다. 암피발루스의 적들은 그가 알바누스의 집에 은신하고 있다는 정보를 얻고는 은신처를 급습했다. 병사들이 암피발루스를 체포하러 왔을 때 알바누스는 자기가 그들이 찾는 인물이라고 말했다. 나중에 속았다는 것을 안 총독은 그를 채찍질하고 참수형에 처하라고 명했다.

그런데 형장에서 사형 집행인이 별안간 기독교로 개종하여 자기를 알바누스 대신 죽이든지 그와 함께 죽여 달라고 간청하는 일이 벌어졌다. 한 병사가 사형 집행인으로 자원하여 그 둘을 모두 처형했다. 이 사건은 AD 287년에 베룰라미움, 곧 하트퍼드셔에 위치한 현 세인트알반스에서 일어난 일이다.

로마 출신의 그리스도인이었던 퀸티누스는 루키아누스와 함께 갈리아 지방에서 복음을 전파하기로 결심했다. 그들은 함께 아미앵에서 복음을 전했고, 그 후 루키아누스는 보매리스로 가 그곳에서 순교했다. 퀸티누스는 피카르디에 남아 열심히 사역했다. 그리스도인이라는 이유로 체포된 퀸티누스는 도르래에 매달린 채로 온몸이 뻗치는 바람에 관절이 탈구되었다. 그 후 철 채찍에 맞아 온몸이 찢어졌고 펄펄 끓는 기름과 역청을 벌거벗은 몸에 뒤집어썼다. 이어서 뜨거운 횃불에 옆구리와 겨드랑이가 타들어갔다. 이런 야만적인 고문을 당한 뒤에 다시 감옥으로 돌려보내졌고 결국 AD 287년 10월 31일에 순교했다. 그의 시신은 솜 강에 버려졌다.

디오클레티아누스와 갈레리우스 치하의 열 번째 박해

흔히 '순교자의 시대'로 불리는 당시에 로마 황제들이 기독교를 박해한 것은 그리스도인의 수와 그들의 부가 증가했고 디오클레티아누스의 양자인 갈레리우스가 그리스도인을 증오했기 때문이다. 편협한 이방인 어머니의 사주를 받은 갈레리우스는 자기 목적이 달성될 때까지 박해를 계속하도록 줄기차게 황제를 부추겼다.

결국 그는 AD 303년 2월 23일을 피비린내 나는 박해의 날로 잡았다. 그날은 테르미날리아[2]라는 축제일이었던 만큼 잔인한 이방인들은 그날이 기독교의 종말을 고하는 날이 될 것이라고 으스댔다. 박해는 니코메디아에서 시작되었다. 니코메디아 고위 관리들과 수행원들이 교회로 몰려가서 강제로 문을 연 뒤에 거룩한 책들을 모두 압수하여 불태웠다. 이 모든 일은 디오클레티아누스와 갈레리우스의 참관 아래 시행되었고, 갈레리우스는 책을 불태우는 데서 만족하지 않고 교회를 쓰러뜨렸다. 이를 시작으로 다른 모든 기독 교회와 서적들도 파괴하라는 가혹한 칙령이 선포되었다. 곧이어 그리스도인들을 무법자로 규정하는 판결이 내려졌다. 이 칙령이 공표되자 곳곳에서 순교가 잇따랐다. 한 담대한 그리스도인은 벽에 붙어 있던 칙령을 떼어내고 불의한 황제의 이름을 비난했다. 이러한 도발 행위는 결국 이방인의 보복을 불러왔다. 결국 그는 체포되어 심한 고문을 받고 산 채로 화형을 당했다.

모든 그리스도인이 체포되어 감옥에 갇혔다. 갈레리우스는 은밀히 황제의 궁전에 불을 지르도록 지시하고 그리스도인을 방화범으로 몰아 더욱 혹독한 박해를 가할 묘안을 궁리했다. 그리고 모든 사람이 참석해야 하는 제사를 거행했다. 이 바람에 순교가 잇따랐다. 그들은 남녀노소를 구분하지 않았다. 이방인들은 그리스도인이라는 이름을 역겨워했고 그리스도인이 사는 많은 가옥을 통째로 불태워 없앴다. 또한 일부 그리스도인의 목에 돌을 매달아 다함께 묶은 뒤에 바다에 빠뜨리기도 했다. 이 박해는 로마 전역에서 발생했는데, 특히 동부에서 심했고 무려 10년이나 계속되었다. 이 때문에 순교한 사람의 수를 전부 확인할 수도 없고, 또 순교의 방법을 일일이 열거할 수도 없다.

고문대, 채찍, 칼, 단도, 십자가, 독약, 기근 등 그리스도인을 처치하려고 여러 지역에서 온갖 수단이 동원되었다. 하지만 기독교를 믿는다는 것 말고는 다른 혐의가 없고 단지 생각이 다를 뿐인데 이들을 고문할 새로운 방법을 고안하는 데도 한계가 있었다.

시민이 모두 그리스도인이었던 프리지아 시는 통째로 불에 타고 모든 주민이 그 불길에 쓰러졌다.

마침내 대학살에 싫증난 여러 지방 총독들은 이런 만행의 부적절함을 궁중에 알렸다. 그래서 많은 생명이 처형을 면할 수 있었다. 그러나 간신히 죽음은 면했지만 그리스도인의 비참한 생활은 계속되었다. 많은 사람이 귀가 잘리고, 코가 째지고, 오른쪽 눈이 뽑히고, 팔다리가 심하게 탈구되고, 사람들이 보는 앞에서 단 쇠로 고문을 당했다.

이제 이런 잔인한 박해 기간에 자기 생명을 내어놓은 그리스도인 가운데 몇 사람을 구체적으로 살펴보자.

유명한 순교자인 세바스티아누스는 갈리아의 나르본에서 태어나 밀라노에서 기독교 원리를 배웠고, 훗날 로마에 있는 황제 호위대의 장교가 되었다. 그는 우상숭배가 벌어지는 한복판에서 진정한 그리스도인으로 남았다. 궁중의 화려함에 매혹되지도 않고, 악한 행실에 물들지도 않고, 사리사욕에 오염되지도 않았다. 그는 이교도가 되기를 거부했다. 그래서 황제는 도시 근처에 있는 캄푸스 마르티우스로 끌고 가서 화살로 쏘아 죽이라고 명령했다. 이 명령이 실행된 뒤에 몇몇 경건한 그리스도인이 그의 시신을 매장하려고 처형장에 왔다가 아직 죽지 않은 것을 발견하고 즉시 안전한 곳으로 옮겼다. 그렇게 해서 세바스티아누스는 살아났고 스스로 또 한 번의 순교를 준비했다. 밖으로 나갈 수 있게 되자마자 그는 일부러 황제가 신전으로 올라가는 길목에 자리 잡고 있다가 황제의 잔인한 행위들과 기독교에 대한 터무니없는 편견을 책망했다. 디오클레티아누스는 잠시 놀랐다가 이내 평정을 되찾고 세바스티아누스를 체포하여 궁전 근처로 끌고 가서 때려죽이라고 명했다. 그리스도인들이 그의 시신을 되찾거나 매장하지 못하게 하려고 공동 하수구에 던져버리라는 지시도 잊지 않았다. 그럼에도 루키나라는 그리스도인 숙녀가 시신을 하수구에서 옮길 방법을 찾아내 결국 세바스티아누스의 시신은 카타콤에 묻혔다.

빅토르는 프랑스 마르세유의 명문가 출신의 그리스도인이었다. 그는 고통받는 자를 위문하고 연약한 자를 굳게 세우는 일에 수많은 밤을 보냈다. 낮에는 이런 일을 안전하게 수행할 수 없었기 때문이다. 또한 그는 자신의 재산을 가난한 그리스도인을 구제하는 데 사용했다. 그러다 결국 막시미아누스 황제의 칙령에 따라 붙잡혔다. 황제는 그를 결박하여 길거리에 끌고 다니라고 명령했다. 이 명령이 수행되는 과정에서 그는 성난 군중에게 온갖 잔인하고 모욕적인 일을 당했다. 그래도 여전히 흔들림이 없었다. 그의 용기는 도무지 꺾을 수 없는 것이었다. 결국 고문대에 올려놓고 잡아당기라는 명령이 내려지자 그는 눈을 하늘로 돌려 하나님께 인내심을 달라고 기도했고 불굴의 정신으로 고문을 견뎌냈다. 집행인들은 그에게 고통을 가하는 일에 싫증이 나서 그를 지하 감옥에 가두었다. 그는 수감되어 있는 동안 알렉산더와 펠리시안과 롱기누스 등 세 간수를 회심시켰다. 이 소식이 황제의 귀에 들어가는 바람에 그들을 당장 죽이라는 명령이 떨어져서 간수들은 참수형을 당했다. 빅토르는 또 다시 고문대에 묶인 채 곤봉으로 무자비하게 맞은 뒤 감옥으로 돌아갔다. 그는 신앙과 관련하여 조사를 세 번이나 받았지만 끝까지 절개를 지켰다. 그러자 그들은 작은 제단을 가져와 그에게 당장 향을 피우라고 강요했다. 그런 강요에 분노가 폭발한 빅토르는 용감하게 앞으로 나가서 발로 제단과 우상을 뒤엎어버렸다. 이 광경을 보고 있던 막시미아누스 황제는 격분하여 제단을 찬 그의 발을 당장 잘라버리라고 지시했다. 빅토르는 AD 303년에 맷돌 속에 던져져 완전히 가루가 되었다.

타르수스(다소)에서는 세 명의 그리스도인이 킬리키아의 총독 막시무스 앞에 끌려왔다. 나이가 많은 타라투스, 프로부스, 안드로니쿠스 등이었다. 이들은 신앙을 버리라는 회유와 고문을 반복해서 받은 뒤 결국 사형 선고를 받았다. 집행인은 그들을 원형 극장에 집어넣은 다음에 야수 여러 마리를 풀어놓았다. 그러나 야수들이 굶주린 상태였는데도 그들을 조금도 건드리지 않았다. 그러자 사육사가 그날 벌써 세 남자나 죽인 큰 곰을 한 마리 데려왔다. 하지만 이 곰과 사나운 암사자 역시 죄수들을 건드리려고 하지 않았다. 야수를 이용해 그들을 죽이려던 계획이 수포로 돌아가자 막시무스는 AD 303년 10월 11일에 그들을 칼로 죽이라는 명령을 내렸다.

안티오키아의 키프리아누스는 카르타고의 주교였던 키프리아누스와 구별하기 위해 마술사란 호칭이 붙곤 한다. 그는 젊은 시절에 점성학을 중심으로 일반 교육을 받았고, 그 후 그리스, 이

야수들에게 던져진 타라투스와 프로부스, 안드로니쿠스

집트, 인도 등지를 다니며 학문을 더 연마했다. 세월이 흐른 뒤에 안티오키아의 젊은 숙녀인 유스티나를 알게 되었는데, 그녀는 출신 배경도 좋고 미모와 재주까지 겸비해서 모든 사람의 흠모를 받았다. 한 이방인 신사가 키프리아누스에게 다가가서 아름다운 유스티나와 혼인을 주선하겠다고 나섰다. 키프리아누스는 그 제안을 수락했으나 곧 기독교로 회심하고 점성학과 마술에 관한 책을 모두 불태우고 세례를 받아 은혜의 영으로 충만하게 되었다. 키프리아누스의 회심은 유스티나와 혼인을 주선한 이방인에게 큰 영향을 미쳐서 이 사람 역시 얼마 지나지 않아 그리스도를 영접했다. 디오클레티아누스의 박해 기간에 키프리아누스와 유스티나는 그리스도인이라는 이유로 붙잡혀서 키프리아누스는 족집게에 몸이 찢어졌고 유스티나는 매질을 당했다. 그 후 여러 고통을 겪은 뒤에 둘 다 참수형을 당했다.

기독교 가정에서 태어난 스페인 숙녀 에우랄리아는 성격이 상냥한데다 사춘기 나이로는 보기 드물게 이해심이 많아서 주목을 받았다. 그리스도인이라는 이유로 체포된 뒤에 재판관은 최대한 온건한 수단을 동원하여 그녀를 이방 종교로 개종시키려고 했다. 그러나 에우랄리아가 이방 신들을 너무도 거슬리게 조롱하는 모습을 본 재판관은 크게 분노하여 고문을 지시했다. 그녀는 갈고리로 옆구리가 찢기고 매우 충격적인 방법으로 가슴이 태워진 뒤에 AD 303년 사나운 불길에 휩싸여 숨을 거두었다.

박해가 스페인까지 미친 304년에는 다키아 출신의 테라고나의 총독이 그 지방의 주교였던 발레리우스와 빈켄티우스 부제를 체포하여 쇠고랑을 채워 감옥에 가두라고 지시했다. 죄수들은 결의를 굳게 다지고 있었다. 발레리우스는 멀리 추방되었고, 빈켄티우스는 고문을 당해 팔다리가 탈구되고 살은 갈고리에 찢긴 상태로 아래에서는 불이 타오르고 위에서는 살을 파고드는 대못이 달린 석쇠 위에 올려졌다. 이런 격심한 고통도 그의 영혼을 파멸시키거나 결의를 꺾지 못했다. 그래서 다시 감옥으로 돌아가 작고 어두운 지하 감방에 갇혔는데, 그 감방은 날카로운 부싯

연기로 질식된 뒤에 화형을 당한 에우랄리아

돌과 깨진 유리조각이 깔려 있는 고통스런 곳이었다. 거기에서 304년 1월 22일에 생을 마치고 시신은 강물에 던져졌다.

디오클레티아누스의 박해는 AD 304년에 더욱 심해져서 많은 그리스도인이 잔인한 고문을 받아 지극히 고통스럽고 모욕적인 죽임을 당했다. 그 가운데 몇 사람을 살펴보자.

세 자매, 아가페와 키오니아와 이레네는 디오클레티아누스의 박해가 그리스까지 미쳤을 때 테살로니카에서 붙잡혔다. 이들은 AD 304년 3월 25일에 화염에 휩싸인 채 순교의 면류관을 받았다. 그 도시의 총독은 이레네에게 어떤 영향도 끼칠 수 없다는 것을 알고는 벌거벗긴 채 길거리에 내보내라고 명령했다. 이 치욕스러운 명령은 그대로 실행되었고 그 후 이레네는 성벽 근처에서 화형을 당했다. 그리하여 그녀의 영혼은 불길 속에서 인간의 잔인한 손길이 닿지 못하는 곳으로 올라갔다.

모리타니의 부제였던 티모테우스와 그의 아내 마우라는 결혼한 지 3주밖에 되지 않은 시점에 박해로 인해 서로 떨어지게 되었다. 그리스도인으로 체포된 티모테우스는 테바이스의 총독이었던 아리아누스에게 끌려왔고, 아리아누스는 티모테우스의 성경책을 불태우기 위해 모두 가져오라고 명했다. 이에 티모테우스는 "나에게 자식이 있었다면 제물로 바쳤을지언정 하나님의 말씀과는 떨어질 수 없소" 하고 대답했다. 이 대답을 듣고 몹시 화가 난 총독은 뜨겁게 달아오른 쇠로 두 눈을 지져 못 보게 하라고 지시하면서 "너는 더 이상 책을 볼 수 없을 테니 그것들은 너에게 쓸모가 없을 것이다"라고 말했다. 고문이 진행되는 동안 그가 너무도 잘 참는 것을 본 총독은 더 부아가 치밀었다. 어떻게든 그의 불굴의 정신을 꺾으려고 거꾸로 매달고 목 근처에 무거운 짐을 묶고 입에는 재갈을 물리라고 지시했다. 그러자 티모테우스의 아내 마우라가 남편에게 자기를 위해 신앙을 버리라고 재촉했다. 답을 듣기 위해 입에서 재갈을 빼자 티모테우스는 아내의 간청을 수락하기는커녕 그녀의 잘못된 사랑을 크게 비난하면서 자기는 신앙을 위해 죽을 각오가 되어 있다고 했다. 결국 마우라도 남편의 용기와 충성을 본받기로 결심하고 그와 함께 영광의 길을 가기로 했다. 총독은 그녀의 결심을 바꾸려고 애쓰다가 수포로 돌아가자 심한 고문을 가하라고 지시했다. 그 후 티모테우스와 마우라는 AD 304년에 나란히 십자가에 매달려 죽음을 맞았다.

아시시움의 주교였던 사비누스는 주피터에게 제물을 바치지 않겠다고 우상을 밀어냈다. 이에 토스카나의 총독은 그의 손을 자르라고 지시했다. 감옥에 있는 동안 사비누스는 총독과 그의 가족을 회심시켰고, 그들 모두가 신앙 때문에 순교했다. 그들이 처형된 직후에 사비누스 역시 채찍에 맞아 AD 304년 12월에 죽음을 맞았다.

디오클레티아누스 황제는 시시한 국가의 직무에 싫증을 느껴 왕위에서 물러났고, 왕권이 콘스탄티우스 클로루스와 갈레리우스에게 넘어갔다. 그런데 콘스탄티우스 클로루스는 아주 온유하고 자비로운 반면 갈레리우스는 잔인하고 난폭했다. 두 사람은 제국을 둘로 나누어 갈레리우스는 동부를, 콘스탄티우스 클로루스는 서부를 각각 통치했다. 각 지방에 속한 백성들은 두 황제의 서로 다른 성격을 피부로 느낄 수 있었다. 서부에 사는 백성은 아주 온건한 통치를 받았으나 동부에 거주하는 백성은 온갖 억압과 괴로움을 당했다.

많은 사람이 갈레리우스의 명령에 의해 순교했는데 그중에서 소수만 열거할까 한다.

시스키아의 주교였던 퀴리누스는 마테니우스 총독 앞에 끌려와 로마 황제의 칙령에 따라 이방 신들에게 제물을 바치라는 명령을 받았다. 퀴리누스의 신실함을 간파한 총독은 그를 감옥에 보내며 무거운 쇠사슬을 채우라고 지시했다. 그러면서 고생스러운 감옥 생활과 간헐적인 고문과 무거운 쇠사슬이 언젠가 그의 결의를 꺾을 거라고 자신을 위로했다. 그러나 퀴리누스가 끝까지 신앙을 버리지 않자 마테니우스는 퀴리누스의 목에 돌을 매달아 강물에 던지라고 지시했다. 퀴리누스는 한동안 강물에 떠다니며 경건한 말로 사람들을 권면한 뒤에 다음과 같은 기도로 말을 마쳤다.

오 전능하신 예수여, 강물을 멈추게 하거나 당신의 종 베드로에게
했던 것같이 물 위를 걷게 하는 것은 결코 새로운 일이 아닙니다.
사람들은 이미 제 속에 있는 당신의 능력을 목격했습니다. 오 나의
하나님이여, 이제 당신을 위해 내 생명을 내어놓게 해주소서.

이 말을 한 뒤에 그는 즉시 가라앉아 죽었다. AD 308년 6월 4일
의 일이다. 나중에 경건한 그리스도인들이 그의 시신을 건져서
매장했다.

팜필루스는 페니키아 출신으로 박학다식한 인물이라 제2의
오리게네스로 불렸다. 그는 카이사레아의 성직자가 되어 공공
도서관을 건립하고 기독교의 미덕을 실천하는 일에 매진했다.
그리고 직접 오리게네스의 여러 저서를 필사했고, 에우세비우스
의 도움을 받아 예전 필사자들의 무지나 소홀함으로 오류가 생
긴 구약성경의 정확한 사본을 만들었다. 그러다 307년에 붙잡혀
서 고문을 당한 뒤에 순교했다.

이 사건이 일어난 직후에 제국의 서부와 중부 지역에서 박해
가 많이 줄어들었다.

콘스탄티누스 대제

콘스탄티누스는 선하고 덕스러운 아버지를 빼닮은 자식이었
다. 그의 어머니는 코일루스 왕의 딸인 헬레나였다. 그는 학문과

예술을 연마하고픈 열망을 지닌 아주 관대하고 인자한 군주였다. 하는 일마다 대성공을 거두었는데, 그것은 그가 기독교 신앙의 위대한 옹호자였기 때문이 아니었을까.

사람의 힘과 더불어 하나님의 능력을 충분히 겸비한 콘스탄티누스는 장차 이탈리아에서 막센티우스 황제의 무력에 대항할 군대 지휘관으로 임명되었다. 때는 박해가 끝날 무렵인 AD 313년경이었다. 막센티우스는 악마적인 마법을 좋아하는 인물로 알려져 있고, 실제로 적을 해치려고 그런 마력을 소환했다고 전해진다. 콘스탄티누스는 로마에 입성하면서 자기 군대가 그런 어두운 마법에 저항할 생각을 하니 회의와 당혹감을 느꼈다. 그런데 길을 가다가 무심코 하늘을 쳐다보았는데 십자가 모양의 큰 광채가 나타났고 거기에 "이 표식으로 말미암아 승리하리라In hoc signo vinces"라는 글씨가 새겨져 있었다. 역사가 에우세비우스는 콘스탄티누스가 그 이야기를 자주 하면서 정말이라고 맹세하는 소리를 직접 들었다고 기록하고 있다. 아울러 그날 밤에 그리스도께서 앞서 본 십자가의 표시와 함께 그에게 나타나서, 전쟁할 때 그 형상을 만들어 맨 앞에 들고 나가면 승리를 얻을 것이라고 말했다고 주장했다. 그로부터 콘스탄티누스는 찬란한 승리를 구가했고, 시민들은 그의 승리를 기념하여 그에게 '대제'라는 칭호를 붙여주었다.

콘스탄티누스 대제가 교회의 평화를 이룩한 덕분인지 먼 훗날 존 위클리프 시대에 이르기까지 1,000년 동안의 기록을 아무리 뒤져도 기독교가 정치적 박해를 받았다는 기록을 찾아볼 수 없다.

끝으로 이 열 번째 대박해에 관한 이야기를 잉글랜드의 수호 성인인 게오르기우스(조지)의 죽음과 함께 마칠까 한다. 게오르기우스는 카파도키아에서 그리스도인 부모 밑에서 태어났다. 그는 아주 용감했기 때문에 디오클레티아누스 황제의 군대에서 계속 승진했다. 박해가 계속되는 동안 게오르기우스는 지휘권을 포기하고 담대하게 원로원에 가서 자신이 그리스도인임을 밝혔다. 동시에 이방 종교를 저주하고 우상숭배의 어리석음을 지적했다. 이런 용감한 행위가 원로원을 노하게 하여 게오르기우스를 고문하라는 명령이 떨어졌다. 황제의 지시로 그는 길거리에 끌려 다니다가 이튿날에 참수형을 당했다. 이 순교자와 연관이 있는 용의 전설은 보통 게오르기우스가 돌진하는 말 위에 앉아서 창으로 괴물을 찌르는 그림으로 표현되고 있다. 이 번쩍이는 용은 고문과 죽음에도 흔들리지 않는 그의 한결같은 신앙에 의해 정복된 마귀를 상징한다.

3

4세기에서
11세기까지의 박해

Persecutions from the Fourth
to the Eleventh Centuries

페르시아에서 자행된 박해

페르시아까지 복음이 전파되자 태양을 숭배하던 이교도 제사장들은 불안감을 느꼈다. 이제까지 자신들이 독차지했던 백성들의 마음과 재산을 더 이상 향유하지 못할까 봐 걱정이 이만저만이 아니었다. 그래서 황제에게 상소하기를 그리스도인들은 페르시아의 적국인 로마와 내통하여 반역을 꾀할 위험이 있다고 고했다.

본래 기독교를 싫어하던 페르시아 황제 샤푸르 2세는 이들의 상소를 그대로 믿고 제국 전역에서 그리스도인을 박해하라고 명했다. 이 칙령으로 교회에 속한 많은 인물이 무지하고 잔인한 이방인의 손에 죽었다.

그러던 중 콘스탄티누스 대제가 페르시아에서 박해가 일어났다는 소식을 듣고 페르시아 황제에게 장문의 편지를 보냈다. 박해자들에게는 반드시 복수를 하겠고 박해를 삼가는 자들에게는 크게 보상하겠다는 편지였다. 이 덕분에 한동안 박해가 멈춘 듯했으나 페르시아에 새로운 왕이 들어서면서 다시 시작되었다.

이단 아리우스파의 박해

아리우스파 이단[3]의 창시자는 리비아 출신의 알렉산드리아 제사장이었던 아리우스다. 아리우스는 AD 318년부터 잘못된 교리를 공표하기 시작했다. 그는 리비아와 이집트 주교들로 구성된 공의회에서 이단 선고를 받았고, AD 325년에 열린 니케아 공의회에서 이단으로 확정되었다. 콘스탄티누스 대제가 죽고 그의 아들이 동부 제국을 다스리는 후계자가 되자 아리우스파는 그의 환심을 사는 데 성공했다. 그리하여 정통파 주교와 성직자에 대한 박해가 시작되었다. 아타나시우스를 비롯해 많은 주교가 추방되었고 그들이 맡았던 직책은 모두 아리우스파에게 넘어갔다.

이집트와 리비아에서 서른 명의 주교가 순교했고 많은 그리스도인이 잔인하게 고문당했다. AD 386년에는 알렉산드리아의 아리우스파 주교였던 게오르기우스가 황제의 권력을 등에 업고 알렉산드리아와 그 주변 지역에서 가장 극악무도한 방법으로 그리스도인을 박해하기 시작했다. 이 박해로 성직자들은 알렉산드리아에서 쫓겨났고 그들이 섬기던 교회는 폐쇄되었다. 아리우스파는 예전에 그리스도인을 박해했던 이방인 우상숭배자들만큼이나 잔인했다. 그리스도인이라는 이유로 고발당해서 몸을 피하면, 온 집안이 학살을 당하고 재산은 모두 압류되었다.

배교자 율리아누스 치하의 박해

AD 361년에 콘스탄티우스 2세가 죽자 그의 아들 율리아누스가 왕위를 계승했다. 율리아누스는 왕위에 오르자마자 기독교를 버리고 평판이 형편없는 이방 종교로 개종했다. 그리고 곧바로 우상숭배를 부활시켰다. 그렇다고 기독교를 박해하는 칙령을 발표하지는 않았다. 그동안 추방되었던 이교도를 모두 소환하여 모든 종파에 신앙의 자유를 허락하는 한편, 궁중이나 군대에 있던 그리스도인들에게서 모든 직책을 빼앗았다. 그는 고상하고 온건한 인물이었으나, 그리스도인이 일반 학교와 공립학교를 보유하지 못하게 했고 그의 삼촌 콘스탄티누스 대제가 기독교 성직자들에게 부여한 특권을 모두 박탈했다.

바실리우스 주교는 아리우스파에 반대했다가 콘스탄티노플의 아리우스파 주교에게 보복을 당한 것으로 유명하다. 바실리우스는 아리우스파뿐 아니라 이교에도 당연히 반대했다. 황제의 부하들은 감언이설로 바실리우스를 회유하려 했으나 소용이 없었고 온갖 위협과 고문도 쓸모가 없었다. 그래서 율리아누스 황제는 신앙을 굳게 지키며 감옥에서 고생하는 바실리우스를 직접 조사하기로 했다. 부하들이 바실리우스를 데려오자 황제는 모든 수단을 동원하여 그를 설득했다. 그러나 바실리우스는 이전과 같이 조금도 흔들리지 않았고, 예언의 영을 받아 황제의 죽음을 예고하면서 내세에 고통받을 것이라고 말했다. 화가 난 율리아누스는 바실리우스의 피부와 살이 완전히 결딴날 때까지 몸을 일곱 토막으로 난도질하라고 명령했다. 이 비인간적인 선고는 그대로 집행되었고, 바실리우스는 AD 362년 6월 28일에 처참한 상태로 죽음을 맞았다.

363년 후반에는 박해의 바람이 더 심하게 몰아쳤다. 팔레스타인에서는 다수가 산 채로 화형당했고, 많은 이들이 발이 묶이고 발가벗겨진 채 거리를 끌려다니다 죽었다. 일부는 화상으로 죽었고, 다수가 돌에 맞아 숨졌으며, 아주 많은 사람이 몽둥이에 머리를 두들겨 맞아 죽었다. 알렉산드리아에서는 셀 수 없이 많은 그리스도인이 칼과 불과 돌로 죽임을 당하고 십자가에 달려 죽었다. 마케도니아의 고대 도시 아레투사에서는 박해자들이 순교자의 몸을 갈라서 배 속에 옥수수를 채운 다음 돼지를 끌고 와서 옥수수와 함께 내장까지 먹어 치우게 했다.

율리아누스 황제는 AD 363년에 페르시아 원정에서 입은 상처로 죽었고, 죽어가면서도 신성모독적인 발언을 그치지 않았다.

아리우스파 이단의 추가 박해

헤르메네길두스는 스페인 서고트족 레오비길두스의 장남이었다. 본래 아리우스파였던 헤르메네길두스 왕자는 아내 인군드를 통해 정통 신앙으로 개종했다. 아들이 신념을 바꾸었다는 소식을 들은 레오비길두스 왕은 그에게서 세비야 총독의 지위를 박탈하고, 새로 받아들인 신앙을 버리지 않으면 사형 선고를 내리겠다고 위협했다. 헤르메네길두스는 그런 아버지에게 대항했고 스페인에 사는 많은 정통파 신자들이 그를 지지했다. 이런 반역 행위에 분노한 레오비길두스 왕은 군사들을 시켜서 정통파 그리스도인들을 체포하여 처벌했고, 이를 시작으로 가혹한 박해가 전개되었다. 레오비길두스가 직접 군대를 이끌고 자기 아들을 향해 전진했다. 헤르메네길두스는 결국 아시에타에서 붙잡혀 쇠사슬에 묶인 채 세비야로 이송되었다. 그러나 그는 부활절 축제 때 아리우스파 주교에게 성찬 받는 것을 끝내 거부했다. 성난 왕은 호위병들에게 헤르메네길두스 왕자를 산산조각 내라고 명했고, AD 586년 4월 13일에 병사들은 이 명령을 그대로 수행했다.

롬바르디아 베르가모의 주교였던 요한은 박식한 인물이자 훌륭한 그리스도인이었다. 그는 밀라노의 주교인 또 다른 요한과 함께 교회에서 아리우스파의 오류를 깨끗이 없애는 거룩한 작업을 수행했고, 바로 이 때문에 683년 7월 11일에 암살되었다.

8세기 초에서 10세기 말까지의 박해

프리기아 북부에 살던 마흔두 명의 아르모리아 사람들은 845년에 이슬람교도들의 손에 순교했는데 이 사건이 일어난 경위는 다음과 같다.

페르펙투스는 스페인 코르도바에서 태어나 기독교 신앙 안에서 성장했다. 학습 능력이 비상했던 그는 그 시대에 구할 수 있는 교양서적을 모두 섭렵했다. 아울러 페르펙투스는 이런 특별한 능력 못지않게 신앙도 독실하여 사람들의 칭송이 자자했다. 결국 그는 사제가 되어 부지런히 자기 본분을 다했다. 그런데 마호메트를 두고 사기꾼이라고 공공연히 말하는 바람에 참수형을 선고받아 850년에 사형에 처해졌다. 그의 시신은 그리스도인들이 거두어 예를 갖추어 매장했다.

프라하의 주교였던 아달베르투스는 본래 보헤미아 출신으로 많은 고생을 했고, 이후 이교도에게 회심을 촉구하기로 마음먹었다. 이를 위해 단치히에 자주 왕래하면서 여러 사람을 회심시키고 세례를 주었는데, 이에 격분한 이교도 제사장들이 997년 4월 23일에 그를 덮쳐 창으로 찔러 죽였다.

11세기에 일어난 박해

캔터베리의 대주교였던 알페기우스는 글로스터셔의 명문가 후손으로 화려한 출신 배경에 어울리는 양질의 교육을 받았다.

알페기우스가 4년 동안 캔터베리 대주교로 봉직하면서 좋은 평판을 얻고 교구민에게 많은 유익을 준 뒤에 데인 사람들이 잉글랜드에 침입하여 캔터베리를 포위 공격했다. 이 도시에 대한 공격 계획이 알려지자 다수의 주요 인사들은 도시에서 도망쳤고 알페기우스에게도 도망가자고 말했다. 그러나 그는 선한 목자가 양을 버리지 않듯이 도망가자는 제의를 받아들이지 않았다. 알페기우스가 사람들을 돕고 격려하는 일에 몰두하는 동안 캔터베리는 폭풍우에 휩싸였다. 적이 캔터베리로 쏟아져 들어와서 닥치는 대로 불과 칼로 모든 것을 파괴했다. 그는 용기를 내어 적에게 나아가 사람들 대신에 자기를 칼로 쳐서 분노를 풀라고 사정했다. 제발 사람들은 살려주고 분노를 자기에게 쏟으라고 간청했다. 그러자 그들은 알페기우스를 붙잡아 손을 묶은 뒤에 야만적인 행위로 모욕하고 학대하면서, 교회가 불에 타고 수사修士들이 살해될 때까지 그 자리에 있게 했다. 그 후 열 명에 한 명씩 제비뽑아 죽이는 방식으로 성직자와 평신도를 막론하고 주민들을 학살한 뒤에 매 열 번째 사람만 살려두었다. 그리하여 무려 7,236명이 죽고 네 명의 수사와 800명의 평신도만 생존했으며, 알페기우스는 여러 달 동안 지하 감옥에 갇혀 엄중한 감시를 받왔다.

수감되어 있는 동안에 그들은 알페기우스에게 그를 풀어주는 조건으로 3,000파운드를 지불하고, 자기네가 잉글랜드를 떠나는 조건으로 왕에게 1만 파운드를 더 지불하도록 설득하라고 제의했다. 알페기우스가 그런 엄청난 요구를 들어줄 수 없는 처지임을 안 그들은 그를 묶어놓고 가혹한 고문을 가하며 교회의 재물을 내놓으라고 강요했다. 그렇게 하면 목숨과 자유를 보장해주겠다고 했다. 그러나 알페기우스는 경건한 태도로 그 가운데 어느 것도 이방인에게 줄 수 없다며 버텼다. 그들은 그를 감옥으로 돌려보내 6일을 더 가둔 뒤에 그리니치로 호송하여 재판에 회부했다. 그러나 알페기우스는 교회의 재물에 대해서 여전히 요지부동의 자세를 취했다. 오히려 그들에게 우상숭배를 버리고 그리스도를 영접하라고 권했다. 이 말에 격분한 병사들은 그를 캠프 밖으로 끌고나가 무자비하게 때렸다. 알페기우스를 통해 회심한 한 병사가 그냥 두면 고통이 길어질 것을 알고 일종의 동정심을 발휘하여 알페기우스의 목을 잘랐다. 그리하여 그는 1012년 4월 19일에 순교했다.

폴란드의 두 번째 왕 볼레스와프는 선천적으로 성품이 좋았으나 정열을 도무지 주체하지 못했다. 크라쿠프의 주교였던 스타니슬라우스만이 사적인 자리에서 왕의 잘못을 일러주는 용기를 갖고 있었고, 기회가 생기면 거리낌 없이 왕의 범죄가 얼마나 위중한지 지적했다. 왕은 주교의 자유로운 언변에 분노를 느끼다가 마침내 신실한 그를 반드시 굴복시키기로 결심했다. 어느 날 주교가 그 도시에서 조금 떨어진 세인트마이클 채플에 홀로 있다는 소식을 듣고는 그를 살해하려고 병사를 보냈다. 병사들은 즉시 잔인한 임무를 수행하러 갔다. 그런데 스타니슬라우스가 있는 곳에 들어갔을 때, 그의 거룩한 용모가 그들에게 강한 경외심을 불러일으키는 바람에 자신들에게 맡겨진 임무를 도무지 수행할 수 없었다. 그들이 빈손으로 되돌아오자 왕은 명령에 불복했다는 사실을 알고 호통을 친 뒤에, 한 병사의 단도를 뽑아 씩씩거리며 채플로 달려가서 제단 앞에 있는 스타니슬라우스의 가슴에 칼을 꽂았다. 그렇게 해서 스타니슬라우스는 1079년 5월 8일에 숨을 거두었다.

4

프랑스에서 자행된
교황의 박해

Papal Persecutions
in France

지금까지 다룬 박해의 역사는 주로 이방 세계에 한정된 것이었다. 우리는 이제 기독교의 가면을 쓴 종교가 과거의 이방 종교보다 더 극단적인 폭행을 일삼았던 시대로 들어간다. 로마 가톨릭 교회는 복음의 금언과 정신을 무시한 채 수 세기 동안 하나님의 교회를 무력으로 괴롭히고 황폐하게 만들었다. 그래서 역사적으로 이 기간을 '암흑의 시대'라고 부르는 것은 아주 적절하다. 이 땅의 왕들은 요한계시록에 나오는 '그 짐승'에게 권력을 넘겨주고, 스스로 교황의 권좌에 앉았던 야비한 악당에 의해 짓밟히곤 했다. 교황의 박해는 맨 먼저 프랑스에서 일어난 발도파에게 가해졌다.

발도파에 대한 박해

로마 가톨릭은 교회에 여러 새로운 관념을 들여왔고 기독교 세계에 암흑과 미신을 퍼뜨렸다. 그런 파괴적인 오류를 명백히 간파한 소수의 사람이 있었으니, 이들은 순전한 복음의 빛을 보여주었다. 또 이들은 교활한 사제들이 사람들의 눈을 멀게 하고 복음의 진정한 광채를 가리기 위해 만든 구름을 흩어버리기로 작정했다.

그 가운데 중요한 인물은 1000년경에 복음 진리를 순수한 형태로 담대히 전파했던 베렝가리우스다. 그에게 설득된 다수가 그의 교리에 동의했는데, 이들을 가리켜 베렝가리우스파라고 불렀다. 베렝가리우스의 후계자는 힐데폰수스라는 백작의 보호 아래 툴루즈에서 복음을 전했던 브뤼의 피에르다. 개혁파가 믿는 교리와 그들이 로마 가톨릭 교회로부터 분리된 이유가 피에르의 저서 《적그리스도》라는 책을 통해 공표되었다.

1140년에 이르러 개혁파의 수가 굉장히 많아졌고 계속 증가추세에 있었기 때문에 교황은 불안을 느꼈다. 그래서 여러 군주에게 개혁파를 그들의 영토에서 추방하라는 서한을 보냈고, 많은 학자를 고용하여 그들의 교리에 반대하는 글을 쓰게 했다.

1147년에는 아주 저명한 복음 전도자인 툴루즈의 앙리가 등장했고 그를 중심으로 한 개혁파를 앙리파라고 불렀다. 이들은 성경 자체에서 추론할 수 있는 교리 외에는 일절 수용하지 않으려 했기 때문에 교황파에 의해 사도파라고 불리기도 했다. 한편 뛰어난 신앙심과 학식을 겸비한 리옹 출신의 발데스가 출현하여 로마 가톨릭에 반대하는 강력한 지도자가 되었다. 그래서 개혁파를 '발도파'라는 호칭으로 불렀다.

리옹의 주교로부터 이런 상황을 통보받은 교황 알렉산더 3세는 발데스와 그의 추종자들을 파문했고 리옹 주교에게 가능하면 그들을 이 땅에서 없애버리라고 명령했다. 그리하여 발도파에 대한 교황의 박해가 시작되었다.

발데스를 중심으로 한 개혁파의 성장은 최초의 종교 재판관이 등장하는 계기가 되었다. 교황 이노켄티우스 3세는 개혁파를 색출하여 세속 권력에 넘겨주려고 일부 수사에게 종교 재판관의 권한을 부여했다. 이들은 간단한 절차만 밟아 발도파의 행위를 유죄로 판결했고, 피고에게 공정한 재판이 허락된 적은 한 번도 없었다.

이런 잔인한 처벌이 기대한 만큼의 효과를 거두지 못했다고 판단한 교황은 박식한 수사들을 발도파에게 보내 논쟁을 통해 그들을 설득하려고 했다. 이 수사들 가운데 도미니쿠스가 있었고 그는 로마 가톨릭 교회의 대의에 굉장한 열정을 품고 있었다. 나중에 이 도미니쿠스가 수도회를 창설하는데 그 수도회가 도미

1215년에 80여 명의 발도파가 화형당하는 모습

니크 수도회다. 이 수도회의 수사들은 그때부터 세계 곳곳의 종교 재판소에서 주요한 종교 재판관의 역할을 담당했다. 종교 재판관의 권한은 무한했다. 그들은 남여노소와 계급을 불문하고 내키는 대로 소송을 걸었다. 아무리 평판이 안 좋은 고소인이 고소해도 이를 타당하게 여겼다. 심지어는 발신인을 밝히지 않은 편지로 고소해도 그 편지가 증거 자료로 인정받을 정도였다. 부유하다는 것은 이단과 똑같은 일종의 범죄였다. 그래서 돈을 가진 사람들을 이단으로 몰아세우거나 이단을 두둔한다는 명목으로 고발해 벌금을 매기는 경우가 많았다. 가장 절친한 친구나 가까운 친척이라도 종교적인 이유로 수감된 사람을 돌보는 일은 언제나 위험이 따랐다. 감옥에 갇힌 자에게 물 한 컵을 대접하면 이단을 두둔한다고 간주하고 기소했다. 변호사들은 의뢰인이 심지어 친형제여도 상소할 생각을 하지 않았다. 종교 재판은 무덤 너머까지 악의를 드러냈다. 그리하여 살아 있는 자들에게 본을 보이려고 이미 죽은 자의 뼈를 파내 불태웠다. 심지어 임종 직전의 사람이 발데스의 추종자로 고소를 당해도 자산을 압류했고 상속자들은 유산을 빼앗겼다. 어떤 이들은 성지聖地로 쫓겨났고, 그동안 도미니크 수도회가 그들의 집과 재산을 점유했다. 그러다가 쫓겨났던 자들이 돌아오면 모르는 체하곤 했다. 로마 가톨릭 교회의 여러 교황과 고위 성직자들은 수 세기 동안 이런 박해를 멈추지 않았다.

알비파에 대한 박해

알비파는 알비 지방에 거주하면서 개혁주의 신앙을 좇던 사람들이었다. 그들은 종교적인 이유로 라테란 공의회에서 교황 알렉산데르 3세에 의해 이단으로 판결받았다. 그럼에도 그들은 놀랍게 부흥하여 많은 도시가 온통 이 신조를 따르는 주민들로 가득했고, 여러 저명한 귀족들도 그들의 교리를 수용했다.

툴루즈의 백작이었던 레몽 5세도 그런 귀족 중 하나였다. 그런데 어느 날 피에르라는 수사가 레몽의 영토에서 살해되었다. 교황은 이 일을 빌미로 레몽과 그의 부하들을 박해했다. 교황은 유럽 전역에 사람들을 보내 알비파에 대항하여 싸울 군대를 일으키며 소위 '성전'에 참전하는 자에게는 낙원이 약속되어 있다고 천명했다. 용감한 레몽 백작은 툴루즈를 비롯한 여러 지역을 영웅적인 모습으로 방어했으나 결국은 잡혀가 감옥에 갇혔다. 그 후 알비파에 대한 가혹한 박해가 일어났고, 평신도에게 거룩한 성경을 읽도록 허락하면 안 된다는 명령이 떨어졌다.

교황의 오류에 대한 개혁 운동은 아주 초창기에 프랑스까지 확대되었다. 일찍이 3세기에 알메리쿠스라는 박식한 인물과 그의 여섯 제자는 다음 몇 가지 주장을 펼치다가 파리에서 화형을 당했다. 내용인즉, 하나님은 다른 어떤 빵과 마찬가지로 성찬용 빵 속에 계시지 않다는 것, 성인들을 기리는 제단이나 사당을 짓는 일은 우상숭배라는 것, 그들에게 분향하는 것은 우스운 짓이라는 것 등이었다.

알메리쿠스와 그의 제자들이 순교를 당하자 많은 사람들이 알메리쿠스 사상의 정당성과 개혁주의 신앙의 순수성을 인식하게 되었다. 그리스도에 대한 신앙은 계속해서 뻗어나갔고 세월이 흐르면서 프랑스의 많은 지역뿐 아니라 다른 여러 나라에까지 복음의 빛이 퍼져갔다.

1524년에 프랑스의 멜덴이라는 소도시에서 존 클라크가 교회 문에 교황을 적그리스도로 지목한 포스터를 붙였다. 이 범죄로 그는 여러 번 매를 맞고 이마에 낙인이 찍혔다. 나중에는 로렌 주 메스로 가서 몇 개의 성상을 파괴하는 바람에 오른손과 코가 잘리고 팔과 가슴은 펜치에 찢겼다. 그는 이런 잔인한 행위를 불굴의 정신으로 참고 견디며 우상숭배를 명시적으로 금한 시편 115편을 노래할 정도로 침착했으며, 그 후 불에 던져져서 한 줌의 재가 되었다.

당시에 개혁주의 신조를 가진 사람들은 프랑스의 여러 곳에서 두들겨 맞고 고문을 당하고 채찍에 맞고 화형을 당하곤 했는데 특히 파리, 말다, 리모쟁과 같은 지역이 심했다.

말다의 한 주민은 미사를 그리스도의 죽음과 수난을 명백히 부인하는 행위라고 말하고 천천히 타오르는 불길 속에서 죽임을 당했다.

1546년에 피에르 샤포는 프랑스어 성경을 파리에 들여와 공공연하게 팔았다. 이 때문에 그는 재판에 회부되어 사형 선고를 받아 며칠 뒤에 처형되었다.

1554년에는 개혁주의 신앙을 가진 두 남자와 그중 한 남자의 아들과 딸이 체포되어 니베르너 성에 감금되었다. 그들은 심문을 받는 자리에서 개혁신앙을 고백하고 사형을 선고받았다. 집행인이 그들의 몸에 기름과 유황과 화약을 바르자 그들은 "소금을 바르라, 이 죄 많고 썩은 몸에 소금을 바르라"고 소리쳤다. 그때 그들의 혀가 잘려 불길에 던져졌는데 몸에 연소성 물질을 바

180명의 알비파가 화형당하는 모습

른 탓에 순식간에 타 없어졌다.

성 바돌로매 축일의 학살

1572년 8월 22일에 이 잔학하고 악독한 만행이 시작되었다. 이는 그때까지 가지 몇 개만 손상되었던 프로테스탄트 나무의 뿌리를 단번에 파괴하려는 시도였다. 프랑스의 제독이자 프로테스탄트의 총수였던 콜리니는 공의회에서 돌아오는 길에 총격을 받아 두 팔을 다쳤다. 명백한 암살 기도였다. 목숨을 잃을지도 모르니 피신하라는 충고를 받았지만, 콜리니는 파리를 떠나지 않았다. 콜리니는 암살 기도 직후에 벰므에게 살해당했다. 벰므는 훗날 콜리니 제독보다 더 용감하게 죽음을 맞은 사람은 보지 못했다고 말했다.

콜리니 제독의 죽음과 함께 지시를 받은 병사들이 순식간에 도시 전역으로 퍼져 학살을 일삼았다. 앞서 그들이 제독을 죽였을 때는 그를 창문 밖으로 내던진 뒤에 거리에서 그의 머리를 잘라내 교황에게 보냈다. 야만적인 교황파는 여전히 그에 대한 분노에 휩싸여 그의 팔과 은밀한 부위를 잘라내고, 3일 동안 길거리에 끌고 다닌 뒤에 발을 묶어 도시 바깥에 매달았다. 이어서 프로테스탄트 진영에 속했던 위대하고 훌륭한 인물들을 많이 학살했다. 이를테면, 로쉬푸코 백작, 제독의 사위였던 텔리니우스, 안토니우스, 클라리몬투스, 라벨리 후작, 루이스 부시우스, 반디

콜리니 제독의 죽음

네우스, 플루비알리스, 부르네이우스 등이다. 평민들에게도 화가 닥쳐 여러 날 동안 학살이 계속되었다. 처음 3일 동안에만 지위고하를 막론하고 만 명이나 살해했다. 시체는 강에 던졌다. 길거리에는 핏물이 넘쳐흘렀고 강물은 마치 피의 물결처럼 보였다. 지옥과 같은 분노가 얼마나 맹렬했던지 교황파라도 그들의 악독한 종교를 철저히 고수하지 않는 듯이 보이면 모조리 살해했을 정도였다.

파괴의 물결은 파리로부터 사방으로 퍼져나갔다. 오를레앙에서는 남녀노소를 합하여 1,000명이, 루앙에서는 6,000명이 살해되었다. 멜디트에서는 200명이 감옥에 갇혔다가 나중에 지역별로 불려나와 잔인하게 살해되었다.

리옹에서는 800명이 학살되었다. 부모에게 매달린 자식들과 자식을 애틋하게 감싸안은 부모들이 로마 가톨릭 교회를 자처하는 자들, 칼과 피에 굶주린 이들의 먹이가 되었다. 주교의 집에서 300명이 살해되었고, 불경한 수사들은 시체를 매장하는 것조차 허락하지 않았다.

아우구스토보나 주민들은 파리의 대학살 소식을 전해 듣고 성문을 닫아걸어 프로테스탄트가 도망가지 못하게 해놓고, 개혁교회에 속한 신자를 낱낱이 색출하여 감옥에 가두고 야만적으로 살해했다. 아바리쿰, 트루아, 툴루즈, 루앙 같은 지역을 중심으로 프랑스 전역에서 대학살이 벌어졌다.

이런 끔찍한 참사가 벌어지고 며칠 뒤, 프랑스 왕실은 법의 형식을 빌려 이 만행을 변명하려고 애썼다. 그들은 중상모략으로 대학살을 정당화하려고 했고, 콜리니 제독에게 음모 혐의를 씌웠으나 아무도 믿지 않았다. 그러자 의회에서는 고故 콜리니에 대한 소송 절차를 밟았고, 그의 시체를 쇠사슬로 묶어 몽푸콩 교수대에 매달았다. 왕이 친히 이 충격적인 광경을 보기 위해 나왔다. 신하가 왕에게 물러서라며 악취가 난다고 불평하자 그는 "죽은 대적은 좋은 냄새가 난다"고 대꾸했다. 성 바돌로매 축일에 일어난 대학살을 그린 그림은 로마에 있는 바티칸의 왕족 응접실에 걸려 있는데 거기에는 다음과 같은 글씨가 쓰여 있다. "교황은 콜리니의 죽음을 승인한다Pontifex, Coligny necem probat."

이 무시무시한 학살은 파리 시에만 국한된 것이 아니었다. 왕실로부터 프랑스 전 지방 총독들에게 똑같은 명령이 하달되었고, 불과 일주일 만에 프랑스 곳곳에서 10만여 명의 프로테스탄트가 난도질을 당했다!

이런 비극에 로마는 매우 기뻐하며 하루를 축제의 날로 지정했고, 그날을 지키는 자들 모두가 크게 기뻐했다. 왕 역시 모든 수단을 동원하여 기쁨을 만끽하며 그날을 지키라는 분부를 내리면서 이제 위그노⁴가 모두 전멸했다고 선언했다.

보르도에서는 설교를 통해 교황파에게 학살을 촉구하곤 했던 악랄한 수사의 선동으로 264명이 잔인하게 살해되었으며 그 가운데는 원로들도 섞여 있었다. 동일한 수도회 소속의 또 다른 수사도 멘 지방의 아젠디쿰에서 비슷한 학살을 자행했다. 거기에서는 종교 재판관의 사주를 받아 군중이 프로테스탄트들에게 달려들어 그들을 살해하고 집을 약탈하고 교회를 쓰러뜨렸다.

기즈 공은 블루아에 진입하여 자기 부하들이 전리품을 챙기고 눈에 보이는 프로테스탄트들을 모조리 살해하거나 익사시키도록 방치했다. 그들은 남녀노소를 불문하고 겁탈한 뒤에 살해했다. 메르에 가서도 여러 날 동안 똑같은 만행을 저질렀다. 카세보니우스라는 목사를 발견하자 그를 강물에 던져버렸다.

앙주에서는 알비아쿠 목사를 죽이고 많은 여성을 겁탈한 뒤에 모두 살해했다. 심지어는 아버지를 벽에 묶어놓고 눈앞에서 두 딸을 능욕한 뒤에 모두 살해하기도 했다.

토리노의 수장은 몸값으로 거액을 준 뒤에 몽둥이로 잔인하게 맞고, 옷이 벗겨지고, 머리와 가슴은 강물에 잠긴 채 거꾸로 매달렸다. 그들은 그가 죽기도 전에 배를 가르고 내장을 끄집어내어 강물에 던졌다. 그러고는 그의 심장을 창끝에 꽂아 높이 쳐들고 길거리를 활보했다.

바르에서는 어린아이들의 몸을 쪼개놓고 내장을 꺼내 이빨로 물어뜯는 등 지극히 잔인한 행위를 일삼았다. 마티스콘 시에서는 팔과 다리를 자른 뒤에 사람을 죽이는 일을 오락거리로 여겼다. 방문객들의 눈을 즐겁게 하려고 프로테스탄트들을 높은 다리에서 강으로 던지면서 "이렇게 잘 뛰어내리는 자들을 본 적이 있소?" 하고 소리치기도 했다.

페나에서는 300명의 프로테스탄트에게 안전을 약속한 뒤에 잔인하게 살해했고, 알비아에서는 주일에 45명이 죽임을 당했다. 넌에서도 안전을 보장하겠다는 말로 안심시킨 뒤 지극히 무서운 일을 자행했다. 남녀노소를 막론하고 프로테스탄트를 무차별 살해해서 길거리에는 애통하는 소리가 울려 퍼지고 피가 강물을 이루었으며, 집들은 화염에 휩싸였다. 한 여인은 남편과 함께 은신처에서 끌려나와 짐승 같은 병사들에게 능욕을 당했다. 그들은 여인에게 칼을 뽑아 남편을 찌르라고 명했고 칼은 남편의 복부를 관통했다.

사마로브리지에서도 프로테스탄트들에게 평화를 약속해놓고 100명 넘게 살해했고, 아치도르에서도 100명을 죽인 뒤에 일부는 공공 변소, 일부는 강물에 던졌다. 오를레앙에서는 100명이 감옥에 갇혔다가 격노한 군중에게 살해되었다.

프로테스탄트가 겪은 고난은 너무 비극적이라 상세히 기술할 수 없을 정도다. 필리페 드 되의 고난은 당시의 비극을 짐작하게 한다. 괴한들이 필리페의 침대에서 그를 살해한 뒤에 산파의 시중을 받아 해산할 준비를 하고 있던 그의 부인에게 갔다. 산파는 적어도 아기가 태어날 때까지 살인을 멈춰달라고 간청했다. 그 사이 부인은 분만하기 위해 다락으로 뛰어올라갔다. 산파의 애원에도 괴한들은 이 가련한 여인을 단도의 칼자루까지 파고들 만큼 세게 찔렀다. 칼로 배를 찌르고 길거리에 내던졌다. 거리로 곤두박질치자 아기가 나왔는데, 갓 태어난 아기는 어떤 로마 가톨릭 교회의 악한에게 발각돼 칼에 찔려 강물에 던져졌다.

낭트 칙령 폐지부터 프랑스 혁명까지

낭트 칙령의 폐지를 계기로 시작된 박해는 루이 14세 치하에서 일어났다. 이 칙령은 1598년에 프랑스의 앙리 4세가 프로테스탄트에게 사회적인 면과 종교적인 면 등 모든 면에서 다른 신민들과 똑같은 권리를 보장해준 조치였다. 이 모든 특권은 루이 14세의 또 다른 법령에 의해 폐지되었다. '님 칙령Edit of Nîmes'이라고 불리는 이 법령은 그의 통치가 끝날 때까지 이어졌다.

루이 14세가 왕위를 계승하자마자 프랑스는 여러 차례의 내전으로 폐허가 되다시피 했다. 이 중대한 전환점에서 프로테스탄트들은 "칼을 가지는 자는 다 칼로 망한다"는 주님의 훈계를 잊은 채 왕의 편에 서서 적극적으로 싸웠다. 루이 14세는 왕권을 공고히 하는 데 프로테스탄트가 기여한 바가 많다는 사실을 인정할 수밖에 없었다. 그러나 왕은 그들의 공을 치하하기는커녕 프로테스탄트의 무력이 자기를 전복시킬 수도 있다고 판단했다. 교황파의 모략에 귀를 기울인 그는 자신의 최종 결정에 따라 구속 조치를 발표하기 시작했다. 교황의 수하들이 프로테스탄트 사건을 담당하는 재판관으로 임명되었고, 그들의 법령에 따르면 국왕 평의회 말고는 상소할 곳이 없었다. 이런 조치는 프로테스탄트의 사회적·종교적 활동을 뿌리째 흔들어놓았다. 프로테스탄트는 어떤 법정에도 로마 가톨릭 교회를 고소할 수 없었다. 이어서 프로테스탄트가 지난 20년 동안 말하고 행한 모든 것을 조사하라는 훈령이 모든 교구에 떨어졌다. 그 결과 감옥은 무죄한 피해자들로 가득 찼고, 그 가운데 일부는 유죄 판결을 받아 갤리선을 타거나 멀리 추방되었다.

프로테스탄트는 모든 공직에서 쫓겨났고, 교역에서 발을 빼야 했고, 어떤 혜택도 누리지 못했으며, 직장에서도 쫓겨났다. 생계수단을 빼앗겨버린 셈이었다. 심지어는 프로테스탄트 산파들도 직무를 수행하지 못하게 함으로써 프로테스탄트 여인들은 중요한 분만의 순간에 그들의 적인 잔인한 로마 가톨릭교도에게 몸을 맡기지 않을 수 없었다. 그들의 자녀는 부모로부터 떨어져서 로마 가톨릭교도에게 교육을 받고 일곱 살이 되면 로마 가톨릭을 받아들여야 했다. 프로테스탄트는 그들의 동료 중에 병자나 가난한 사람이 있어도 구제하지도 못했고, 사적인 예배를 드리는 일도 금지되었으며, 종교적인 예배는 가톨릭 사제가 있어야만 집전이 가능했다. 심지어는 억울한 피해자들이 왕국을 떠나는 것을 막기 위해 국경에 이르는 모든 길까지 엄격하게 감시했다. 그럼에도 하나님의 선한 손길에 힘입어 15만여 명이 감시선을 뚫고 여러 나라로 피신하여 프로테스탄트들이 당한 비참한 일을 전했다.

이제까지 언급한 내용은 모두 낭트 칙령 위반과 관련이 있다. 그런데 이 칙령을 폐지하는 극악무도한 법령이 1685년 10월 18일 에 통과되었다. 보편적인 법의 형식에 반하는 스물두 번째 법령 이다. 이후 즉시 프랑스 전역에 프로테스탄트를 탄압할 '용기 병'들이 배치되었다. 그리고 이제는 왕이 어떤 위그노도 왕국에 살지 못하도록 할 터이니 개종해야 한다는 소식이 프랑스 방방 곡곡으로 퍼져나갔다. 이어서 프로테스탄트들을 감시하는 교황 파 총독들과 스파이들이 프로테스탄트 주민들을 모아놓고 자발 적으로든 강제로든 지체 없이 로마 가톨릭으로 개종해야 한다고 위협했다. 이에 프로테스탄트들은 "우리의 목숨과 자산은 왕에 게 바칠 준비가 되어 있으나 우리의 양심은 하나님의 것인 만큼 결코 처분할 수 없노라"고 응수했다.

순식간에 부대가 도시의 성문과 도로를 모두 장악한 뒤에 모 든 도로에 경비병을 배치했다. 이들은 손에 칼을 든 채 "죽거나 가톨릭교도가 돼라"고 외쳤다. 요컨대, 그들은 프로테스탄트를 강제로 개종시키기 위해 온갖 악하고 무서운 짓을 자행했다.

그들은 많은 남녀를 머리카락이나 발을 묶은 채 거꾸로 매달 았고, 질식해서 거의 죽기 직전까지 건초에 불을 붙여 연기를 피 웠다. 이래도 개종하겠다는 서명을 거부하면 다시 매달아놓고 완전히 녹초가 될 때까지 잔인한 짓을 되풀이했으며, 이런 고통을 못 이겨 항복한 이들도 많았다.

어떤 프로테스탄트들은 머리카락과 수염을 뽑히는 고문을 받았다. 개종하겠다는 약속을 받아낼 때까지 큰불에 던졌다가 다시 끄집어내는 짓을 반복하기도 했다.

일부 프로테스탄트는 발가벗겨진 뒤에 지극히 잔인한 모욕을 당했다. 머리에서 발끝까지 핀을 꽂아놓고 주머니칼로 찔러대기도 했다. 때로는 빨갛게 달아오른 집게로 코를 잡고 끌고 다니며 개종하겠다는 약속을 받아내려 했다. 아버지나 남편을 묶어놓고 그들의 눈앞에서 딸과 아내를 욕보이기도 했다. 허다한 프로테스탄트가 가장 열악한 지하 감옥에 갇혀 온갖 고문을 당했다. 그들의 아내와 자식들은 모두 수도원에 수감되었다. 혹시라도 도망치는 자들이 있으면 숲과 들판을 두루 추격하여 짐승을 사냥하듯이 사냥했다.

프로테스탄트 헌장을 폐지하는 칙령이 공표되던 날, 교황파는 프로테스탄트 교회를 무너뜨리고 목사들에게 24시간 내에 파리를 떠나라고 통보했다. 그러고는 목사들이 자기 재산을 처분하지 못하게 조치를 취하는 등 떠나는 것조차 막으려고 온갖 수단을 동원했다. 피신에 실패한 자들은 갤리선의 노예로 끌려가 인간으로서 존엄이 무시된 채 평생토록 몸서리칠 정도로 심한 고통을 당했다.

갤리선[5]에 끌려간 프로테스탄트들이 받은 고통은 어디에도 비할 데가 없을 만큼 격심했다. 쇠사슬에 묶여 사시사철 노를 저었다. 버틸 힘이 없어 쓰러지면 채찍으로 맞든가 몽둥이나 밧줄로 구타를 당했다. 입을 옷도 변변찮고 위생상태도 나빠서 해충의 공격에 그대로 노출되었고, 낮이면 얻어맞고 밤이면 추위에 떨었다. 건강하든지 아프든지 폭이 45센티미터밖에 안 되는 판자 한 장을 깔고 자야 했고, 덮을 것이라고는 초라한 옷밖에 없었다. 아주 조잡한 천으로 만든 소매도 없는 셔츠였다. 공급되는 식량도 옹색하기 그지없었다. 이들에게 비참한 형벌을 내린 자들의 생각만큼이나 형편없었다. 그들이 아플 때 받은 대우는 너무 충격적이라 차마 입에 담을 수가 없다. 해충에 뒤덮인 채 어두운 선창 위에서 대소변을 볼 수 있는 최소한의 시설조차 없이 죽어가야 했다. 이들의 고통은 여기서 끝나지 않았다. 그리스도의 사역자요 정직한 사람인 그들은 흉악한 죄수들과 지독한 악한들과 나란히 쇠사슬에 묶인 채 쉴 새 없이 그들의 욕지거리를 들어야 했다. 미사를 거부하면 태형[6]을 선고받았다. 태형은 먼저 예비 단계로 쇠사슬을 벗고 노를 관장하는 터키인의 손에 넘어간다. 터키인은 죄수의 옷을 거의 벗긴 뒤에 큰 대포 위에 몸을 뻗게 한 다음 움직이지 못하도록 고정시킨다. 집행인으로 임명된 터키인은 불쌍한 죄수를 선지자인 마호메트에게 바치는 제물처럼 생각하며 발의 살이 떨어져 나가 뼈가 보일 때까지 거친 몽둥이나 매듭 달린 밧줄로 잔인하게 때린다. 그가 거의 죽을 지경에 도달하면 식초와 소금을 섞어 발라 극심한 고통을 느끼게 하고는 형편없는 병원으로 이송했다. 이 병원에서 수천 명이 죽어 나갔다.

사람들이 너희를 출교할 뿐 아니라 때가 이르면 무릇 너희를 죽이는 자가
생각하기를 이것이 하나님을 섬기는 일이라 하리라(요 16:2).

5

스페인과 포르투갈에서의
종교재판

An Account of the Inquisition
in Spain and Portugal

개혁주의 신앙이 유럽 전역에 복음의 빛을 비추자 교황 이노켄티우스 3세는 로마 가톨릭 교회의 앞날이 어찌될지 무척 불안했다. 그래서 교황파가 이단이라 부르는 개혁주의자들을 조사하고 체포하고 처벌하는 역할을 담당할 종교 재판관 다수를 임명했다.

종교 재판관들의 우두머리로 도미니쿠스가 임명되었다. 교황이 자기의 권위를 가장 영예롭게 할 목적으로 성인으로 추앙한 인물이 바로 도미니쿠스다. 도미니쿠스를 비롯한 재판관들은 여러 로마 가톨릭 국가들로 흩어져 프로테스탄트를 가혹하게 박해했다. 세월이 흐르면서 이런 순회 재판관들이 생각만큼 유용하지 않다는 점을 깨달은 교황은 아예 정식 종교 재판소를 세우기로 결정했다. 정식 종교 재판소를 세우라는 명령이 떨어지자 최초의 종교 재판소가 툴루즈에 건립되었고, 도미니쿠스가 최초의 정식 종교 재판관이 되었다.

나중에는 종교 재판소가 여러 나라에 세워졌는데 그중에서도 스페인 종교 재판소가 가장 악명 높았다. 모든 면에서 독단적인 권력을 행사하는 스페인의 왕들조차 종교 재판소의 소장을 두려워할 정도였다. 그들이 얼마나 무시무시한 짓을 했던지 로마 가톨릭과 견해를 달리하는 사람들은 자기 생각을 전혀 드러낼 수 없었다.

교황파 수사들 가운데서 가장 열성적이고, 로마 가톨릭 교회를 가장 맹목적으로 복종하는 이들은 도미니쿠스파와 프란체스코파였다. 교황은 당연히 이들에게 여러 종교 재판소를 관장하는 특권을 부여해야 한다고 생각했다. 그리하여 이 재판관들은 교황의 위임을 받아 무한한 권력을 거머쥐게 되었다. 그들은 이단의 낌새가 조금이라도 있으면 누구든지 출교를 명하거나 사형 선고를 내릴 수 있었다. 그리고 이단처럼 보이는 자들을 대항하도록 공공연하게 선동하고 또 무력을 동원하여 이 운동에 동참하도록 군주들과 협정을 맺을 수도 있었다.

1244년에 이르러 신성로마제국 황제 프리드리히 2세가 스스로 모든 종교 재판관의 보호자요 친구를 저처함에 따라 그들의 권력은 한층 더 강해졌다. 프리드리히 2세는 잔인한 칙령을 많이 선포했는데 그중에는 완강하게 버티는 이단을 모두 화형에 처하고 전향한 모든 이단을 종신형에 처하는 법령도 포함되어 있었다.

황제가 로마 가톨릭에 속한 종교 재판관을 이토록 열렬히 후원한 이유는 당시 유럽 전역에 퍼진 소문 때문이었다. 황제가 기독교를 버리고 이슬람교로 개종하려고 한다는 소문이 돌았던 것이다. 그래서 프리드리히 2세는 이 소문이 헛소문임을 입증할 목적으로 교황에 반대하는 자들을 잔인하게 박해함으로써 교황에 대한 애정을 입증하려 했다.

종교 재판소에 속한 관리는 재판관 세 명, 검사, 서기관 두 명, 법관, 사신, 수신자, 간수, 재산 압류 담당자, 여러 사정관, 법률 고문, 집행인, 의사, 외과의사, 문지기, 그리고 비밀을 지키기로 맹세한 밀고자 등이었다.

이 재판에 가장 먼저 회부되는 대상은 이단이다. 이 재판에서 '이단'이란 로마 가톨릭 교회의 신조나 전통 중 어느 하나라도 반대하는 말을 하거나 글을 쓴 사람을 모두 포함한다. 또 종교 재판소는 마술사로 고발당한 자들, 공용어로 된 성경이나 유대인의 탈무드나 무슬림의 코란을 읽는 이들도 예의주시했다.

종교 재판관은 모든 재판에 대해 가혹한 태도로 소송 절차를 밟았고, 그들 눈에 거슬리는 자들을 전례 없는 잔인한 방식으로 처벌했다. 프로테스탄트는 어떤 자비도 바랄 수 없었고, 그리스도인이 된 유대인 역시 결코 안심할 수 없었다.

종교 재판소에서 변호란 피고인과는 전혀 상관이 없는 듯했다. 조그마한 혐의도 유죄 판결을 내릴 충분한 근거가 되었기 때문이다. 게다가 피고의 재산이 많으면 많을수록 불리했다. 종교 재판관이 피고의 재산을 탐할수록 더욱 잔인한 판결을 내렸다. 다시 말해 남의 재산을 차지하려고 무고한 자의 목숨을 빼앗았던 것이다.

종교 재판소에서 피고인은 자기를 고발한 자나 자기에게 불리한 증언을 하는 자의 얼굴을 볼 수 없었다. 그들은 온갖 위협과 고문을 동원하여 피고인에게 자아비판을 하게 함으로써 증거를 확증하게 만들었다. 만일 종교 재판소의 사법권을 충분히 인정하지 않고 이의를 제기하는 자에게는 보복이 뒤따를 거라고 공표했다. 재판소 관리에게 대항하는 자는 누구든 무례를 범한 죄로 고통받을 것이 뻔했다. 종교 재판소는 권력에 복종시켜야 할 자들에게 공포심을 불러일으킨다는 행동 원리를 따랐다. 훌륭한 가문, 고상한 신분, 존엄한 계급, 고위직 등 그 무엇이라도 재판소의 가혹한 행위를 막을 수 없었다. 재판소의 가장 낮은 관리라도 최고위층 인물을 벌벌 떨게 할 수 있을 만큼 권력이 막강했다.

고발당한 피고인이 유죄 판결을 받으면 심한 채찍질을 당하고, 난폭한 고문을 받고, 갤리선으로 보내지거나 사형 선고를 받았다. 그리고 어느 경우든 재산은 압류되었다. 판결을 내린 뒤에는 처형장까지 행진을 벌이곤 했는데 이런 의식을 가리켜 '아우토다페auto da fe'라고 불렀다.

1682년 5월 30일 마드리드에서 있었던 아우토다페다. 종교 재판소의 관리들은 트럼펫과 케틀드럼과 깃발을 앞세우고 큰 광장에 있는 궁전을 향해 행진했다. 그리고 한 관리가 오는 6월 30일, 죄수들은 선고받은 대로 처형될 거라는 포고문을 낭독했다.

남녀 20명과 이슬람교로 개종한 배교자 한 명은 모두 화형 선고를 받은 상태였다. 유대인 남녀 50명은 예전에 투옥된 적이 없고 자기의 죄를 참회한 만큼 장기 감금과 함께 노란 모자를 쓰라는 선고를 받았다. 이번에는 스페인 왕실이 모두 배석했다. 종교 재판소장의 좌석은 판사석의 형태로 왕의 좌석보다 훨씬 높은 곳에 배치되었다.

미사가 시작되자 사제가 제단으로부터 내려와서 일부러 교수대 곁에 배치한 좌석에 앉았다. 이어서 제의祭衣를 입고 머리에 주교관을 쓴 종교 재판소장이 원형 경기장 아래로 내려왔다. 그는 먼저 제단에 절을 한 뒤에 몇몇 관리들을 대동하고 국왕이 있는 발코니를 향해 나아갔는데, 손에는 십자가와 사복음서와 책한 권이 들려 있었다. 이 책에는 역대 스페인 국왕들이 가톨릭 신앙을 수호하고, 이단을 근절하고, 권력과 힘을 다해 종교 재판소의 기소와 판결을 지지하겠다고 맹세한 기록이 담겨 있었다. 미사는 정오쯤 시작되었으나 많은 죄수에게 내려진 선고를 일일이 큰 소리로 열거하는 탓에 저녁 아홉 시가 되어서야 끝났다.

21명의 남녀에게 화형을 집행할 차례가 되었다. 무시무시한 죽임을 당하면서도 당당했던 그들의 모습은 실로 놀라웠다. 왕은 죄수들 가까이 자리 잡고 있었기 때문에 그들의 신음이 끔찍하리만치 생생하게 들렸지만, 화형식 자체가 일종의 종교 행사였기에 자리를 뜰 수가 없었다. 더구나 즉위식에서 한 맹세 때문에 현장에서 직접 참관하고 거기서 이뤄지는 모든 행위를 재가해주어야만 했다.

이제까지의 내용은 스페인 종교 재판소뿐 아니라 모든 종교 재판소에 동일하게 적용되었다. 그중에서도 특히 포르투갈 종교 재판소는 스페인과 같은 시기에 설립되었고, 같은 규정이 적용되었기에 여러 면에서 닮은 면이 많았다. 고문은 세 번을 넘지 않도록 규정되어 있지만, 고문이 너무 가혹한 나머지 죄수가 죽거나 불구자가 되는 경우가 허다했다. 세 번에 걸쳐 끔찍한 고문을 당하고도 살아남은 사람의 증언을 토대로 고문이 얼마나 격심한 고통을 안겨주었는지 살펴보자.

첫 번째 고문때는 집행인 여섯 명이 들어와서 속바지만 남겨놓고 옷을 다 벗게 한 뒤에 높이가 1미터쯤 되는 탁자에 눕혔다. 그리고 목에는 쇠목걸이를, 양 발에는 쇠고랑을 채워 고정시켰다. 팔다리는 쭉 펴게 하고 양쪽 허벅지를 밧줄로 동여맸다. 네 남자가 고문용으로 만든 구멍을 지나 교수대 아래로 지나가는 밧줄을 신호에 맞춰 동시에 팽팽하게 잡아당겼다.

고문을 당하는 사람에게 얼마나 참기 어려운 고통이 찾아올지 충분히 상상할 수 있을 것이다. 굵기가 가는 밧줄은 죄수의 살을 뚫고 뼈에까지 이르러 밧줄로 묶인 부위 여덟 곳에서 피가 동시에 솟구쳤다. 죄수가 종교 재판관이 원하는 고백을 하지 않고 계속 버티면 밧줄을 당기는 고문을 네 번씩이나 연달아 자행했다.

두 번째 고문 때는 죄수의 양팔을 뒤쪽으로 틀어서 손바닥이 바깥으로 향하게 했다. 기계의 힘으로 돌아가는 밧줄로 양쪽 팔목을 묶은 다음 양쪽 팔목이 맞닿도록 서서히 잡아당겨 양팔이 완전히 평행을 이룰 때까지 당겼다. 이처럼 난폭하게 뒤틀고 나면 양어깨는 탈골되고 입에서는 피가 쏟아져 나왔다. 이런 고문을 세 번이나 반복한 뒤에 다시 지하 감옥에 가두면 외과의사가 탈골된 뼈를 맞췄다.

두 번째 고문을 당한 지 두 달이 지나 몸이 조금 회복되면 다시 고문실로 끌려가서 또 다른 형벌을 두 번 당했다. 고문자는 굵은 쇠사슬로 죄수의 가슴을 가로지른 다음 손목에서 묶었다. 그러고는 죄수를 두꺼운 판자에 눕히고 양 끝에 달아놓은 도르래와 연결된 밧줄로 손목을 감은 쇠사슬 끝부분을 고정시켰다. 이어서 고문자가 자기 뒤에 있는 롤러를 이용하여 밧줄의 끝부분을 잡아당기면 쇠사슬 끝부분이 갈수록 팽팽해져서 죄수의 복부를 더 세게 압박하거나 상처를 냈다. 이렇게 심한 고문을 당하면 양어깨는 물론이고 손목까지 탈골된다. 그러면 외과의사가 다시 교정한다. 야만스러운 고문자들은 그토록 잔인한 고문을 가하고도 성에 차지 않는지 곧바로 똑같은 고문을 반복했지만 죄수는 뜻을 굽히지 않았다. 그 후 그는 다시 지하 감옥에 갇혔고, 외과의사가 상처를 치료하고 탈골된 부위를 교정했으며, 아우토다페가 다 끝날 때까지 수감되어 있다가 마침내 석방되어 평생 후유증에 시달리면서 불구로 살았다.

잉글랜드 상인 니컬러스 버턴이 스페인에서 받은 박해

런던 시민이었던 니컬러스 버턴은 스페인 카디스에 살면서 무역업에 종사했다. 1560년 11월 5일에 종교 재판관들의 심부름을 하던 한 요사꾼이 그를 찾아왔다. 요사꾼은 니컬러스 버턴을 찾으면서 그에게 전달할 편지가 있다고 속였다. 그리하여 버턴의 숙소에 발은 들였으나 전달할 편지가 없었으므로 요사꾼은 또 다른 거짓말을 꾸며냈다. 버턴이 주선한 배편을 통해 런던에 화물을 부치고 싶다고 둘러댔다. 요사꾼은 버턴의 물건이 있는 곳을 알아내 압류하고 그를 체포할 종교 재판소 소속 경찰이 올 때까지 시간을 끌려 했다. 요사꾼 일당은 계획을 곧바로 실행에 옮겼다.

버턴은 스페인에서 교회법이나 세속 법에 위배되는 글을 쓰고 말을 하고 행동을 한 적이 없었다. 그래서 도대체 무슨 연유로 자기를 체포하는지 담대히 물었고, 고발 사유를 밝히면 그에 대해 답변하겠다고 말했다. 그러자 그들은 입 다물라고 위협하며 답변을 회피했다.

그리하여 버턴은 카디스에 있는 더러운 공동 감옥에 수감돼 도둑들 틈에서 14일을 보냈다. 그 기간 내내 버턴은 하나님에게 받은 달란트를 활용하여 가련한 죄수들에게 하나님의 말씀을 가르쳤고, 아울러 똑같은 내용을 스페인어로도 가르쳐서 짧은 시간에 여러 죄수들이 그리스도를 영접하고 교황파의 전통을 버리게 만들었다.

이 소식을 들은 종교 재판소 관리들은 버턴에게 쇠고랑을 채우고 세비야에 있는 더 무자비한 감옥으로 보냈다. 트리아나 감옥에서 종교 재판관들은 잔인한 관행에 따라 비밀리에 소송 절차를 밟으면서 영국에 있는 누구에게도 편지를 쓰지 말고 감옥 안에서 말도 하지 말라고 협박했다. 오늘까지도 누가 그를 고발했는지 알지 못한다.

12월 20일에 그들은 니컬러스 버턴과 더불어 참된 기독교 신앙을 고백한 많은 죄수를 종교 재판관이 앉아 있는 판사석으로 데려왔다. 혀를 밖으로 끄집어내 갈라진 막대기로 묶어놓았기 때문에 버턴은 사람들에게 자기의 양심과 신앙을 고백할 수 없었다. 그는 다른 잉글랜드 사람들, 프랑스 사람들, 스페인 사람들과 함께 종교 재판소 건너편에 있는 교수대에 묶였다. 그들에 대한 선고와 판결이 공표되었다. 선고문이 낭독되자마자 그들은 마을 외곽에 있는 처형장으로 끌려가서 가장 잔인한 방법으로 화형을 당했지만, 그들의 한결같은 신앙으로 인해 하나님은 영광을 받으셨다.

활활 타오르는 불길 속에서 버턴은 인내심과 기쁨으로 죽음을 받아들였고 매우 기운찬 모습을 보였다. 고문자들과 적들은 이 모습조차도 왜곡하며 버턴에게 불이 닿기도 전에 마귀가 그의 영혼을 사로잡아 무감각해진 거라고 말했다.

니컬러스 버턴이 체포된 직후 그가 스페인에 들여온 모든 물건과 상품은 즉시 몰수되었다. 그들은 그의 물건과 더불어 또 다른 잉글랜드 상인인 존 프런턴의 물건도 챙겼다. 존 프런턴은 자기 재산이 몰수되고 동료가 처형당했다는 소식을 듣고 변호사를 스페인에 보내 물건에 대한 소유권을 주장하며 돌려줄 것을 요구했다.

프런턴의 변호사가 세비야에 상륙한 뒤에 재판소에 편지와 서류를 보여주면서 물건을 돌려달라고 요구했다. 그러자 재판소에 탄원하려면 특정한 탄원서를 제출해야 한다는 답이 들어왔다. 변호사는 서너 달 동안 매일 아침과 오후, 하루 두 번씩, 한 번도 빠지지 않고 종교 재판관 관저에서 세비야 종교 재판소 소장 타라콘 주교에게 간청했다.

마침내 그들이 변호사를 다시 불렀다. 프런턴은 이 소식을 듣고 이제야 물건을 찾을 수 있을 것으로 생각하고 무척 기뻐서 기력을 회복했다. 그런데 변호사가 도착하자마자 간수는 그를 감옥에 가두어버렸다.

며칠 뒤 재판소에 불려간 프런턴은 물건을 돌려달라고 요구했다. 그러나 이 모든 과정은 종교 재판소의 계략이었다. 그들은 먼저 프런턴에게 기도문을 암송하게 했다. 그래서 프런턴은 물건을 돌려달라는 말을 멈추고 '아베 마리아'라는 기도문을 암송했다. 그러자 그들은 프런턴을 이단으로 몰았다. 로마식으로 아베 마리아를 말하지 않고 다르게 끝냈다는 이유였다. 그들은 이것이 성인들의 기도를 신봉하지 않는다는 증거라고 우겼다.

그들은 이런 구실로 프런턴을 한동안 감옥에 가두어놓고 훗날 법정에 세웠다. 이 재판에서 프런턴은 소유권을 주장했던 물건을 포기하라는 판결과 징역 1년을 선고받았다.

콘스탄틴 박사에 대한 박해

콘스탄틴 박사는 아주 특별한 재능과 심오한 지식을 겸비한 인물이었다. 그는 라틴어, 그리스어, 히브리어에 능통했고 과학뿐 아니라 예술과 문학에도 조예가 깊었다. 또 말솜씨가 좋고 건전한 교리를 믿고 따라서 훌륭한 복음 전도자가 되었다. 그가 설교할 때면 언제나 청중이 몰려왔다. 콘스탄틴은 교회에서 승진할 기회가 많았지만 마다했다. 누군가 지금보다 더 나은 생활을 제의하면 으레 "나는 지금 내가 갖고 있는 것으로 만족하오"라고 말하면서 거절했다. 종종 성직 매매[7]를 비판하는 설교를 아주 강하게 했기 때문에 그 문제에 대해 그만큼 예민하지 않은 다수의 고위 성직자들은 그의 가르침을 불쾌하게 여겼다.

콘스탄틴은 프로테스탄트 신앙에 대한 확신을 품고 있었던 만큼, 복음의 순수성에 부합하고 로마 교회에 침투한 오류들에 오염되지 않은 교리들만 담대하게 설파했다. 이런 이유로 로마 가톨릭 진영에 많은 적이 있었으며 그들 중 일부는 그를 파멸시키기로 작정했다.

콘스탄틴은 신학교에서 강의를 맡기도 했다. 강의 시간에 잠언, 전도서, 아가서에 관한 강해를 모두 끝내고 욥기를 강해하기 시작할 때쯤 종교 재판관에게 붙잡혔다. 조사를 받을 때 그가 아주 신중하게 대답했기 때문에 재판관들은 명백한 죄목을 찾지 못해 어떤 방식으로 재판 절차를 밟아야 할지 난감했다. 그때 결정적인 사건이 터졌다.

콘스탄틴이 무척 소중히 여기는 책 여러 권을 이사벨라 마틴이라는 여성에게 맡겼는데, 하나같이 종교 재판관의 눈에 거슬릴 만한 것이었다. 그러던 차에 누군가 이사벨라를 프로테스탄트라고 밀고했다. 간단한 절차를 거쳐 물건을 압수하라는 명령이 떨어졌다. 하지만 관리들이 집에 들이닥치기 전에 이사벨라의 아들이 궤짝 여러 개를 다른 곳으로 옮겼고, 그중에는 콘스탄틴의 책도 포함되어 있었다.

그때 주인을 배반한 하인이 이 사실을 종교 재판관에게 통보했고, 한 관리가 이사벨라의 아들을 찾아와 궤짝을 내놓으라고 요구했다. 그는 그 관리가 단지 콘스탄틴의 책만 가지러 온 것으로 생각하고 "당신이 무엇을 가지러 왔는지 알고 있으니 금방 가져다 드리겠소"라고 말했다. 그러고는 콘스탄틴의 책과 문서를 가져다주었다. 관리는 생각지 못한 물건을 발견하고 크게 놀랐다. 그래서 그에게 그 책과 문서를 입수하게 되어 기쁘다고 말하고는 그래도 임무를 완수해야 한다며 그를 종교 재판관 앞으로 끌고 갔다. 그는 저항해봐야 소용 없다는 것을 알고 순순히 운명을 따랐다.

이렇게 해서 콘스탄틴의 책과 문서를 입수한 종교 재판관들은 이제야 그를 정식으로 고발할 충분한 증거를 확보하게 되었다. 콘스탄틴은 재조사를 받기 위해 불려왔고 그들은 문서 중 하나를 보여주면서 아는 필체냐고 물었다. 그는 자신의 필체를 알아보고 모든 정황을 짐작했다. 그리고 사실대로 자백한 뒤에 다음과 같은 말로 문서에 담긴 교리가 옳음을 증언했다.

그 글을 비롯한 모든 글에서 나는 복음 진리에서 떠난 적이 한 번도

없고, 그리스도께서 인류에게 주신 순수한 교훈을 언제나 있는 그
대로 명심하고 있었소.

콘스탄틴은 2년이 넘게 감옥에 갇혀 있다가 이질에 걸려 비참
한 삶을 마감했다. 죽은 이후에도 그의 시신에 대한 영장이 발부
되어 이듬해 실시된 아우토다페 기간에 공개적으로 화형에 처해
졌다.

윌리엄 가드너의 생애

윌리엄 가드너는 브리스틀에서 태어나 양질의 교육을 받았고
적당한 나이가 되어 패짓이라는 상인의 보살핌을 받게 되었다.
그는 가드너가 스물여섯 살이 되자 포르투갈 리스본으로 파견
했다. 가드너는 거기에서 포르투갈어 공부에 전념했고, 부지런
히 사업체를 운영했으며, 모든 사람과 원만한 관계를 맺었다. 그
는 열성적인 프로테스탄트들과 사적인 대화를 나누면서도 로마
가톨릭 교회에 조금이라도 거슬리지 않으려고 언행을 조심했다.
하지만 교황파 교회에는 발걸음을 하지 않았다.
포르투갈 왕의 아들과 스페인 공주의 혼인 예배가 거행되던
어느 날, 신랑과 신부와 온 왕실이 교회에 모였다. 수많은 하객
이 참석했고, 윌리엄 가드너도 그 자리에 있었다. 처음부터 끝까
지 혼인 예식을 지켜본 가드너는 여러 미신적인 행위에 큰 충격

을 받았다.

그날 본 잘못된 예배의 모습은 그의 뇌리에 강하게 새겨졌다. 복음의 진리를 그토록 쉽게 얻을 수 있는 시대에 온 나라가 우상 숭배에 빠져 있는 것이 매우 안타까웠다. 그리하여 포르투갈에서 개혁을 일으키겠다는 생각을 품게 되었고, 일이 잘못되면 죽음까지 불사하겠다고 각오했다. 순교자가 되는 한이 있더라도 조심스런 태도를 버리고 열정적으로 뛰어들기로 결심한 것이다.

뜻을 정한 그는 모든 세상사를 정리했다. 빚을 갚고 장부를 마감하고 상품을 위탁했다. 돌아오는 주일에 그는 신약성경을 들고 교회에 다시 가서 제단 근처에 자리를 잡았다.

왕을 비롯한 왕실 사람들이 등장했고 이어 추기경이 미사를 집례하기 시작했다. 성체를 숭배하는 순서가 되자 가드너는 더 이상 참을 수 없었다. 그는 추기경에게 뛰어가서 성체를 잡아채 발로 짓밟았다.

온 회중이 깜짝 놀랐다. 어떤 사람이 단도를 꺼내 가드너의 어깨에 상처를 입혔는데, 만일 국왕이 저지하지 않았다면 가드너는 그 자리에서 죽고 말았을 것이다.

가드너는 국왕 앞으로 끌려왔다. 국왕은 그에게 어느 나라 사람이냐고 물었다. 그는 대답했다.

저로 말하자면 태생은 잉글랜드이고, 종교는 프로테스탄트이고, 직

화형당하는 윌리엄 가드너
"진리를 위해 고난을 받으리라."

업은 상인입니다. 저는 국왕 폐하를 경멸하지 않습니다. 여기서 벌어지는 우스운 미신과 고약한 우상숭배를 보고 분노를 느꼈기 때문에 이런 행위를 한 것입니다. 이것은 하나님이 금하시는 일입니다.

국왕은 가드너에게 누구의 사주를 받아 이 일을 했냐고 물었다. 가드너가 답했다. "오직 내 양심에 따라 한 것입니다. 저는 어느 누구를 위해서도 이런 위험한 행동을 하지 않습니다. 오로지 하나님을 섬기기 위해서 모든 일을 할 뿐입니다."

가드너는 감옥에 갇혔고 리스본에 사는 모든 잉글랜드 사람을 체포하라는 포고령이 내렸다. 이 포고령으로 미처 몸을 피하지 못한 수많은 무죄한 사람들이 붙잡혀 고문을 받으며 이 일에 연루되었는지 추궁받았다.

가드너는 가장 심한 고문을 받았으나 그 와중에도 자기의 행동을 자랑스럽게 여겼다. 그는 결국 사형 선고를 받았다. 사형 집행관들이 교수대 근처에 큰 불을 피웠다. 그러고는 도르래를 이용하여 가드너를 교수대로 끌어올린 뒤에 불에 닿을 듯 말 듯 할 정도로 위치를 조정했다. 그를 서서히 태우든가 구워버리려는 심산이었다. 그럼에도 그는 고통을 참고 견뎠으며 당당하게 자기 영혼을 주님께 맡겼다.

스코틀랜드 출신 윌리엄 리스고가 받은 박해

젊은 스코틀랜드인이었던 윌리엄 리스고는 여행을 좋아했다. 1609년 3월에도 여행길에 올라 파리에서 한동안 머문 뒤에 독일을 거쳐 여러 곳을 돌아보다가 마침내 온갖 불행이 일어날 장소인 스페인 말라가에 도착했다.

1620년 10월 17일, 리스고는 스코틀랜드인 몇 명과 교제할 기회가 생겼다. 알제리 해적선을 퇴치하기 위해 순항하던 잉글랜드 함대가 말라가에 정박한 덕분이었다.

잉글랜드 함대에는 리스고가 잘 알던 사람이 여럿 있었고, 그들은 관례대로 정박한 도시의 유흥가에서 즐겁게 며칠을 보냈다. 그 후 그들은 리스고를 함대 제독과 인사시키려고 함대에 초대했다. 리스고는 초대에 응했고 제독의 따뜻한 환영을 받았다. 리스고는 함대가 출항하는 다음날까지 거기에 머물렀다.

그런데 그날 밤 함대에 있었던 것이 빌미가 되어 한밤중에 길거리에서 납치되어 총독과 관리들의 심문을 받았다. 의도성이 짙은 심문을 받고 결국 리스고는 잉글랜드 스파이로서 그날 밤 잉글랜드 함대의 제독에게 비밀 정보를 넘겼다는 혐의를 받았다.

리스고가 아무리 애써도 혐의를 벗을 수 없었다. 그는 자신의 무죄를 입증해줄 서류가 담긴 옷 가방을 보내달라고 사정했다. 옷 가방을 가져와서 열어보니 여권과 증명서를 비롯한 여러 개인적인 서류들이 있었다. 그런데 이 모든 증명서와 신임장이 재판관들의 의심을 풀어주기는커녕 더 일이 꼬이고 말았다. 결국 리스고는 차꼬를 찬 상태로 비밀 감방으로 끌려갔다. 간수는 문을 잠그고 리스고를 홀로 가두었다.

이튿날 총독이 리스고를 찾아와 만일 스파이라고 자백하면 석방시켜주겠다고 약속했다. 그러나 리스고가 자신의 무죄를 주장하자 분노한 총독은 자백을 할 때까지 다시는 찾지 않겠다고 말했다. 그러고는 간수에게 이틀에 한 번씩 85그램의 오래된 빵과 0.5리터의 물만 주라고 명했다. 또한 이불을 주지 말라고 지시했다.

리스고가 계속 무죄를 주장하자 총독은 서기에게 그를 고문실로 보낼 영장을 작성하라고 지시했다. 영장이 발부되자 리스고는 고문대가 기다리고 있는 포도즙 짜는 외딴 집으로 호송되었다.

차꼬가 풀리자 그는 무릎을 꿇고 호된 시련을 꿋꿋하고 용감하게 견딜 수 있는 힘을 달라고 하나님께 짧게 기도했다. 그는 발가벗겨진 채로 고문대에 묶였다. 시장과 서기가 범죄자의 자백을 받아쓰고 고문 장면을 구경하려고 그 자리에 참석했다.

리스고가 받은 고문은 다 묘사할 수 없을 정도로 다양했다. 고문대에 다섯 시간이나 묶여 있으면서 가장 악랄한 60가지의 고문을 당했다고 말하는 것으로 충분하리라. 몇 분만 더 고문을 받았더라면 분명히 그 자리에서 죽었을 것이다.

고문이 모두 끝난 뒤에 가련한 리스고는 초라한 지하 감옥으로 돌아가 해충에 잡아먹히다시피 했다. 해충들이 그의 수염과 입술과 눈썹 등으로 기어 다니는 바람에 도무지 눈을 뜰 수 없을 정도였다. 설상가상으로 양손과 양다리는 고문으로 처참하게 망가져서 움직일 수조차 없었다. 총독은 8일 간격으로 해충을 풀어 하루에 두 차례씩 괴롭히라는 명령을 내릴 만큼 잔인했다.

감금되어 있는 동안 리스고는 석방될지도 모른다는 조금 희망적인 정보를 입수했으나 사실은 정반대였다. 잉글랜드의 한 신학교 사제와 스코틀랜드의 양조업자가 한동안 총독에게 고용되어 리스고의 모든 책과 서류를 스페인어로 번역했다. 총독 관저 사람들은 그를 이단의 괴수라 칭했다. 리스고는 다시 고문을 받다 죽을지 모른다는 절망에 빠졌다.

리스고가 정보를 입수한 지 이틀 뒤에 총독과 사제와 종교 재판관이 예수회 수사 두 명을 대동하고 지하 감옥에 찾아왔다. 하찮은 질문을 몇 가지 던진 뒤에 종교 재판관은 리스고에게 로마 가톨릭교도인지, 교황의 지상권을 인정하는지 여부를 물었다. 리스고는 둘 다 부인했다. 그리고 원한에 사무쳐서 이렇게 덧붙였다. "당신은 나에게 반역죄를 뒤집어씌워 나를 죽이다시피 했고, 이제는 내 종교를 빌미로 나를 순교자로 만들 작정이군요."

아침이 되자 종교 재판관은 다른 성직자 세 명과 감옥을 다시 찾아와 개종을 방해하는 양심의 거리낌이 있는지 물었다. 이 질문에 리스고는 자신이 확실히 믿는 바를 고백했다. "그리스도의 약속들을 확신하고, 사복음서에 계시된 그분의 뜻을 확실히 믿고, 따라서 기독교 신앙을 완전히 확신하고 있소." 이 말에 종교 재판관은 대꾸했다. "너는 그리스도인이 아니라 어리석은 이단이고, 회심하지 않으면 지옥의 자식일 뿐이다." 그러자 리스고는 욕설과 고문대와 고통으로 상대를 압박하는 것은 종교와 사랑의 본질에 어긋나고 오직 성경에서 추론한 논리로 설득해야 옳다고 말했다. 또 이 밖의 어떤 방법을 사용해도 통하지 않을 것이라고 단언했다.

결국 재판관은 먼저 리스고에게 열한 가지 고문을 받게 하고, 만일 이런 고문으로도 죽지 않으면 부활절 축제가 끝난 뒤에 그라나다로 호송하여 거기에서 화형을 시키라고 선고했다. 첫 번째 선고는 그날 밤에 지극히 야만적으로 실행되었으나, 하나님께서 몸과 마음에 힘을 주셔서 진리를 고수하고 그에게 가해진 끔찍한 형벌을 견딜 수 있게 해주셨다.

더 이상 참을 수 없을 정도로 처참한 지경에 빠진 리스고는 차라리 죽어서 고통에서도 벗어나고픈 절박한 심정으로 기다렸다. 그러나 이런 우울한 예상은 하나님의 섭리 가운데 다행히 빗나가 마침내 구출되기에 이르렀다.

총독이 한 손님을 대접하면서 리스고가 스파이로 체포된 때부터 그때까지 일어난 일을 이야기했고, 또 그가 견딘 여러 가지 고문도 설명했다. 그리고 그가 무죄하다는 사실을 알기에 심히

농부들이 밧줄에 묶인 채 재판을 받으러 런던으로 끌려가고 있다.
"너희가 나로 말미암아 총독들과 임금들 앞에 끌려 가리니"(마 10:18).

근심했노라고 솔직히 털어놓았다. 원칙대로라면 기꺼이 리스고를 석방하고 재산과 문서를 돌려주고 그가 받은 상처에 대한 보상도 해야겠지만, 그의 문서를 조사한 결과 여러 글이 아주 불경한 내용을 담고 있고 또 이런 이단적인 견해를 포기하지 않겠다고 고집하니 종교 재판소에 넘겨져 결국 유죄 판결을 받은 것이라고 말했다.

총독이 이 비극적인 이야기를 들려주는 동안 손님의 젊은 하인이 대화를 엿듣고 얼굴도 모르는 리스고에게 연민을 느꼈다. 주인의 숙소로 돌아온 하인은 자기가 들은 내용을 곰곰이 생각했고 그로 인해 도무지 잠을 이룰 수 없었다. 그날 밤을 뜬 눈으로 보내다시피 한 하인은 아침이 되자 아무에게도 말하지 않고 시내로 들어가서 잉글랜드 사람이 있는 곳을 탐문했다. 수소문 끝에 와일드의 집에 찾아가 전날 저녁에 자기 주인과 총독 사이에 오간 이야기를 모두 해주었지만, 리스고라는 이름을 밝히지는 못했다. 하지만 와일드는 그 하인이 그를 여행객으로 기억하고 있다는 사실과 자기와 약간 안면이 있는 사람이라는 점을 고려할 때 하인이 말하는 사람이 리스고임을 알 수 있었다.

와일드는 이 사건의 전모를 당시 마드리드에 주재하던 잉글랜드 대사 월터 애스턴 경에게 특급으로 통보하기로 결정했다. 이 일은 계획대로 진행되었고, 대사는 리스고를 석방하여 와일드의 보호 아래 두라는 명령서를 보냈다. 이 명령서는 말라가 총독에게 보내졌고 잔인한 종교 재판소의 모든 관리들은 심히 못마땅해하며 놀랍다는 반응을 보였다.

그리하여 리스고는 부활절 주일 전날 지하 감옥에서 풀려나 와일드의 집으로 가서 큰 위로를 받을 수 있었다. 마침 잉글랜드의 소함대가 항구에 정박하게 되었다. 그 함대의 함장이 리스고가 그동안 겪은 고생과 현 상황에 대해 알게 되자 이튿날 호위병을 데리고 상륙하여 그를 맞이했다. 그리고 그를 정성스럽게 보살피고 의복을 비롯해 모든 필요한 물품을 공급하라고 지시했다.

리스고를 실은 함대는 두 달쯤 지난 뒤에 뎃퍼드 항에 안전하게 도착했다. 그 후 리스고는 왕과 왕실을 알현하고 그동안 자기가 겪은 온갖 고통과 구출 과정을 상세히 알렸다. 왕은 그 이야기를 듣고 너무도 측은해 그에게 필요한 물품을 왕실 수준으로 모두 공급하라는 명을 내렸다. 하나님의 은혜로 리스고는 가장 비참한 처지에서 벗어나 건강과 기력을 완전히 회복할 수 있었다. 그러나 왼쪽 팔과 여러 개의 작은 뼈가 너무 심하게 손상되어 평생 불구로 살아야 했다.

종교재판

세계 전역에서 종교재판을 받아 죽은 사람이 수없이 많았건만 지금은 어떤 진실한 기록도 찾을 수 없는 실정이다. 그러나 교황이 권력을 장악한 곳이면 어디에나 종교 재판소가 있었다. 심지어는 동방에도 세워졌고 특히 포르투갈의 고아 재판소는 여러 해 동안 많은 고통을 안겨준 곳으로 악명이 높다. 남아메리카는 종교재판 관할 구역을 따라 땅이 분할되었다. 모국인 스페인과 포르투갈의 무서운 범죄를 모방하고 총독들이 부임하고 여러 축제를 재현했지만 소위 아우토다페, 즉 공개적인 화형 의식이 없으면 불완전하다고 생각했다. 네덜란드에도 종교 재판소가 세워진 이래 무서운 살해의 광경이 끊이질 않았다. 스페인의 경우는 어느 정도 짐작이 가능하다. 상당히 긴 기간에 걸쳐 열일곱 번 종교재판이 열렸는데 해마다 그 재판으로 화형당한 사람이 평균 열 명이었다! 스페인은 오랜 세월에 걸친 박해로 종교의 자유가 박탈된 나라였고 화형에 쓸 말뚝이 아니라 화형시킬 제물을 찾기가 어려운 나라였는데도 말이다. 이처럼 이미 모든 이단을 색출해낸 스페인에서조차 종교 재판소는 무려 3만 2,000명에 달하는 희생자를 만들었다! 인형을 만들어 불태우는 저주를 받거나 유죄 판결을 받아 추방, 사유 재산 몰수, 명예 훼손에 상응하는 형벌을 받고 목숨만 겨우 부지한 채 모든 것을 잃은 경우를 다 합치면 30만 9,000건에 달한다. 고문과 감금과 심장마비로 지하 감옥에서 죽은 사람, 정신과 몸이 쇠약해져 근근이 살아가는 사람, 고문을 받다 죽어 서둘러 매장한 경우는 이루 셀 수 없을 정도였다. 달리 말하면, 주님만이 알고 계신 경우가 그토록 많다는 뜻이다.

이것이 소위 하나님의 성령이 로마 교황의 자식이자 형상이라고 선언했다고 떠벌리는 종교재판의 실상이다! 교황의 영향력이 어떠했는지 알려면 시대 상황을 알아야 한다. 13세기는 교황직이 세속 권력의 정점에 있었던 시대다. 교황은 모든 왕국으로부터 독립되어 있었고, 왕권에 버금가는 영향력을 행사했으며, 몸과 영혼을 모두 주관하는 주권자였다. 선행이든 악행이든 마음대로 할 수 있는 어마어마한 권력을 갖고 있었다. 물론 유럽의 변방과 전 세계에 문학과 평화와 자유와 기독교를 전한 것은 사실이다. 그러나 그 권력은 적대적인 성격이 강해서 승리를 구가하면 할수록 그만큼 악한 면모를 드러냈다. 로마가 전성기를 누리고 있을 때 종교재판이라는 무시무시한 괴물을 낳는 바람에 로마는 인간의 이성을 부끄럽게 하고 미덕을 희생시킨 채 무서운 공포심을 불러일으켰다!

네가 아버지의 말씀을 그들에게 주었사오매 세상이
그들을 미워하였사오니, 이는 내가 세상에 속하지 아니함 같이
그들도 세상에 속하지 아니함으로 인함이니이다(요 17:14).

6

교황 치하의 이탈리아에서
자행된 박해

An Account of the Persecutions
in Italy Under the Papacy

이제 예나 지금이나 가톨릭 교회의 중심지인 이탈리아에서 일어난 박해에 대해 알아보자. 이탈리아는 온갖 오류의 온상으로서 그 오류를 다른 나라에 전파하고, 수많은 사람을 미혹시키고, 인간 지성에 미신과 편견의 구름을 드리웠던 나라다. 이 장에서는 교황이 자신의 직권으로 종교 재판소를 통해 행했던 가장 큰 박해들과 가장 잔인한 행위를 중심으로 살펴보려 한다.

12세기에는 잉글랜드 출신의 교황 하드리아누스 4세가 재임했던 시기에 박해가 있었다.

브레시아의 지식인이자 뛰어난 웅변가였던 아르날도는 로마에 와서 교회에 침투한 부정부패와 신新사조를 비판하는 내용으로 담대하게 설교했다. 그의 담론은 매우 명쾌하고 일관되고 경건한 정신으로 충만해서 원로들을 비롯한 많은 사람이 그의 가르침을 높이 평가했다.

이에 크게 분노한 하드리아누스 4세는 아르날도를 이단으로 지목하고 즉시 로마를 떠나라고 명했다. 그러나 원로들과 일부 저명한 인사가 아르날도의 편에 서서 교황의 권위에 저항했고, 이에 아르날도는 교황의 명령을 따르지 않았다.

그러자 교황은 로마에 성직자 불신임 조치를 내려 성직자 공동체 전체가 그 사안에 개입하게 만들었고, 결국 원로들을 비롯한 반대파를 설득해 아르날도의 추방에 동의하게 했다. 그리하여 추방 선고를 받은 아르날도는 독일로 가서 교황을 비판하고 로마 교회의 엄청난 오류를 폭로하는 설교를 계속했다.

하드리아누스 4세는 여전히 아르날도의 피를 보고 싶어 했고 그를 손아귀에 넣으려고 여러 번 시도했다. 그러나 아르날도는 교황이 놓은 덫을 모두 비켜갔다. 때마침 프리드리히 1세가 교황에게 친히 자기에게 신성로마제국의 왕관을 씌워달라고 부탁했다. 하드리아누스 4세는 이를 수락하면서 아르날도를 자기 손에 넘겨달라고 황제에게 요청했다. 그러자 황제는 아르날도를 금방 내어줬고, 아르날도는 아풀리아에서 교수형을 당한 뒤 시체는 불타서 재가 되었다. 그의 옛 친구와 동료 가운데 여러 사람도 똑같은 운명을 맞았다. 아르날도는 하드리아누스 4세의 복수심에 희생된 순교자였다.

스페인 사람인 프란시스 엔세나스는 로마로 보내져서 로마 가톨릭 신앙을 배우며 자랐다. 그런데 몇 명의 개혁주의자와 대화를 나누고 그들이 구해준 여러 편의 글을 읽고 프로테스탄트가 되었다. 이 사실이 알려지자 그의 친척 한 명이 그를 당국에 밀고했다. 결국 그는 교황의 지시와 추기경 비밀회의에 의해 화형을 당했다. 엔세나스의 형제도 비슷한 시기에 스페인어로 된 신약성경을 소지하고 있다는 이유로 체포되었다가 처형되기 직전에 감옥에서 탈출하여 독일로 도망갔다.

박식한 평신도였던 파니누스는 당시에 논란이 되던 책들을 읽다가 개혁주의 신앙을 받아들였다. 이 소식이 교황의 귀에 들어갔고 파니누스는 곧 체포되어 감옥에 갇혔다. 그의 아내와 자녀들, 친척과 친구들이 감옥에 찾아와 신앙을 버리라고 설득했다. 그는 결국 설득당하여 석방되었다. 그러나 감옥에서 풀려나자마자 너무도 무거운 죄책감에 사로잡혔다. 그 짐이 버거워 도무지 견딜 수가 없었던 파니누스는 결국 신앙을 되찾고 자신은 로마 교회의 오류를 확신한다고 천명했다. 그는 잠시 신앙을 부인했던 잘못을 보상하기 위해 공공연하게 그리고 열정적으로 개혁 신앙을 전파하고자 노력했고 또 상당한 성과를 거두었다. 그러다 두 번째로 투옥되어 이번에도 신앙을 부인하면 목숨을 살려주겠다는 제의를 받았다. 그는 가차 없이 거절하면서 조건부 생명을 조롱하노라고 말했다. 그에게 왜 그처럼 완강하게 자기 견해를 고집하고 아내와 자녀들에게 괴로움을 안겨주느냐고 묻자, "나는 그들에게 괴로움을 안겨주지 않고 그들을 훌륭한 보호자에게 맡겼소"라고 대답했다. 질문자는 "무슨 보호자요?" 하고 되물었다. 이에 파니누스는 "예수 그리스도가 바로 그 보호자고, 그분 외에 식구들을 맡길 더 나은 보호자는 없소"라고 답했다.

처형 당일에 그는 놀랄 만큼 활기찼다. 처형을 지켜보던 한 사람이 말했다. "예수 그리스도는 죽기 직전에 큰 고뇌에 빠져 있었고 또 피와 물을 쏟았는데 당신은 이토록 즐거운 모습을 보이다니 참 이상하오." 그러자 파니누스가 대답했다.

그리스도께서는 우리를 위해 지옥과 죽음과의 갈등뿐 아니라 온갖 고통을 참고 견디었소. 따라서 그분을 진정으로 믿는 자들은 그분의 고난 덕분에 이런 두려움에서 모두 해방된 것이오.

파니누스는 교수형을 당했고 시체는 불에 타서 재가 되어 사방으로 흩어졌다.

학식 있는 군인 도미니크 역시 논란이 되던 글을 읽고 열정적인 프로테스탄트가 되었다. 그 후 플라켄티아로 가서 상당히 많은 회중에게 순전한 복음을 전했다. 어느 날 설교 끝 대목에서

"만일 회중 여러분이 내일도 모임에 참석한다면 적그리스도를 상세히 묘사하고 적당한 색채로 그려주겠습니다"라고 말했다.

이튿날 거대한 회중이 모임에 참석했는데 도미니크가 설교를 시작하는 순간에 행정 관리가 강단에 올라가서 그를 체포했다. 조사를 하면서 그들은 "당신의 교리를 버릴 생각이 있나?"라고 물었다. 그가 대답했다. "내 교리라구요? 내 교리 같은 건 없소. 내가 전파하는 것은 그리스도의 교리이며, 그것을 위해서라면 기꺼이 목숨을 내놓겠소. 또한 나의 구원자를 위해 고난받는 것을 기쁘게 생각하오." 그들은 도미니크가 프로테스탄트 신앙을 부인하고 로마 교회의 오류를 포용하게 만들고자 온갖 수단을 동원했다. 그러나 그 어떤 설득과 협박도 통하지 않자 사형을 선고하고 장터에서 교수형에 처했다.

갈레아키우스는 카스텔산탄젤로 근처에 살던 프로테스탄트 신사로 역시 신앙 때문에 체포되었다. 그는 친구들의 설득에 못 이겨 신앙을 부인하고 로마 교회가 전파하던 미신적인 교리에 찬동했다. 그러나 나중에 자신의 잘못을 깊이 깨닫고 입장을 번복하고 신앙을 고백했다. 이 때문에 다시 체포되어 화형을 선고받았다. 집행관들이 장작더미에 불을 붙이기 전에 그를 화형대에 묶은 채로 몇 시간 동안 내버려두었는데 이는 그의 아내와 친척과 친구들이 그를 설득하게 하기 위함이었다. 그럼에도 갈레아키우스는 한결같은 마음을 유지했고 오히려 집행관에게 얼른 나무에 불을 붙이라고 말했다. 집행관이 불을 붙이자 갈레아키우스는 놀랄 만큼 빠르게 타오른 불길에 휩싸여 불과 몇 분 안에 의식을 잃었다.

그가 죽은 직후에 굉장히 많은 프로테스탄트가 이탈리아 곳곳에서 신앙 때문에 죽임을 당했다. 그들은 순교로 자신의 신실함을 증명했다.

칼라브리아에서의 박해

14세기에 프라젤라토와 도피네에 살던 발도파 대다수는 남부의 칼라브리아 지역으로 이주하여 그곳 귀족들의 허락을 받아 황무지 몇 군데에 정착했다. 그들은 부지런히 땅을 개간하여 불모지를 아름답고 기름진 옥토로 바꾸었다.

칼라브리아 영주들은 발도파가 정직하고 조용하고 근면했기 때문에 무척 좋아했다. 반면에 칼라브리아 사제들은 발도파를 두고 불평을 쏟아냈다. 이들은 발도파가 행한 나쁜 짓을 꼭 집어서 비난하는 것이 아니라 그들이 하지도 않은 일로 트집을 잡았다. 이를테면, 그들은 로마 가톨릭교도가 아니다, 아들을 사제로 키우지 않고 딸을 수녀로 키우지 않는다, 미사에 참석하지 않는다, 사제들에게 밀초를 바치지 않는다, 순례를 떠나지 않는다, 성상에 절하지 않는다며 트집을 잡았다.

하지만 칼라브리아 영주들은 발도파가 전혀 해롭지 않다며 사제들을 진정시켰다. 발도파가 로마 가톨릭교도를 불쾌하게 만든 적이 없고, 그들이 이 나라에 이주하여 사제들에게 기꺼이 십일조를 바쳐 세입이 증가했으니 그들을 두고 불평해서는 안 된다고 일렀다.

수년 동안 모든 일이 원만하게 진행되어 발도파는 두 개의 소도시로 흩어졌고 여러 마을을 거주지로 삼았다. 마침내 발도파는 제네바에 사람을 보내 두 명의 목사를 파송해달라고 요청하기에 이르렀다. 신앙을 공개적으로 고백하고 각 마을에 목사 한 명씩을 두기로 결정했던 것이다. 이 정보가 교황 피우스(비오) 4세의 귀에 들어갔고, 그는 발도파를 칼라브리아에서 쓸어버리기로 작정했다.

그래서 아주 난폭하고 괴팍한 성격의 알렉산드리노 추기경과 두 명의 수사를 종교 재판관으로 임명해 칼라브리아로 파송했다. 권한을 부여받은 세 사람은 발도파가 건설한 도시, 생지스트로 와서 시민들을 모아놓고, 만일 교황이 임명한 설교자를 영접하면 아무런 손해를 입지 않겠지만, 그렇지 않으면 재산과 목숨을 모두 빼앗길 것이라고 선언했다. 그러면서 발도파의 의향을 확인하기 위해 그날 오후에 공개적으로 열릴 미사에 참석하라고 지시했다.

생지스트 주민들은 미사에 참석하지 않고 가족들을 데리고 숲속으로 도망쳤다. 추기경과 보좌 신부들은 실망이 이만저만

이 아니었다. 이에 추기경은 발도파에 속한 또 다른 도시인 라가르드로 갔다. 그는 생지스트에서 실패했던 경험을 거울삼아 모든 성문을 잠그고 모든 통로를 감시하도록 지시했다. 그러고는 라가르드 주민에게도 생지스트에서 했던 제안을 똑같이 하되 한 가지 거짓말을 덧붙였다. 생지스트 주민들이 추기경의 제의를 수용하고 교황이 설교자를 임명하는 것에 동의했다고 말이다. 이 거짓말에 속은 라가르드 시민들은 추기경의 말이 사실이라고 믿고 자기네도 생지스트에 있는 형제들의 본을 따르기로 결정했다.

마을 주민들을 속여 점수를 딴 추기경은 다른 마을 주민들을 살해할 목적으로 병력을 보내달라고 요청했다. 그는 병사들을 숲속으로 보내 생지스트 주민들을 야생 동물처럼 사냥하게 하면서 남녀노소를 불문하고 모조리 죽이라고 명령했다. 병력이 숲에 투입되자 미처 그들의 계획을 간파하지 못한 발도파 다수가 맹렬한 공격에 희생되었다. 마침내 발도파는 쉽게 목숨을 내어줄 수 없다고 결단하고, 반쯤 무장한 상태로 여러 번에 걸쳐 용맹스럽게 싸웠고, 이 때문에 양쪽 모두 다수의 사상자를 냈다. 군대의 일부는 또 다른 싸움에서 죽임을 당했고 나머지는 후퇴하지 않을 수 없었다. 추기경은 크게 분노하여 나폴리 총독에게 병력을 보강해달라는 서한을 보냈다.

총독이 직접 보강 병력을 이끌고 와서 기존 병력을 이끄는 추기경과 합류했다. 그들은 손을 잡고 모든 수단을 동원하여 숲에 있는 사람들을 공격했다. 일부는 생포하여 나무에 매달아놓았다가 가지를 자른 뒤에 불태웠고, 일부는 몸을 쪼개놓고 야수나 새의 먹이가 되게 방치했다. 다수는 총에 맞아 죽었고, 사냥 놀이하듯 쫓기다가 목숨을 잃은 사람이 가장 많았다. 소수는 동굴에 몸을 숨겼다가 굶어 죽기도 했다. 이처럼 가련한 사람들 모두 다양한 방법으로 희생됨으로써 무자비한 박해자들의 악의가 실현되었다.

생지스트 주민을 전멸시키자마자 추기경과 보좌 신부들은 라가르드 주민에게 눈을 돌렸다. 라가르드 주민들은 순응하면 재산과 안전을 보장하지만 반항하면 무서운 결과를 초래할 것이라는 위협을 받고도, 신앙을 포기하지 않고 로마 가톨릭의 오류를 수용하지도 않기로 만장일치로 결의했다. 이에 크게 분노한 추기경과 보좌 신부들은 주민들에게 공포심을 심어주기 위해 당장 그들 중 30명을 고문대에 묶으라고 지시했다.

고문대에 묶인 사람들이 얼마나 가혹한 고문을 당했던지 여러 명이 고문을 받다가 숨졌다. 특히 샤를랭이라는 사람은 너무 잔인한 고문 탓에 배가 터져 내장이 튀어나와 극도의 고통 속에 숨졌다. 이처럼 야만적인 행위를 자행했음에도 그들은 의도한 바를 이루지 못했다. 고문 속에서 살아남은 사람들과 고문을 받지 않은 사람들 모두 변함없이 신앙을 고수하면서 그 어떤 신체적인 고문이나 정신적인 테러를 가해도 결코 하나님을 부인하지 않을 것이며 성상을 숭배하지 않겠다고 담대히 선언했다.

그 후 추기경의 명령에 따라 여러 명이 완전히 발가벗겨진 뒤에 쇠막대기에 맞아 죽었고, 몇 사람은 큰 칼로 난도질을 당했다. 또 어떤 이들은 높은 탑에서 던져졌고, 다수는 몸에 송진이 발린 채로 화형을 당했다.

추기경의 보좌관 중에 선천적으로 잔인한 성격을 지닌 한 수사는 자기 손으로 직접 그 불쌍한 사람들의 피를 보게 해달라고 요청했다. 이 요청이 수락되자 그 야만적인 인간은 마치 도살자가 양을 죽이듯이, 양심의 가책도 없이 날카로운 큰 칼로 남녀노소 할 것 없이 80명의 목을 잘랐다. 추기경은 그 시체를 하나도 빠짐없이 네 등분하여 말뚝 위에 달아서 반경 50킬로미터 주변에 세워놓게 지시했다.

라가르드의 주요 인물 네 명은 교수형에 처해졌고, 목사는 교회 첨탑에서 내던져졌다. 심하게 다쳤지만 아직 숨이 끊어지지는 않았는데, 마침 그곳을 지나가던 보좌 신부가 보고 "저 개가 아직도 살아 있어? 저놈을 들어다가 돼지에게 갖다 줘"라고 소리쳤다. 참으로 잔인한 이 선고는 그대로 실행되었다.

60명의 여성은 너무 난폭한 고문을 당해 밧줄이 양팔과 양다리를 파고들어 뼈에까지 닿을 정도였다. 그들은 다시 감옥으로 끌려갔고 상처가 악화되어 비참한 모습으로 죽었다. 이밖에도 많은 이들이 잔인한 방법으로 죽음에 이르렀다. 로마 가톨릭교도임에도 동정심 때문에 프로테스탄트를 위해 중재하려고 나서면 바로 체포되어 이단을 두둔하는 자로 몰려 동일한 형벌을 받았다.

보좌 신부들은 행사 참석차 나폴리로 돌아갔고, 추기경은 로마로 돌아오라는 전갈을 받자 일의 마무리를 뷰테인의 후작에게 맡겼다. 이 사람이 너무 가혹하게 박해하는 바람에 칼라브리아 전역에 단 한 명의 프로테스탄트도 살아남지 못했다.

피에몬테 골짜기에서의 박해

프랑스에서 줄곧 박해를 받아온 발도파는 박해를 피하려고 이탈리아 피에몬테 골짜기로 피신해 그곳에 정착하여 오랜 기간 크게 번성했다.

그들은 남에게 해로운 언행을 삼가고 로마 가톨릭 성직자에게 십일조도 바쳤다. 그러나 로마 가톨릭 성직자들은 그것으로 만족하지 못하고 발도파를 흔들고 싶어 했다. 그래서 성직자들은 토리노의 대주교에게 여러 가지 이유를 대며 피에몬테 골짜기에 사는 발도파는 이단이라고 고발했다. 그들은 로마 교회의 교리를 믿지 않는다, 죽은 자를 위해 헌금이나 기도를 드리지 않는다, 미사에 참석하지 않고 고해성사를 하지 않는다, 연옥을 믿지 않는다, 친구의 영혼을 연옥에서 구출하기 위해 돈을 지불하지 않는다는 이유였다.

고발을 받은 대주교는 박해를 시작하라고 명했고, 결국 사제들과 수사들의 미신적인 격분으로 인해 많은 사람이 순교했다.

토리노에서도 끔찍한 비극이 일어났다. 한 프로테스탄트는 배가 찢어져서 내장이 튀어나왔고, 죽을 때까지 대야에 담긴 자기 내장을 보아야 했다. 굉장히 많은 프로테스탄트가 여러 방법으로 억압을 당하거나 죽게 되자, 발도파는 더 이상 참지 못하고 방어 차원에서 정규 군대를 조직했다.

이에 크게 분노한 토리노의 주교는 여러 군대를 동원하여 그들을 공격하러 왔다. 그러나 크고 작은 전투에서 대체로 발도파가 승리했다. 그들이 피에몬테 골짜기 지리를 더 잘 알고 있었고 아주 절박한 상태였기 때문이다. 생포되면 전쟁 포로가 아니라 이단으로 고문을 받아 죽을 운명임을 잘 알고 있었기에 필사적으로 싸웠다.

사보이아의 공작이자 피에몬테의 최고 영주였던 필리포 2세는 자신의 권위로 그 사태에 개입해 자기 영토를 혼란에 몰아넣은 피비린내 나는 전쟁을 중단시키기로 결심했다. 하지만 교황을 노엽게 하거나 토리노의 대주교와 맞서고 싶지는 않았다. 그래도 양측 모두에게 메시지를 보냈다. 더 이상 자기 영토가 장교들이 아니라 사제들이 이끄는 군대, 장군들이 아니라 고위 성직자들이 지휘하는 군대에 짓밟히는 꼴을 보고만 있을 수 없다고 통보했다. 더군다나 그 사태와 관련해 자기에게 의견을 묻지도 않은 채 그런 일이 벌어져서 주민 수가 줄어드는 것을 용납할 수 없다고 말했다.

이 통보를 받은 사제들은 필리포 2세에게 발도파에 대한 편견을 심어주려고 갖은 애를 썼다. 그러나 공작은 발도파를 박해하는 일은 더 이상 용인할 수 없다는 반응이었다. 비록 발도파의 종교적 신념에 대해서는 잘 모르지만 조용하고 신실하고 순종적인 사람들이라는 사실을 알았기 때문이었다.

그리하여 발도파는 사보이아의 7대 공작이었던 필리포 2세가 죽을 때까지 오랫동안 평화를 누렸다. 그러나 불행하게도 필리포 2세의 후계자는 아주 편협한 교황파였다. 그 어간에 발도파의 주요 인물 몇 명은 목사가 공개적으로 설교를 해서 모든 사람이 발도파 교리의 순수성을 알게 해야 한다고 제안했다. 그때까지만 해도 사적인 모임에서만 설교를 했고 그 대상은 개혁주의 신앙을 가진 사람들로 국한되었다.

이런 상황을 알게 된 사보이아 공작은 격분하여 피에몬테 골짜기에 꽤 큰 규모의 군대를 급파하면서, 만일 발도파가 종교를 바꾸지 않으면 산 채로 가죽을 벗겨버리겠다고 엄포를 놓았다. 그런데 군 지휘관이 피에몬테 골짜기에 도착해보니 발도파를 정복하기 힘든 상황이었다. 그래서 공작에게 전갈을 보냈다. 이 정도 병력으로 발도파를 제압하려는 것은 터무니없는 생각이고,

발도파는 누구보다 이곳 지형을 잘 알고, 이미 모든 통로를 확보한 상태이고, 잘 무장되어 있으며, 결의가 대단하다는 내용이었다. 산 채로 가죽을 벗기는 형벌에 관해서도, 그렇게 하려면 발도파 한 사람당 군인 열두 명이 희생될 것이라고 보고했다.

보고를 받고 깜짝 놀란 공작은 무력이 아닌 전략으로 문제에 접근해야겠다고 결심하고 군대를 철수시켰다. 그러고는 발도파의 안전 구역에서 벗어난 사람을 잡아오는 이에게는 보상금을 주라고 명령했다. 그렇게 생포된 사람들은 산 채로 가죽을 벗기거나 화형에 처했다.

그때까지만 해도 발도파에게는 그들의 언어로 된 신약성경과 구약 몇 권밖에 없었다. 그래서 그들의 언어로 번역된 신구약 성경 전체를 갖기로 결정했다. 이를 위해 한 스위스 인쇄업자를 고용하여 발도파 언어로 된 신구약 완역판을 공급하도록 했는데, 계약 조건은 인쇄업자에게 무려 1,500개의 황금 크라운을 지불하는 것이었다.

교황 파울루스(바오로) 3세는 교황 자리에 오르자마자 토리노 의회에 이단 중에 가장 해로운 발도파를 박해하라고 촉구했다. 그리하여 토리노 의회는 협의회를 개최하고 피에몬테 골짜기로 대표단을 보내 발도파에게 일제히 로마 가톨릭으로 개종하도록 권유하는 등 여러 조건을 내걸기로 합의했다. 발도파는 요구 조건을 완강히 거부했고, 이로 말미암아 토리노 의회는 크게 격노했다. 그래서 이들은 부주의한 발도파를 납치하는 일에 이전보다 더욱 열을 올렸고, 납치된 자들을 지극히 잔인하게 죽였다.

그 후 토리노 의회는 피에몬테 골짜기에서 프로테스탄트를 완전히 근절시킬 목적으로 상당 규모의 프랑스 국왕 군대의 지원을 요청했다. 그런데 군대가 막 행군을 하려고 할 때 프로테스탄트 진영에 속한 독일 군주들이 개입하여, 만일 발도파가 공격을 받으면 그들을 지원할 군대를 파견하겠다고 위협했다. 프랑스 국왕은 굳이 전쟁을 할 필요가 없다고 생각하고는 군대를 철수시키면서, 피에몬테에 파견할 군대가 없다고 토리노 의회에 통보했다. 이 통보를 받은 토리노 의회 의원들은 크게 실망했고, 이후로 박해도 점차 사라지게 되었다. 토리노 의회는 운 좋게 생포한 프로테스탄트만 죽일 수 있었다. 발도파가 갈수록 더 조심스럽게 움직이는 바람에 걸려들 확률이 줄었기 때문이었다.

발도파는 몇 년 동안 평온한 세월을 보내다가 다시 혼란에 빠졌다. 어느 날 교황의 대사가 공무상 사보이아의 공작을 만나러 토리노에 왔다. 대사는 공작이 아직도 발도파를 피에몬테 골짜기에서 완전히 몰아내지도 못하고, 로마 교회의 품속으로 끌어들이지도 못한 것을 보고 의아해했다. 대사는 사보이아의 공작을 의심스런 눈초리로 보면서 공작을 이단의 보호자로 간주할 수밖에 없는 만큼 지금 상황을 있는 그대로 교황에게 보고해야겠다고 위협했다.

공작은 교황에게 잘못 보이면 안 되겠다는 생각에 로마 가톨릭에 대한 열정을 과시하고 그동안 소홀했던 것을 바로잡기 위해 최대한 가혹하게 처신하기로 결심했다. 그래서 모든 발도파 신자들에게 정기적으로 미사에 참석하라는 명을 내리고, 만일 위반하면 죽이겠다고 분명히 밝혔다. 당연히 발도파는 강력히 저항했다. 그러자 공작은 직접 군대를 이끌고 피에몬테 골짜기에 들어가서 아주 무서운 박해를 가하기 시작했다. 이 박해로 수많은 사람이 매달려 죽고, 익사하고, 몸이 갈가리 찢기고, 나무에 묶이고, 쇠갈퀴에 찔리고, 절벽에서 내던져지고, 불에 타고, 칼에 찔리고, 고문을 받다가 죽고, 거꾸로 십자가에 매달리고, 개들에게 물려 죽는 등 처참한 종말을 맞았다.

도망간 경우에는 소유물을 약탈당하고 집은 불에 타서 무너졌다. 특히 박해자들은 목사나 교장을 붙잡으면 상상하기 힘들 정도로 악랄한 고문을 자행했다. 신앙이 흔들리는 듯한 사람은 죽이지 않고 갤리선으로 보내 갖은 고생을 시켜 로마 가톨릭으로 개종하도록 유도했다.

사보이아의 공작, 그가 임명한 박해자들, 여러 차례 출동한 군대는 물론이고 그 지방 안에서 자발적으로 박해가 자행되었다. 피에몬테 골짜기의 한 마을인 피네롤로에는 수도원이 하나 있었다. 그곳 수사들은 아무런 처벌을 받지 않고 프로테스탄트를 괴롭힐 수 있다는 사실을 알게 되었다. 그래서 발도파에 속한 집들을 약탈하고 교회들을 쓰러뜨리기 시작했다. 이런 만행을 누구도 반대하지 않는다는 것을 보고는 그 가련한 사람들을 붙잡아서 남자들은 살해하고 여자들은 감금하고 아이들은 로마 가톨릭 수녀들에게 넘겼다.

생마르탱 골짜기에 살던 로마 가톨릭 주민들도 온갖 방법을 동원하여 이웃에 사는 발도파를 마음껏 괴롭혔다. 교회를 파괴하고, 집을 불태우고, 재산을 빼앗고, 가축을 훔치고, 발도파의 땅을 자기네 명의로 변경하고, 발도파 목사들을 불길에 내던지고, 숲속으로 쫓아내 야생 열매나 뿌리, 나무껍질 만으로 연명하게 했다.

피네롤로의 수사들이 꼭 잡고 싶은 목사가 있었는데 그를 체포하기 위해 수사들은 일단의 악한들을 고용했다. 이 악한들은 예전에 그 목사의 종이었다가 배신한 인물의 안내를 받아 목사에게 접근했다. 그는 이웃에게 소란을 피우지 않고도 목사의 집에 도달하는 비밀 통로를 알고 있었다. 안내자는 대문을 두드리고 자기 이름을 댔다. 목사는 그동안 호의를 베풀었던 종인지라 아무 의심 없이 대문을 열었다. 그러자 수사들이 달려들어 그를 붙잡았다. 그들은 목사의 가족을 모두 살해한 뒤에 목사를 피네롤로로 몰고 가면서 줄곧 창과 칼로 괴롭혔다. 목사는 한동안 감옥에 갇혀 있다가 화형을 당하기 위해 말뚝에 묶였다. 그때 목숨을 부지하려고 신앙을 저버렸던 발도파 여성 두 명에게 화형을 집행할 장작더미를 들고 오라는 지시가 떨어졌다. 그들이 장작을 내려놓으면서 목사에게 "이 사악한 이단아, 당신이 우리에게 가르친 해로운 교리의 대가로 이 장작이나 받아라" 하고 말했다. 두 여인은 이 말을 되풀이해 외쳤다. 이에 목사는 차분하게 답했다. "나는 예전에 당신들에게 선을 가르쳤는데 이후로 당신들은 악을 배웠군요." 불이 장작더미에 붙자 그는 목청을 다해 주님을 부르다가 불꽃 속에 사라졌다.

사보이아의 공작은 자기가 처음 생각한 만큼 작전이 성공을 거두지 못했다고 생각하고는 병력을 크게 증강했다. 그리고 수사들 중 악한 무리까지 자기에게 합류하도록 지시했다. 심지어는 발도파를 근절시키기 위해 무장할 의향이 있는 수감자는 모두 감옥에서 풀어주라고 명령했을 정도다.

이런 상황을 알게된 발도파는 결국 소유물을 최대한 챙겨서 피에몬테 골짜기를 떠나 알프스의 바위와 동굴에 몸을 숨겼다.

이제 군대는 아무데나 들어가서 닥치는 대로 마을을 약탈하고 불태우기 시작했다. 하지만 알프스로 가는 통로까지 강제로 차단할 수는 없었다. 발도파가 용맹스럽게 통로를 방어했고 항상 승리했기 때문이다. 당시는 누구라도 군대의 손아귀에 들어가면 처참하게 죽임을 당할 것이 뻔했다.

발도파를 붙잡은 한 병사는 오른편 귀를 잘라낸 뒤에 "나는 저

악한 이단의 귀를 들고 고국에 가서 귀중품으로 보관할 생각이오"라고 말했다. 그러고는 칼로 그 사람을 죽이고 시신은 개천에 던져버렸다.

한번은 병사들이 백 살도 넘은 노인과 열여덟 살쯤 된 손녀를 동굴에서 발견했다. 그들은 이 가련한 노인을 지극히 비인간적인 방법으로 살해하고 여자아이를 성폭행하려고 했다. 아이는 도망치다가 병사들에게 쫓겨 절벽에 몸을 던져 죽었다.

사보이아의 공작은 전쟁에 넌더리가 났다. 전쟁은 엄청난 피로와 불안을 안겨주었고, 수많은 부하가 희생되고 어마어마한 돈이 들어갔다. 전쟁은 그가 예상했던 것보다 훨씬 길어졌고 피도 많이 흘렸을 뿐 아니라 처음에 생각했던 것보다 돈도 훨씬 많이 들었다. 그는 내심 전리품이 원정 비용을 상쇄해줄 것으로 기대했다. 그러나 교황의 대사, 주교들, 수사들, 여타 성직자들이 이런저런 핑계로 전리품의 상당 부분을 유용하는 바람에 계산이 완전히 빗나갔다. 그래서 군대를 이끌고 토리노로 돌아가고 발도파와는 평화협정을 맺기로 결정했다.

전쟁에서 큰 이익을 챙기고 발도파에게 복수한다고 좋아했던 성직자들이 크게 반대했지만, 공작은 결정을 실행에 옮겼다. 그러나 평화협정이 비준되기도 전에 공작이 죽고 말았다. 하지만 임종하는 자리에서 그는 아들에게 자신의 뜻대로 발도파에게 최대한 호의를 베풀라고 유언을 남겼다.

성직자들은 온갖 수단을 동원하여 공작의 아들, 카를로 에마누엘레에게 발도파를 박해하도록 설득했으나, 사보이아의 통치권을 계승한 그는 아버지의 유언에 따라 발도파와 평화협정을 비준했다.

베네치아에서의 박해

베네치아가 종교재판에서 자유로웠던 기간에 수많은 프로테스탄트가 베네치아에 정착했고 그들의 순수한 교리가 알려지자 많은 개종자가 생겼다.

이처럼 개신교가 성행하고 있다는 정보를 입수한 교황은 1542년에 그 문제를 조사하고 역겨운 인물들을 체포하기 위해 종교 재판관들을 베네치아로 보냈다. 이렇게 해서 가혹한 박해가 시작되었고, 순전하게 하나님을 섬기고 우상숭배적인 장신구를 조롱한다는 이유로 훌륭한 인물들이 대거 순교했다.

프로테스탄트들은 다양한 방법으로 죽임을 당했지만, 이번 박해에 처음 등장한 특별한 처형 방법 하나를 설명할까 한다. 선고를 받자마자 죄수의 몸에 쇠사슬이 묶였고, 이 사슬은 큰 돌과 연결되어 있었다. 이어서 죄수를 바다로 데려가 두 배 사이에 두꺼운 판자를 연결해놓고 그 위에 눕힌 채 두 배가 반대 방향으로 조금씩 이동한다. 그러면 간격이 벌어지면서 죄수는 바다에 빠지고 돌의 무게 때문에 바닥으로 가라앉았다.

베네치아에서 종교 재판관의 판결을 거부하면 누구든 로마로 이송되었고, 이들을 위해 특수 제작된 습기 찬 감옥에 갇혀 심문을 받을 기회도 얻지 못한 채 살이 썩어 비참한 최후를 맞이했다.

베네치아의 시민이었던 안토니 리세티는 프로테스탄트라는 이유로 체포되어 방금 묘사했던 형벌을 받았다. 처형되기 며칠 전, 아들이 찾아와 제발 신앙을 부인하고 목숨을 건져서 자기를 애비 없는 자식으로 만들지 말라고 애원했다. 이런 애원을 듣고 아버지는 답했다. "좋은 그리스도인은 구원자의 영광을 위해 재물과 자식뿐 아니라 생명까지도 포기해야 한다. 그러므로 나는 영원토록 이어질 세상에서 구원받기 위해 이 덧없는 세상에서 모든 것을 희생할 각오를 했단다."

베네치아의 영주들도 리세티에게 비슷한 메시지를 보냈다. 만일 로마 가톨릭을 받아들이면 목숨을 살려줄 뿐 아니라 몰수한 재산을 조건 없이 돌려주겠다고 했다. 리세티는 이런 제안을 단호히 거절하면서 자신은 그 무엇보다 자기 영혼을 소중히 여기노라고 답했다. 그리고 프란치스 세가라는 동료 죄수가 전향했다는 소식을 듣고는 "그가 하나님을 저버렸다면 참으로 유감스런 일이오. 그렇지만 나는 변함없이 내 본분을 다할 작정이오"라고 말했다. 신앙을 버리게 설득하려 했던 모든 노력이 수포로 돌아가자 그들은 결국 선고대로 그를 처형했다. 마지막 순간에 리세티는 기꺼이 죽음을 맞으면서 영혼을 전능하신 하나님에게 의탁했다.

그러나 리세티가 들었던 프란치스 세가의 배교 소식은 사실 거짓말이었다. 세가 역시 전향하라는 설득에 넘어가지 않고 끝까지 신앙을 지켰으며, 리세티가 순교하고 며칠 뒤에 똑같은 방법으로 처형되었다.

박학다식한 프로테스탄트 신사였던 프란치스 스피놀라는 종교 재판관의 지시로 체포되어 재판소에 끌려왔다. 그들은 성만찬에 관한 글 한 편을 손에 들려주고 그 글의 저자를 아느냐고 물었다. 이 질문에 스피놀라는 대답했다. "내가 그 글의 저자임을 자백하오. 동시에 그 속에 성경이 정당하다고 인정하지 않는 내용이나 성경과 조화되지 않는 곳은 단 한 줄도 없다고 엄숙히 선언하는 바이오." 이런 자백을 한 죄로 스피놀라는 지하 감옥에 며칠간 갇혀 있었다.

두 번째 심문을 받는 자리에서 그는 교황의 사신과 종교 재판관을 무자비한 야만인이라고 비판하고 로마 교회가 일삼는 미신과 우상숭배 관행을 논리정연하게 지적했다. 재판관들은 그의 논리를 반박하지 못했다. 그래서 회개하라며 다시 지하 감옥으로 돌려보냈다.

세 번째 심문에서 그들은 스피놀라에게 자신의 오류를 철회할 것인지 물었다. 이 질문에 그는 자기가 주장하는 교리는 오류가 없고 그리스도와 그의 사도들이 가르쳤던 것과 똑같으며, 성경을 통해 우리에게 전수된 것이라고 대답했다. 그러자 종교 재판관들은 그에게 익사형을 선고했다. 스피놀라는 지극히 평온한 태도로 죽음을 맞이하면서 자기 생명을 연장하는 것은 다가올 세상에서 누릴 진정한 행복을 지체하는 것일 뿐이라는 말을 남겼다.

신앙 때문에 이탈리아 각지에서 순교한 사람들

요한 몰리우스는 로마의 평판 좋은 가문에서 태어났다. 열두 살이 되자 몰리우스의 부모는 그를 프란체스코 수도원에 보내 교육을 받게 했다. 그는 예술, 과학, 언어에서 뛰어난 성적을 거두어 불과 열여덟 살에 사제 직분을 맡았다.

그 후 몰리우스는 페라라로 가서 6년을 더 공부한 뒤에 페라라에 있는 대학에서 신학 강사가 되었다. 안타깝게도 그는 복음의 진리를 가리고 로마 교회의 오류를 갈고 닦는 일에 자기의 재능을 쏟아 부었다. 몰리우스는 페라라에서 몇 년을 보낸 뒤에 볼로냐 대학교의 정교수가 되었다. 거기에서 개혁주의 목사들의 글을 몇 편 읽고 점차 로마 가톨릭의 오류를 인식하게 된다. 이후로 마음속으로는 열성적인 프로테스탄트가 되었다.

몰리우스는 마침내 설교 수업에서 순수한 복음에 비추어 바울의 로마서를 강해하기로 결심했다. 몰리우스의 설교를 들은 사람들은 그의 가르침에 놀랐고 교리의 요지를 파악한 사제들은 이 문제를 로마에 보고했다. 그리하여 교황은 코르넬리우스라는 수사를 볼로냐로 파견하여 로마 교회의 교리에 따라 로마서를 강해하게 했다. 그러나 이 일은 결국 두 설교자의 격차만 더 드러낼 뿐이었다. 몰리우스의 청중은 많아지는데 코르넬리우스의 강의실은 갈수록 사람이 줄었다.

결국 코르넬리우스는 교황에게 자기가 실패한 경위를 보고했고, 교황은 곧바로 몰리우스를 체포하라는 명령을 내렸다. 몰리우스는 체포되어 밀폐된 방에 감금되었다. 볼로냐의 주교가 몰리우스에게 그의 입장을 철회하지 않으면 화형을 당할 거라는 전갈을 보냈다. 하지만 몰리우스는 로마에 상소하여 로마로 이송되었다.

로마에서 그는 공개 재판을 받게 해달라고 요청했다. 그러나 교황은 그의 간청을 완전히 묵살하고 그의 견해를 글로 제출하라고 명했다. 그리하여 그는 다음과 같은 표제를 중심으로 글을 썼다.

원죄, 로마 교회의 무오류성, 교황의 무오류성, 이신칭의, 연옥, 화체설, 미사, 비밀 고해, 죽은 자를 위한 기도, 성체, 성인들을 위한 기도, 순례 여행, 병자 성사, 미지의 언어로 드리는 예배 등.

이 모든 주제에 대해 몰리우스는 성경의 권위에 입각하여 하나씩 검증해보였다. 교황은 정치적인 이유로 당분간 그를 살려두었으나 그 후에 다시 체포하여 사형 선고를 내렸다. 그리하여

1553년에 그는 교수형에 처해졌고 시신은 불태워졌다.

1555년에 파도바 대학교의 학생이자 박학다식한 인물이었던 알게리우스는 개신교 신앙을 수용하고 나서 다른 사람들을 회심시키는 일에 최선을 다했다. 이런 활동 때문에 교황에게 이단으로 정죄 받아 체포된 뒤에 베네치아에 있는 감옥에 수감되었다.

알게리우스의 박학다식함과 천부적 재능을 알게 된 교황은 개신교 신앙을 버리게 할 수만 있다면 로마 교회에 큰 기여를 하지 않을까 생각했다. 그래서 알게리우스를 설득하기 위해 지극히 세속적인 조건들을 제시했다. 그러나 아무리 노력해도 소용이 없자 그에게 화형을 선고했고 이 선고는 그대로 집행되었다.

1560년에 교황 피우스 4세는 이탈리아 반도의 모든 국가에 프로테스탄트를 혹독하게 박해하라는 명령을 내렸다. 그래서 연령, 성별, 신분을 막론하고 수많은 사람이 순교했다. 이 박해가 얼마나 잔인했는지는 박식하고 인도적인 한 로마 가톨릭교도가 어떤 귀족 가문의 영주에게 보낸 편지에 잘 나타나 있다.

영주님, 저는 현재 진행 중인 박해와 관련하여 저의 심정을 표출하지 않고는 도무지 견딜 수 없습니다. 저는 이번 박해가 너무 잔인하고 불필요하다고 생각합니다. 이것은 인간에 대한 처형이 아닙니다. 송아지와 양을 도살하는 모습에 가깝습니다. 인간을 죽이는 방식에 소름이 끼칩니다. 이제 제 눈으로 직접 목격한 무시무시한 광

화형당하는 알게리우스

경을 영주님께 말씀드릴까 합니다. 70명의 프로테스탄트가 더러운 지하 감옥에 갇혀 있었습니다. 사형 집행인이 그중에 한 사람을 골라 눈을 가리고 감옥 앞 공터로 데리고 가더니 아주 태연하게 목을 잘랐습니다. 그러고는 조용히 감옥 안으로 들어가서, 손에 칼을 든 채 또 한 사람을 선택하여 똑같은 방법으로 해치웠습니다. 영주님, 그 집행인은 모든 사람이 죽을 때까지 동일한 짓을 반복했습니다. 그 광경을 보고 제 심정이 어땠을지는 상상에 맡기고 싶습니다. 지금 이 편지지는 눈물범벅이 되었습니다. 또 한 가지 언급해야 할 것이 있습니다. 바로 죽음을 맞이할 때 그들이 보여준 인내입니다. 그들은 하나같이 목숨을 부지하기를 단념하고 신앙에 귀의하면서 하나님께 뜨겁게 기도하고, 기꺼이 자기 운명을 맞이했습니다. 피 묻은 칼을 이빨 사이에 물고 있던 사형 집행인의 모습을 떠올리면 온몸이 부들부들 떨립니다. 온통 피로 뒤범벅이 된 그가 얼마나 무서운 몰골이었는지, 그리고 그가 얼마나 냉담하게 그 야만적인 일을 수행했는지 모릅니다.

로마에 머물던 한 잉글랜드 젊은이가 어느 날 교회를 지나가다가 성체 행렬을 보게 되었다. 주교가 성체를 운반하고 있었는데, 젊은이가 성체를 낚아채 땅에 던진 뒤에 발로 짓밟고 나서 "떡 한 조각을 경배하기 위해 참된 하나님을 무시하는 빌어먹을 우상숭배자들아!"라고 외쳤다. 이 행동에 거기에 있던 사람들이 크게 노했다. 만일 그냥 내버려두었다면 젊은이는 그 자리에서 갈기갈기 찢겼을 것이다. 그러나 사제들은 교황의 선고를 기다리자며 현장에 있던 사람들을 설득했다.

이 사태를 보고받은 교황은 너무도 격분하여 당장 그 죄수를 화형에 처하라고 명했다. 하지만 한 추기경이 교황에게 성급한 선고를 자제하도록 권하고, 서서히 그를 처벌하고 고문을 가하면서 혹시 그런 흉악한 범죄를 저지르도록 뒤에서 사주한 인물이 있는지 조사하는 편이 낫겠다고 제의했다.

이 제의가 수락되자 그들은 가장 전형적인 방법으로 그를 고문했다. 그럼에도 그가 한 말은, "내가 그런 행동을 할 수밖에 없었던 것은 하나님의 뜻이었기 때문이오"라는 소리뿐이었다.

그래서 교황은 사형 집행인이 그의 중심을 노출시킨 채 로마 거리로 끌고 다니되, 머리에는 마귀의 형상을 씌우고 엉덩이에는 불꽃 모양을 그리라고 선고했다. 아울러 공개적인 행진을 마치면 그의 오른손을 자르고 화형에 처하라고 지시했다.

그는 이 선고가 내려졌다는 소식을 듣고 하나님께 그 모든 고통을 끝까지 견딜 수 있는 힘과 강인함을 달라고 애원했다. 길거리를 지날 때 사람들이 조롱을 퍼붓자 그가 로마 교회가 따르는 미신에 대해 몇 마디 심한 말을 했다. 행렬을 따라가던 한 추기경이 그 소리를 듣고 그에게 재갈을 물리게 했다.

그가 예전에 성체를 짓밟았던 교회 문앞에 이르자 교수형 집행인이 그의 오른손을 잘라 기둥에 고정시켰다. 그 후 행진이 끝 날 때까지 고문자 두 명이 타오르는 횃불을 들고 살을 계속 태웠다. 처형장에 도달하자 그는 자기를 화형대에 묶을 쇠사슬에 입을 맞추었다. 한 수사가 그에게 한 성인의 초상화를 건네주자 이내 걷어치워 버렸다. 화형대에 묶이고 장작에 불이 붙자 그는 곧 재가 되었다.

잠시 뒤, 종교재판을 받고 오랫동안 감옥에 갇혀 있던 한 노인이 화형 선고를 받고 처형장에 끌려왔다. 그를 화형대에 묶고 있는데 한 사제가 십자가에 못 박힌 예수상像을 들고 있는 모습이 노인의 눈에 띄었다. 노인은 사제를 향해 "당신이 그 우상을 내 앞에서 치우지 않으면 나는 거기에 침을 뱉을 수밖에 없소"라고 말했다. 그 사제는 아주 가혹한 말로 노인을 꾸짖었으나, 노인은 사제에게 첫째 계명과 둘째 계명을 기억하고 하나님이 친히 명한 것처럼 우상숭배를 삼가라고 말했다. 그러자 사제는 그의 입에 재갈을 물렸다. 장작더미에 불이 붙었고 그는 그렇게 순교자가 되었다.

살루초 후작령에서의 박해

1561년에 피에몬테 골짜기 남쪽에 있는 살루초 후작령은 주로 프로테스탄트들이 거주하는 지역이었는데 그곳 영주인 후작은 교황의 부추김을 받아 프로테스탄트를 박해하기 시작했다. 먼저 목사들을 추방하는 일부터 시작했고, 그들 중에 양떼를 떠나지 않으려는 자가 있으면 감옥에 가두고 심하게 고문했다. 하지만 누구도 죽이지는 않았다.

그러나 살루초 후작령이 사보이아 공작의 손에 넘어간 직후에 공작은 모든 백성이 미사에 참여하기를 기대한다는 순회 편지를 모든 마을에 보냈다. 살루초 주민들은 이 편지를 받고 주민의 이름으로 답신을 보냈다.

공작은 그 편지를 읽은 뒤에 한동안 프로테스탄트를 저지하지 않았다. 그러나 후에 그 칙령을 반드시 지켜야 한다는 전갈을 보냈다.

일부 주민은 추방을 면하고 재산을 지키기 위해 미사에 참석할 만큼 믿음이 약했다. 어떤 이들은 재산을 챙겨서 다른 나라로 떠났다. 그리고 대다수 주민들은 시간을 너무 지체하다가 소중한 재산을 모두 버리고 서둘러 떠나지 않을 수 없었다. 불행하게도 떠나지 않고 남아있던 자들은 붙잡혀 약탈당하고 목숨을 잃었다.

17세기에 피에몬테 골짜기에서 일어난 박해

교황 클레멘스 8세는 피에몬테 골짜기에 선교사들을 보내 프로테스탄트들을 설득하여 신앙을 포기하게 만들고자 했다. 선교사들은 골짜기 여러 곳에 수도원을 세웠기 때문에 프로테스탄트에게 눈엣가시와 같은 존재가 되었다. 프로테스탄트들은 학대를 일삼는 오만한 선교사들을 쫓아내자고 사보이아 공작에게 간청했다. 그러나 공작은 아무런 조치도 취하지 않고 오히려 선교사들의 입장을 더 유리하게 만들었다. 당시에 공작이 공포한 칙령에 따르면, 법정에서 프로테스탄트를 처벌하려면 증인 한 명으로 충분했고, 프로테스탄트가 저지른 어떤 범죄든지 확증한 증인은 상금 100크라운을 받았다.

터무니없는 칙령으로 짐작하건대, 많은 프로테스탄트가 거짓 맹세와 탐욕의 희생 제물이 되었을 것이다. 현상금을 노리는 악랄한 교황파들이 프로테스탄트를 해치기 위해 되는대로 맹세한 뒤에 사제에게 달려가서 거짓 맹세를 사죄 받곤 했다. 양심적인 로마 가톨릭교도가 그런 야비한 범죄를 저지른 동료를 비난하면 그는 이단 옹호자로 고발되어 처벌받을 위험에 처하기도 했다.

선교사들은 온갖 수단을 동원해 프로테스탄트의 책을 입수하여 불태웠다. 프로테스탄트들은 온 힘을 다해 책을 숨겼다. 그러나 선교사들은 사보이아 공작에게 도움을 청했고, 공작은 프로테스탄트들이 성경과 기도책, 종교 책자를 양도하지 않은 악질적인 죄를 지었다는 명목으로 여러 차례 군대를 투입했다. 이들은 프로테스탄트 가정에 큰 손해를 끼쳤고 많은 가정이 파산할 정도로 가옥을 크게 파괴했다.

사보이아의 공작은 프로테스탄트들 중에 배교자를 최대한 끌어내기 위하여 로마 가톨릭 신앙을 받아들이는 자는 누구나 5년 동안 모든 세금을 면제시켜주겠다는 정책을 선포하기도 했다. 동시에 프로테스탄트는 교장이나 강사로 일할 수 없고 어떤 공직도 맡을 수 없도록 조치를 취했다. 그리고 이 모든 조치와 더불어 폭풍 전야의 먹구름이 몰려왔다. 모든 프로테스탄트는 부지런히 미사에 참석해야 한다는 최후의 칙령이 선포된 것이다.

이 칙령은 조만간 살해와 강간이 벌어질 것을 알리는 살벌한 깃발과 같았다. 맨 먼저 교황파의 눈에 띈 인물은 열성적인 프로테스탄트로 알려진 세바스티안 바산이었다. 그는 선교사들에게 붙잡혀 15개월 동안이나 감금되고 고통을 받은 후 결국 화형을 당했다.

박해가 일어나기 전에는 선교사들이 납치범을 고용해 프로테스탄트 가정의 아이들을 납치한 뒤에 로마 가톨릭교도로 키우곤 했다. 그런데 이번에는 공공연하게 무력을 동원하여 아이들을 빼앗아갔고, 부모가 저항하면 주저 없이 살해할 정도로 포악해졌다.

이런 가혹한 칙령에 이어 1655년 1월 25일에는 공작의 재가 아래 가장 잔인한 명령이 공표되었다. 프로테스탄트 가정은 3일 내에 지명된 마을에서 떠나, 왕이 받아주는 지역으로 이주해야 한다는 명령이었다. 또한 주어진 시간 안에 로마 가톨릭으로 개종하지 않으면, 죽음과 같은 고통을 경험하고 가옥 및 재산을 몰수할 거라고 덧붙였다.

한겨울에, 더구나 거의 산으로 둘러싸인 지역에서 그렇게 재빨리 도피하는 것은 결코 쉬운 일이 아니었다. 이 갑작스러운 명령에 예외는 없었다. 자녀가 있는 여성을 포함하여 남녀노소 모두 이 명령을 엄수해야 했다. 설상가상으로 그해 겨울은 유난히 춥고 혹독한 날씨가 이어졌다.

그런데도 교황파는 그들에게 옷가지 하나 챙길 시간도 주지 않은 채 속히 거주지에서 떠나라고 재촉했다. 그리하여 많은 사람이 혹독한 날씨와 배고픔을 견디다 못해 산에서 죽었다. 칙령이 선포된 뒤에도 떠나지 않은 사람들은 끔찍한 학대를 받아 교황파 주민들에게 살해되거나 골짜기에 숙영 중이던 병사들의 총에 맞아 숨졌다. 그들이 얼마나 잔인한 짓을 했는지는 대량 학살의 현장에 있다가 가까스로 만행을 피한 프로테스탄트의 편지에 잘 나타나 있다.

로마 가톨릭 주교들과 수사들의 부탁을 받은 무장한 군중은 맹렬하게 프로테스탄트들을 덮쳤다. 공포와 절망에 찌든 얼굴, 집안 마루에 얼룩진 핏물, 길거리에 흩어진 사체들, 사방에서 들려오는 신음과 비명이 눈과 귀를 압도했다. 일부는 무장을 하고 병사들과 충돌했다. 대부분이 가족과 함께 산으로 도망갔다. 한 마을에서는 남자들이 도망간 뒤에 남은 150명의 여성과 아이들이 병사들에게 잔인하게 희생되었는데 여성들은 목이 잘리고 아이들은 뇌가 튀어나와 죽었다. 빌라리오 마을과 보비오 마을의 경우, 미사에 참석하길 거부한 사람들 중에 열다섯 살이 넘은 주민은 대부분 십자가에 거꾸로 매달리는 형벌을 받았다. 그리고 인구의 가장 큰 비중을 차지했던 열다섯 살 이하의 아이들은 모두 교살되었다.

비뉴 출신으로 예순 살의 사라 라티그놀레는 병사들에게 붙잡혔다. 병사들은 사라에게 성인들에게 기도하라고 명했으나 그녀는 따르지 않았다. 그러자 그들은 낫으로 몸을 배를 찌르고 몸을 갈가리 찢은 뒤에 목을 잘랐다.

아리따운 젊은 여성, 마사 콘스탄틴은 병사들에게 강간을 당하고 가슴이 잘려나가는 치욕스럽고 잔인한 학대를 받았다. 병사들은 도려낸 가슴을 구워서 내놓고는 무슨 고기인지도 모르는 동료들과 나눠 먹었다.

일부 병사들은 트라시니에르 출신의 한 남자를 붙잡아 칼끝으로 양 귀와 양 발을 찔러 구멍을 냈다. 그러고는 손톱과 발톱을 빨갛게 달군 펜치로 뜯어내고, 몸을 당나귀 꼬리에 묶은 뒤에 길거리로 끌고 다녔다. 그러다 머리를 끈으로 묶고 막대기에 끼워 난폭하게 쥐어트는 바람에 머리와 몸이 비틀리고 말았다.

여든 살쯤 된 피에르 시몬이라는 프로테스탄트는 목과 뒤꿈치가 묶인 채로 절벽에서 내던져졌다. 떨어지던 중에 그를 묶고 있던 밧줄이 나뭇가지에 걸려 공중에 매달려 있다가 며칠 동안 점점 힘을 잃어가더니 결국 굶어 죽었다.

에세이 가르키노는 신앙을 버리지 않겠다고 거부하다 난도질을 당했다. 이를 가리켜 병사들은 잘게 썰어버렸다며 조롱했다. 아르만드라는 여인은 팔다리가 모두 잘려 사지가 울타리 여기저기에 걸리는 수모를 당했다. 나이 많은 두 여성은 몸이 쪼개진 채 눈 덮인 들판에 버려져 숨졌다. 불구자였던 노파 한 사람은 코와 양손이 잘린 채 방치돼 과다출혈로 죽었다.

남녀노소 할 것 없이 수많은 사람이 바위에 내던져져 산산조각이 났다. 라토레에 살던 마그달레나 베르티노라는 여성은 완전히 발가벗겨진 채 머리가 다리 사이에 묶인 상태로 절벽에서 내던져졌다. 같은 마을의 메리 라이몬데트는 살을 얇게 포뜨는 고통을 당하다가 죽었다.

빌라리오의 마그달레나 필로트는 카스톨루스 동굴에서 난도질을 당했다. 안나 샤르보니에르는 땅에 박힌 말뚝에 몸을 관통시키는 고통을 당하다 그 상태로 방치되어 죽었다. 빌라리오 교회의 장로였던 야코프 페린과 그 형제 다비드는 산 채로 가죽이 벗겨지는 고문을 당했다.

라토레의 주민이었던 조반니 안드레아 미카엘은 네 자녀와 함께 체포되었다. 자녀 중 셋은 그의 눈앞에서 난도질을 당했는데 병사들은 한 명씩 죽일 때마다 신앙을 버리겠느냐고 물었다. 그는 끝까지 신앙을 포기하지 않았다. 그러자 한 병사가 막내의 다리를 잡고 거꾸로 든 뒤에 다시 물었다. 그가 똑같이 대답하자 병사가 그 아이의 머리를 내려쳤고 그 바람에 뇌가 튀어나왔다. 바로 그 순간 아버지가 달아났고, 병사들이 총을 쏘았으나 빗나갔다. 그는 재빨리 도망가 알프스에 몸을 숨겼다.

17세기에 피에몬테 골짜기에서 일어난 추가 박해

조반니 펠란키온은 교황파로 전향하기를 거부했다. 이 때문에 그는 한쪽 다리가 노새 꼬리에 묶인 채로 군중이 던지는 돌을 맞으며 루체른 거리를 끌려 다녔다. 사람들은 떠들어댔다. "그 놈은 귀신에 들려서 돌로 치고 길거리에 끌고 다녀도 죽지 않아. 귀신이 도와주니까." 그러고는 그를 강가로 데리고 가서 머리를 자른 뒤에 매장하지 않고 강둑에 그냥 방치했다.

보비오 교회의 수석 장로였던 야코프 미켈리노와 프로테스탄트 몇몇은 배가 갈고리에 걸린 채로 매달려서 격심한 고통에 시달리다가 숨을 거두었다.

여든이 넘은 프로테스탄트 조반니 로스타그날은 코와 양 귀가 잘리고, 몸에 붙은 살을 얇게 포뜨는 고문을 당하다 과다출혈로 숨졌다.

다니엘 켈레지오와 그의 아내, 조반니 듀랜트, 로드위치 듀랜트, 바돌로매 듀랜트, 다니엘 레벨, 파울 레노는 입에 화약을 채

워넣고 불을 붙이는 바람에 머리가 산산조각이 났다.

로라타의 교장 야코프 비로네는 개종을 거부하다가 발가벗겨지는 치욕을 당하고, 발톱과 손톱은 빨갛게 달아오른 펜치로 뜯기고, 양손은 단도 끝에 찔려 구멍이 뚫렸다. 그리고 몸의 한가운데가 끈으로 묶인 뒤에 병사에게 붙들린 상태로 길거리에 끌려 다녔다. 거리를 돌 때마다 오른편 병사는 살을 한 조각씩 베어내고 왼편 병사는 곤봉으로 내려치면서 "미사에 참석할 거야, 안 할거야?" 하고 소리쳤다. 계속 물어도 참석하지 않겠다고 하자 결국 다리로 끌고 가서 난간에서 머리를 자르고 몸과 머리를 강물에 던져버렸다.

아주 경건한 프로테스탄트였던 파울 가르니에는 두 눈이 뽑히고, 산 채로 가죽이 벗겨지고, 몸이 네 동강 난 뒤에 각 부위는 루체른의 주요 건물 네 군데로 보내졌다. 그는 이 모든 고통을 아주 잘 참아냈고, 더 이상 말을 못할 때까지 하나님을 찬양했으며, 참으로 선한 양심이 얼마나 큰 확신과 복종을 불러일으키는지 확실히 보여주었다.

로카피아타의 다니엘 카르돈은 병사들에게 붙잡혔는데, 이들은 카르돈의 머리를 자르고 뇌를 구워 먹었다. 세인트조반니의 눈 먼 노파 둘은 산 채로 화형을 당했고, 라토레의 한 과부는 딸과 함께 강물 속으로 끌려가서 돌에 맞아 숨졌다.

아흔 살인 미카엘 고네는 불에 타서 죽었고, 또 다른 노인 바프티스타 오드리는 칼에 찔려 죽었다. 바돌로메 프라쉬의 경우는 발뒤꿈치에 구멍을 뚫고 그 속에 밧줄을 넣고 묶어서 감옥까지 끌고 갔다. 그는 상처가 곪아 죽었다.

마그달레나 드 라 피에르는 병사들에게 쫓기다 붙잡혀서 절벽에서 내던져졌다. 연로한 노인 마가레트 레벨라와 메리 프라빌레린은 산 채로 화형을 당했고, 미카엘 벨리노는 안나 보카르드노와 함께 참수형을 당했다.

세인트조반니에 살던 한 변호사의 아들과 딸은 가파른 언덕에서 굴러 떨어져서 깊은 웅덩이에 빠져 죽었다. 한 상인과 아이를 품에 안은 그의 아내는 높은 바위에서 떨어져 죽었다. 요제프 카이레트와 파울 카르니에로는 산 채로 가죽이 벗겨졌다.

시프리아니아 부스티아는 신앙을 버리고 로마 가톨릭으로 전향하겠느냐는 질문을 받자 "차라리 목숨을 버리든가 개가 되겠소"라고 답했다. 이 말을 들은 사제는 "네가 말한 대로 죽어 개의 먹이가 될 것이다"라고 대꾸했다. 그는 감옥으로 끌려가서 오랜 시간 양식이 없이 버티다가 굶어 죽었다. 그가 죽자 사제는 시신을 감옥 앞 거리에 내다버렸고 개들이 달려들어 먹어치웠다.

페테르 피네라는 프로테스탄트의 어린 세 자녀는 눈에 뒤덮여서 질식사했다. 유디스라는 늙은 과부는 참수형을 당했고, 한 아리따운 젊은 여성은 발가벗겨진 채로 몸에 말뚝을 관통시키는 형을 받아 죽었다.

페테르 베손의 아내였던 루시는 피에몬테 골짜기에 있는 한 마을에 살고 있었는데 산달이 거의 임박한 상태였다. 그녀는 사방에서 무시무시한 광경을 보고 도망치기로 결심했다. 그래서 어린 두 자녀의 손을 잡고 알프스로 떠났다. 그러다 3일째 되던 날 산속에서 진통이 와서 아기를 낳았다. 아기는 엄동설한에 죽었고 나머지 두 자녀도 같은 운명에 처했다. 세 자녀가 모두 죽고 그녀도 막 숨이 끊어지려는 찰나에 한 사람을 만나 자기가 목격한 끔찍한 박해 이야기를 들려주었다.

목사의 아들이었던 프란치스 그로스는 살이 조금씩 잘려 접시에 담기는 고문을 당했다. 그의 자녀 둘은 아버지의 눈앞에서 난도질을 당했고, 아내는 기둥에 묶인 채 남편과 자녀들이 당하는 모든 만행을 목격했다. 잔혹한 짓에 싫증이 난 고문자들은 남편과 아내의 목을 자르고 온 가족의 살을 개들에게 던져주었다.

야코프 로세노는 성인들에게 기도하라는 명령을 받았으나 단호히 거부했다. 그러자 병사들이 그를 굴복시키려고 곤봉으로 난폭하게 때렸다. 그가 여전히 거부하자 총을 난사해 아주 많은 탄알이 몸에 박혔다. 숨이 거의 끊어지는 순간까지 병사들은 "이제는 성인들을 부르겠지. 이제는 성인들에게 기도하겠지" 하고 소리쳤다. 그러나 그는 "아니! 아니! 아니!" 하고 대답했다. 그러자 한 병사가 넓은 칼을 들고 그의 머리를 쪼갰고, 이로써 그의 고통은 끝이 났다.

라토레의 가난한 농부 조반니 풀후스는 프로테스탄트라는 이유로 병사들에게 체포되었고, 피아네스타의 후작은 그를 수도원 근처에서 처형하라고 지시했다. 그가 교수대에 끌려오자 수사들은 온갖 수단을 동원하여 신앙을 버리라고 설득했다. 그러나 그는 결코 우상숭배를 받아들이지 않을 것이며, 그리스도의 이름을 위해 고난받는 것을 기쁘게 생각한다고 말했다. 그러자 수사들은 그가 죽으면 아내와 자녀들이 얼마나 고생할지 생각해보라고 했다. 이 말을 듣고 그는 대답했다. "나는 나 자신은 물론이고 아내와 자녀들이 그들의 몸보다도 그들의 영혼을, 이 세상보다도 저 세상을 더 귀하게 생각하기를 바라오. 내 죽음 때문에 그들이 고통을 당하겠지만 자비로우신 하나님이 그들에게 필요한 것을 공급하실 것이오." 이 가난한 남자의 완강한 태도를 본 수사들이 "처치해!" 하고 소리치자 사형 집행인이 곧 실행에 옮겼다. 그의 몸은 잘려 강물에 던져졌다.

로사나 교회의 장로였던 파울 클레멘스는 이웃에 있는 수도원의 수사들에게 체포되어 장터로 끌려갔다. 그곳은 프로테스탄트 몇 명이 조금 전에 병사들의 손에 처형당한 장소였다. 그들은 일부러 클레멘스에게 시체를 보여주며 협박했다. 충격적인 모습을 목격한 클레멘스는 차분하게 말했다. "당신들이 몸은 죽일 수 있어도 참된 신자의 영혼을 해칠 수는 없소. 당신들이 내게 보여준 이 끔찍한 짓을 하나님이 갚아주실 것이오. 저 가련한 사람들을 살해한 자들, 무죄한 피를 흘린 그들을 처벌하실 것이오." 수사들은 이 말을 듣고 크게 격분하여 당장 그를 매달라고 지시했다. 그가 매달리는 동안 병사들은 멀찌감치 떨어져 그의 몸을 표적 삼아 사격 놀이를 했다.

빌라리오의 다니엘 람바우트는 대가족의 가장이었는데 여러 사람과 함께 체포되어 페이사나 교도소에 수감되었다. 거기에 갇혀 있는 동안에 여러 사제가 찾아와서 온갖 수단을 동원해 교황파로 전향하도록 끈질기게 설득했다. 그런데도 거부하자 사제들은 그의 가족을 불쌍히 여기는 체하면서 만일 그가 다음과 같은 신조들을 받아들이기만 하면 목숨만은 구할 수 있을 것이라고 말했다.

1. 성체의 실존
2. 화체설
3. 연옥
4. 교황의 무오류성
5. 죽은 자를 위한 미사는 그들의 영혼을 연옥에서 풀어준다.
6. 성인들에게 하는 기도는 죄를 용서해준다.

람바우트는 사제들에게 다음과 같은 이유로 자신의 신앙과 지식과 양심이 이 신조들 중 어느 것도 받아들일 수 없게 한다고 말했다.

1. 성체의 실존을 믿는 일은 신성모독과 우상숭배의 망측한 결합이다.

2. 집례자의 말이 빵과 포도주를 십자가에서 죽으시고 후에 하늘로 승천하신 그리스도의 진짜 몸과 피로 변화시킨다는 생각(교황파들이 화체라고 부르는 것)은 철없는 어린아이도 믿기 힘든 터무니없는 것이다. 가장 맹목적인 미신만이 로마 가톨릭교도로 하여금 그처럼 우스운 것을 믿게 한다.

3. 연옥 교리는 요정 이야기보다 더 모순되고 부조리하다.

4. 교황에게 오류가 없다는 것은 있을 수 없는 일이다. 교황은 교만하게도 완전한 존재이신 하나님께만 속한 것을 자기의 것으로 주장하고 있다.

5. 죽은 자를 위한 미사는 우스운 것으로서 연옥의 동화에 대한 믿음을 유지하기 위한 것일 뿐이다. 모든 사람의 운명은 그 영혼이 몸을 떠날 때에 완전히 결정되기 때문이다.

6. 죄를 용서받기 위해 성인들에게 기도하는 것이 잘못인 이유는 성인들 자신도 그리스도 안에서 중보자가 필요하기 때문이다. 오직 하나님만 잘못을 용서할 수 있기에 우리는 죄 사함을 받으려면 하나님을 찾아야 한다.

사제들은 람바우트의 대답을 매우 불쾌히 여겨서 가능한 가장 잔인한 방법으로 그의 결의를 흔들기로 다짐했다. 그래서 손가락이 모두 사라질 때까지 날마다 한 마디씩 잘라내라는 명령을 내렸다. 이어서 발가락도 똑같은 방식으로 잘라냈다. 나중에는 날마다 손과 발을 번갈아가며 절단했다. 그럼에도 놀라운 인내심으로 모든 고통을 참고 변함없는 결의로 신앙을 지켰다. 사제들은 그가 전혀 흔들리지 않자 가슴을 칼로찌르고 시신은 개들에게 던져주었다.

프로테스탄트 신사로 존경받던 페테르 가브리올라가 붙잡힌 뒤에 신앙을 버리지 않겠다고 선언하자 병사들은 그의 몸에 수많은 화약주머니를 달아놓고 불을 붙여서 폭파시켰다.

사무엘 카티에리스의 아들 안토니는 가련한 벙어리 소년이었는데, 병사 패거리에게 붙잡혀서 난도질을 당했다. 이런 짓을 한 직후에 이 악한들은 페테르 모니리아트의 집에 들어가서 온 가족의 다리를 잘라냈다. 그들은 자기 몸도 추스르지 못하고 서로 도울 수도 없어서 과다출혈로 죽었다.

다니엘 베네크는 체포된 뒤에 코가 베어지고 양 귀가 잘려지고 몸이 네 동강 나서 각각 나무에 던져지는 만행을 당했다. 마리아 모니노는 박해자들에 의해 턱뼈가 부러져 고통을 받다가 굶어 죽었다.

빌라리오 시민이자 아리따운 과부였던 마리아 펠란키온은 아일랜드 병사들에게 붙잡혔다. 이들은 마리아를 심하게 구타하고 강간한 뒤에 강을 가로지르는 높은 다리로 끌고 가서 발가벗긴 다음 양다리를 다리에 묶고 거꾸로 매달아 머리를 강물로 향하게 한 뒤에 그녀가 숨질 때까지 총을 쏘아댔다.

다니엘 미칼리노는 혀가 뽑힌 채로 죽을 때까지 방치되었다. 나이가 아주 많은 절름발이 안드레오 베르티노는 너무도 충격적인 방법으로 난도질을 당했고, 결국에는 배가 쪼개지고 도끼 끝에 내장이 매달린 채 도망다녔다.

프로테스탄트 숙녀인 콘스탄티아 벨리오네는 신앙 때문에 체포되어 사제로부터 마귀와 절교하고 미사에 참석하겠느냐는 질문을 받았다. 이 물음에 그녀는 이렇게 대답했다. "내가 자라면서 배운 신앙은 언제나 마귀와 절교하라고 가르쳤소. 내가 당신의 뜻에 동조하여 미사에 참석한다면, 나는 다양한 얼굴을 한 그놈을 거기에서 만날 것이 분명하오." 이 말을 듣고 화가 잔뜩 난 사제는 그녀에게 발언을 철회하지 않으면 혹독한 고통을 당할 것이라고 말했다. 그런데도 그녀는 어떤 고통도 두려워하지 않을 것이며 양심과 믿음을 지키겠노라고 대답했다. 사제는 그녀의 몸 여러 군데에서 살을 베어내라고 지시했다. 그녀는 이 격심한 고통을 참고 견디면서 "내가 지금 견디고 있는 이 하찮고 일시적인 고통으로 인해 당신은 지옥에서 지극히 무섭고 영원한 괴로움을 당하게 될 것이오"라고 말했다. 이 소리를 듣고 격분한 사제는 그녀의 입을 막고자 병사 둘에게 총살을 지시했다. 총을 맞은 그녀는 금방 숨을 거두었고 피로써 순교의 도장을 찍었다.

유디스 만돈이라는 젊은 여성은 로마 가톨릭을 수용하지 않는 다는 이유로 말뚝에 묶인 채, 예전에 사순절 전날에 행했던 야만 적인 관습과 똑같은 방법으로 멀리서 날아오는 막대기에 계속 맞았다. 이런 무자비한 짓으로 인해 이 가련한 여성의 팔다리가 끔찍하게 망가졌고 뇌는 곤봉에 맞아 튀어나갔다.

다비드 파글리아와 파울 잔르는 각각 자기 아들을 데리고 알 프스로 도망가다가 병사들의 추격을 받아 넓은 들판에서 붙잡혔 다. 병사들은 마치 장난을 치듯 그들을 사냥했다. 칼로 찌르며 괴롭히면서 그들이 녹초가 되어 쓰러질 때까지 달리게 만들었 다. 그들이 기진맥진하자 난도질하고 그 토막들을 현장에 그냥 놔두었다.

보비오에 살던 미카엘 그레베라는 젊은이는 라토레시에서 체 포되어 다리로 끌려가서 강물로 내던져졌다. 그는 수영을 잘했 기에 물결을 따라 아래편으로 내려가면서 도망갈 수 있을 것으 로 생각했다. 그러나 병사들과 폭도들이 강 양편으로 따라오면 서 계속 돌을 던지는 바람에 한쪽 관자놀이를 맞아 의식을 잃고 물에 빠져 죽었다.

다비드 바리도나는 빌라리오에서 체포되어 라토레로 호송되 었다. 그가 끝까지 신앙을 고수하자 병사들은 손가락과 발가락 사이에 성냥을 묶어놓고 불을 붙였다. 나중에는 빨갛게 달아오른 펜치로 살을 뜯어내는 바람에 과다출혈로 숨졌다.

다수의 병사들이 요제프 가르니에로의 집에 쳐들어가기 직전에 미리 통지하려고 창문을 향해 총을 발사했다. 총알 하나가 아기에게 젖을 먹이던 가르니에로 부인의 가슴에 박혔다. 그들의 의도를 파악한 부인은 약속대로 제발 아기의 목숨은 살려달라고 빌었고, 아기를 즉시 로마 가톨릭 수녀에게 보냈다. 그 후 병사들은 남편을 문지방에 매달았고, 아내의 머리에 총을 발사한 뒤에 피투성이가 된 그녀를 방치했다. 남편은 교수대에 매단 상태로 그냥 버려두었다.

경건한 프로테스탄트 노인 이사야 몬돈은 무자비한 박해자들을 피해 바위틈에 몸을 숨겼다가 지독한 역경에 처했다. 한겨울에 담요도 없이 차가운 돌 위에 눕지 않으면 안 되었고, 먹을 것이라곤 주변에서 긁어모은 나무 뿌리밖에 없었으며, 목을 축이려면 눈을 입에 넣고 녹이는 수밖에 없었다. 그런데 잔인한 병사들이 그를 찾아내 무자비하게 구타한 뒤에 칼끝으로 찌르면서 루체른으로 끌고 갔다. 그는 처절한 생활 탓에 몸이 쇠약해진데다가 몰매를 맞아 정신도 희미해져서 도중에 주저앉고 말았다. 걷게 하려고 다시 때리자 무릎을 꿇고 제발 죽여달라고, 그래서 이 괴로움에서 벗어나게 해달라고 간청했다. 마침내 그들은 그를 죽이기로 하고 가까이 다가가 머리에 총을 발사하면서 "이단아, 네 부탁을 들어 주마"라고 말했다.

훌륭한 프로테스탄트였던 마리아 레볼은 길을 가다가 등에 총을 맞았다. 그녀는 쓰러졌지만 어느 정도 기력을 되찾아서 무릎 높이로 몸을 일으키고 하늘을 향해 양손을 들고 전능하신 하나님께 열렬히 기도했다. 가까이에 있던 병사들이 일제히 총알을 발사하여 그녀의 불행은 순식간에 끝났다.

여러 명의 어른과 아이가 큰 동굴에 몸을 숨긴 채 몇 주 동안 안전하게 지냈다. 필요할 때에는 남자가 둘 씩 짝지어 나가서 먹을 식량을 챙겨오곤 했다. 그러던 어느 날 은신처가 발각되었고 로마 가톨릭 군대가 들이닥쳤다. 이번에 집결한 교황파는 동굴에 숨어 있던 프로테스탄트들의 이웃이자 가까운 지인들이었다. 그 가운데는 친척도 있었다. 그래서 프로테스탄트들은 밖으로 나와서 그동안의 관계와 혈연을 언급하며 오랜 지인과 이웃으로서 제발 살려달라고 애원했다. 그러나 미신이 모든 인간성을 압도했다. 편견에 사로잡힌 교황파는 이단에게는 어떤 자비도 베풀 수 없으니 죽을 준비를 하라고 엄포했다. 이 소리를 듣고 로마 가톨릭교도의 악질적인 완고함을 알고 있던 프로테스탄트들은 모두 땅바닥에 엎드린 채 양손을 하늘을 향해 들고 신실하고도 뜨거운 기도를 올렸다. 그러고는 몸을 굽혀 얼굴을 땅에 대고 운명을 기다렸다. 교황파는 맹렬한 기세로 달려들어 그들을 난도질했고, 조각난 몸뚱이와 팔다리를 동굴에 버려두었다.

조반니 살바지오트는 로마 가톨릭 교회를 지나가면서 모자를 벗지 않았다. 이를 목격한 회중이 그를 쫓아와서 덮친 뒤에 살해했다. 야코프 바렐과 그의 아내는 사보이아 공작 수하의 한 관리에게 죄수로 잡혀 있다가 어떤 군대에 양도되었는데 이들은 여자의 가슴과 남자의 코를 도려낸 뒤에 두 사람의 머리에 총을 발사했다.

믿음이 불안정한 안토니 귀고는 자신의 신앙을 버리고 로마 가톨릭을 받아들일 생각으로 페리에로에 갔다. 그가 이런 의도를 몇몇 사제에게 얘기하자 그들은 그를 많이 칭찬하면서 공개적으로 변절할 날을 정했다. 그런데 그 사이에 안토니는 믿음을 배반한 것을 깊이 뉘우쳤고 밤낮 양심의 가책으로 괴로워하다가 도망치기로 결심했다. 그러나 곧 추격을 받아 결국 잡히고 말았다. 군대가 그를 끌고 오는 동안 그의 마음을 돌이키려고 온갖 수단을 동원했으나 모든 노력이 수포로 돌아가자 심하게 구타했다. 돌아오는 길에 절벽 가까이에 이르자 그는 얼른 절벽에서 뛰어내려 온몸이 부서졌다.

많은 재산을 소유한 보비오의 한 프로테스탄트 신사는 어느 날 밤에 한 오만한 사제에게 시달리다가 아주 신랄한 말로 보복했다. 그는 교황은 적그리스도이고, 미사는 우상숭배이며, 연옥은 허튼소리이며, 면죄 선언은 사기라며 비난을 퍼부었다. 이에 격분한 사제는 다섯 명의 지독한 악한을 고용했고, 이들은 그날 밤 그 프로테스탄트의 집에 침입하여 아주 난폭하게 그를 붙잡왔다. 그는 너무도 놀란 나머지 무릎을 꿇고 제발 자비를 베풀어 달라고 사정했다. 그러나 악한들은 조금도 주저하지 않고 처치 해버렸다.

7

존 위클리프의
생애와 박해

An Account of the Life and
Persecutions of John Wickliffe

모든 개혁을 반대하는 편협한 세력에 맞서 타락한 로마 가톨릭 교회를 저지하고, 순수한 복음 교리를 자신의 피로 지키기 위해 앞장선 이들의 생애를 간략히나마 설명하고자 한다.

명예롭게도 영국은 어느 나라보다 앞장서서 종교 논쟁의 자유를 주장함으로써 유럽을 깜짝 놀라게 했다. 맨 처음 정치적 자유와 종교적 자유를 확보한 것도 영국이다. 이런 개혁 운동을 주도한 저명한 인물 가운데 존 위클리프가 있다.

이른바 '종교개혁의 샛별'이라 불리는 이 유명한 개혁가는 에드워드 2세가 통치하던 1324년경에 태어났다.

위클리프가 사람들의 주목을 받게 된 것은 구걸하는 수도사들, 즉 1230년에 옥스퍼드 대학에 정착한 이래로 줄곧 골치 아픈 존재였던 수도사들에게 맞서 대학을 지킨 일이 계기가 되었다. 양측의 불화는 계속되었다. 수도사들은 교황에게 호소했고 학자들은 공권력에 호소했으며, 때에 따라 어느 한편이 우세한 위치를 차지했다. 수도사들은 그리스도가 평범한 거지였고, 그의 제자들 역시 거지였으며, 구걸 행위는 복음적인 관습이라는 관념을 지지했다. 그들은 어디에 가든지 강단에서 이런 교리를 설파했다.

위클리프는 오랫동안 수도사들의 게으른 삶 때문에 그들을 경멸했고 기회만 있으면 그들의 잘못을 폭로했다. 그는 유능한 거지들을 비난하는 글을 발표하여 그들이야말로 종교 영역뿐 아니라 인간 사회에도 치욕스러운 존재임을 입증했다.

신학 교수로서 위클리프는 강의 시간에 교황의 찬탈 행위, 무오류성에 대한 주장, 자만, 탐욕, 폭정 등을 열거하며 비판하곤 했다. 그래서 교황을 적그리스도라고 부른 최초의 인물이 되었다. 이어서 주교들의 허식과 사치와 치장으로 눈을 돌려서 그들의 삶과 초기 주교들의 검소한 생활을 비교했다. 그리고 지적 능력과 정확한 논리를 동원하여 그들의 미신과 속임수를 자주 공격했다.

위클리프는 랭커스터 공작의 후원 아래 꽤 많은 급료를 받았

존 위클리프

다. 그러나 에드워드 3세가 죽은 뒤에 랭커스터 공작의 권력이 약해지자 위클리프의 대적들은 이런 상황을 이용하여 비난의 목소리를 높였다. 마침내 위클리프는 재판을 받게 되었다. 램버스에서 심문이 진행되는 동안 군중이 소동을 일으키는 바람에 재판관은 도무지 선고를 내릴 수 없었다. 그들은 모든 사태를 종결하면서 위클리프에게 교황을 불쾌하게 하는 교리를 설파하지 못하게 했다. 위클리프는 그런 조치를 조롱하면서 긴 가운을 입고 맨발로, 예전보다 더 열성적으로 바른 교리를 설파했다.

1378년에는 두 교황, 우르바누스(우르바노) 6세와 클레멘스 7세(이 사람이 합법적인 교황이었다) 사이에 싸움이 벌어졌다. 위클리프가 재능을 발휘할 기회가 온 것이다. 위클리프는 곧바로 교황제를 반대하는 책자를 출판했고, 온갖 부류의 사람들이 책자를 열심히 읽었다.

다음으로 그는 가장 중요한 작업에 들어갔는데 다름 아니라 성경을 영어로 번역하는 일이었다. 그는 먼저 작은 책자를 출간하여 영어 번역판의 필요성을 설명했다. 주교들은 성경 번역 출판을 격렬히 억압했으나, 이것이 오히려 판매를 더욱 촉진시켰고, 성경전서를 구입할 능력이 없는 이들은 특정한 복음서나 서신의 사본을 구해 읽었다. 훗날 롤라드파[8]가 부흥했던 때에는 이단 판결을 받은 죄수의 목에 성경 단편들이 묶여 있는 경우가 다반사였다. 성경이 주인의 운명과 함께했던 셈이다.

이 작업이 끝난 직후에 위클리프는 한 걸음 더 나아가 화체설을 공격했다. 이 일로 위클리프는 캔터베리 대주교의 표적이 되었다. 국왕은 간청에 못이겨 대주교에게 이단 지도자를 투옥할 수 있는 권한을 주었으나, 평민들이 나서서 이를 철회하게 만들었다. 왕은 옥스퍼드 대학교 총장에게 모든 이단과 위클리프가 출간한 책을 모조리 수색하라는 편지를 보냈고 이로 말미암아 옥스퍼드 대학교에서 큰 소동이 일어났다. 그래서 위클리프는 폭풍을 피해 한적한 곳으로 피신했다. 하지만 이미 씨는 널리 뿌려졌고, 위클리프의 견해가 너무도 압도적이어서 길에서 두 사람을 만나면 그중 한 명은 롤라드파라고 보아도 좋다는 말이 나돌 정도였다. 이 기간에 두 교황의 분쟁은 계속 이어졌다. 우르바누스 6세는 종교를 존중하는 모든 이들에게 그 대의명분을 위해 진력하라고 촉구하는 교서를 발표했고, 교황의 성좌를 방어하기 위해 클레멘스 7세와 그의 신봉자들에 대항해 무기를 들라고 천명했다.

종교의 이름을 판 이 싸움은 위클리프로 하여금 생애 말년까지 의욕을 불태우게 했다. 그는 다시 펜을 잡고 매우 신랄하게 비판하는 글을 썼다. 이 혹독한 글은 우르바누스의 노여움을 샀다. 자칫하면 예전에 당했던 것보다 더 큰 곤경에 처할 뻔 했지만, 하나님의 섭리로 그들의 손에서 구출되었다. 위클리프는 중풍에 걸려 대적들이 더 이상 신경 쓸 필요를 느끼지 못할 정도로 쇠약해졌다.

위클리프는 그동안 지내던 장소에서 예전에 교구 목사로 시무했던 루터워스 교구로 돌아왔다. 거기에서 1384년 말에 이 세상을 떠나 주님 안에 평안히 잠들었다.

위클리프가 무덤에 안치된 지 41년 만에 그의 대적들은 시신을 무덤에서 파내어 재로 만들어버렸다. 그러고는 그 재를 강물에 뿌렸다. 이렇게 해서 그는 흙과 불과 물이 되어 흩어졌고, 이로써 그들은 위클리프의 이름과 교리를 영원히 없애버린 것으로 생각했다. 그러나 주님을 대적할 만한 모사가 없으니, 진리를 계속 억누르는 일도 있을 수 없고, 진리는 흙과 재로부터 다시 일어나리라! 대적들이 비록 위클리프의 무덤을 파헤쳐서 그의 뼈를 태우고 강물에 재를 뿌렸지만 하나님의 말씀과 그 진실한 교리는 그들이 태울 수 없는 열매와 결실을 맺게 되었다.

너는 장차 받을 고난을 두려워하지 말라. 볼지어다.

마귀가 장차 너희 가운데에서 몇 사람을 옥에 던져 시험을 받게 하리니

너희가 십 일 동안 환난을 받으리라. 네가 죽도록 충성하라.

그리하면 내가 생명의 관을 네게 주리라(계 2:10).

존 위클리프가 죽은 지 41년 뒤에 그의 뼈마저 불태워졌다.

8

교황 치하의 보헤미아⁹에서
일어난 박해

An Account of the Persecutions in Bohemia Under the Papacy

잉글랜드의 개혁주의자 위클리프는 종교개혁의 햇불을 높이 들어 무지한 로마 가톨릭의 가장 어두운 구석까지 비추기 시작했다. 그의 교리는 보헤미아에까지 퍼져나가 수많은 사람의 환영을 받았는데, 그중에서도 특히 얀 후스와 그의 친구이자 동료 순교자인 프라하의 예로님에게 큰 영향을 미쳤다.

1375년에 열성적인 복음주의자들이 보헤미아의 왕이자 신성로마제국의 황제 카를 4세에게 에큐메니컬 공의회를 개최하자고 제의했다. 교회 속에 침투한 학대 행위를 조사하고 철두철미한 개혁을 추진하기 위함이었다. 왕은 어떻게 처리해야 할지 몰라 교황에게 자문을 구했다. 그러자 교황은 몹시 화를 내면서 "그 경솔하고 불경한 이단들을 심하게 처벌하라"고 답변했다. 그래서 왕은 그 제안과 관련된 모든 사람을 추방했고, 교황의 환심을 사려고 국민의 종교적 자유를 억압하는 많은 조치를 덧붙였다.

하지만 보헤미아에서 수많은 희생자가 발생한 것은 얀 후스와 프라하의 예로님이 화형을 당한 이후였다. 이 두 저명한 개혁가는 교황과 사절단의 선동으로 사형 선고를 받아 처형되었다.

얀 후스에 대한 박해

얀 후스는 1372년경에 보헤미아의 후시네츠라는 마을에서 태어났다. 그의 부모는 힘을 다해 아들에게 최상의 교육을 시켰다. 얀 후스는 사립학교에서 많은 고전 지식을 습득한 뒤에 프라하 대학교에서 자신의 지성을 확실히 입증하고 공부에 몰두했다.

1398년에 후스는 프라하에 있는 베들레헴 교회의 목사이자 프라하 대학교의 학장으로 선임되었다. 그는 이 두 직책을 아주 충실하게 수행했고, 존 위클리프의 교리와 맥을 같이하는 설교로 두각을 나타냈다. 따라서 그는 교황과 교황 신봉자들의 이목을 피할 수 없었다. 그럼에도 그는 아주 격렬한 어조로 그들을 비판했다.

프라하의 대주교는 날마다 프로테스탄트가 늘고 있다는 사실

안후스

을 알고 위클리프의 저술을 더 이상 보급하지 말라는 포고령을 발표했다. 그런데 이 포고령은 그가 예상한 것과는 전혀 다른 영향을 미쳤다. 도리어 교리를 지지하는 이들의 열정을 자극해 대학 전체가 연합하여 위클리프의 저술을 전파하게 된 것이다.

위클리프의 교리에 강한 매력을 느낀 후스는 대주교의 포고령에 반대했고, 대주교는 교황으로부터 교서를 받아 위클리프의 교리를 출판하지 못하게 했다. 후스 박사는 동료 교수 몇 명과 함께 이런 조치에 항의했고, 대주교의 선고에 이의를 제기했다.

이 사건이 교황에게 알려지자 얀 후스는 오류와 이단사설을 전파한다는 죄목으로 로마 법정에 출두하여 직접 항변하라는 명을 받았다.

후스는 이 재판에 출두하기를 거절했고, 이후에 완고한 자로 낙인이 찍혀 결국 파문을 당했다. 이 부당한 선고에 대해 후스는 훗날 한 공의회에 항소했으나 아무런 성과를 얻지 못했다. 이처럼 가혹한 선고를 받고 결국 프라하의 교회에서 축출되고 말았지만, 그는 고향인 후시네츠로 돌아가 강단에서, 그리고 펜을 들고 새 교리를 전파하는 일을 계속했다.

당시에 후스는 아주 많은 편지를 썼고, 프로테스탄트 서적을 읽는 것을 절대로 금해서는 안 된다고 주장하는 책을 썼다. 또 삼위일체에 관한 위클리프의 책을 변호하는 글을 쓰고, 교황과 추기경과 성직자들의 악덕을 담대히 고발했다. 아울러 하나같이 탄탄한 논리를 갖춘 책을 많이 집필했다. 이로써 그의 교리를 널리 퍼트리는 데 크게 기여했다.

1414년 11월에는 독일 콘스탄츠에서 공의회가 열렸다. 명목상으로는 교황직을 놓고 싸우는 세 사람 사이의 분쟁을 해결하기 위한 회의였지만 실질적으로는 종교개혁 운동을 진압하기 위한 모임이었다.

얀 후스는 이 공의회에 출두하라는 소환장을 받았다. 황제는 참석을 권하기 위해 안전 통행증을 보냈다. 후스가 공의회로 가는 도중에 받은 정중한 대우는 상상을 초월하는 것이었다. 길거리는 호기심이 아닌 존경심 때문에 뛰어나온 인파로 가득 찼다. 콘스탄츠에 진입할 때는 많은 사람의 갈채를 받았으므로 어쩌면 그가 독일을 가로질러 승리의 행진을 벌였다고 해도 과언이 아닐 것이다.

후스는 콘스탄츠에 도착하자마자 한적한 변두리에 숙소를 잡았다. 그가 도착한 직후에 슈테펜 팔레츠라는 사람이 왔는데 그는 프라하의 성직자들이 후스를 기소한 담당자로 고용한 인물이었다. 팔레츠는 나중에 로마 법정에서 고용한 카시스 출신의 미하엘과 합류했다. 이 두 사람은 스스로 후스의 기소자라고 밝히고, 그에 대한 기소 항목을 작성하여 교황과 공의회의 고위 성직자들에게 제출했다.

콘스탄츠에 있다는 사실이 알려진 후, 후스는 즉시 체포되어 궁에 있는 방에 감금되었다. 후스의 한 친구는 안전 통행증을 언급하며 관습법 위반을 지적했다. 그러나 교황은 자신이 안전 통행증을 발급한 적이 없고 황제의 조처에 구속받지 않는다고 답변했다.

후스가 감금되어 있는 동안 공의회는 종교 재판소의 역할을 했다. 그들은 위클리프의 교리에 유죄 판결을 내리고 심지어는 그의 유해를 파헤쳐서 화형을 시키라는 선고까지 내렸다. 이 선고는 그대로 집행되었다. 그동안 보헤미아와 폴란드의 귀족들은 후스를 위해 열심히 중재했다. 이 중재의 목소리는 큰 효과를 발휘했는데, 심지어 재판을 담당한 재판관들이 이미 정해놓은 유죄 판결이 선고되는 것을 막을 정도였다.

후스가 공의회 앞에 불려왔을 때 그를 기소하는 항목들이 낭독되었다. 항목은 마흔 가지가 넘었고 주로 그의 글에서 발췌한 것들이었다.

후스가 교리를 변호할 때 구사한 훌륭한 문장들은 반역의 증거로 제출되었다. 이에 공의회가 임명한 주교들은 그에게서 사제복을 빼앗고 그를 파면시키고 머리에 종이관을 씌웠다. 종이관에는 마귀 그림과 '이단의 주모자'란 문구가 적혀 있었다. 그는 종이관을 보고 말했다.

나의 주 예수 그리스도께서는 나를 위해 가시 면류관을 쓰셨소. 그렇다면 아무리 수치스러워도 내가 그분을 위해 이 가벼운 면류관을 쓰지 않을 이유가 있겠소? 기꺼이 종이관을 쓰겠소.

종이관을 머리에 씌우자 주교는 "이제 우리는 당신의 영혼을 마귀에게 맡기오"라고 말했다. 이에 얀 후스는 하늘을 향해 눈을 들고는 "오, 주 예수 그리스도시여! 그대가 구속하신 내 영을 그대의 손에 맡깁니다"라고 말했다.

후스는 쇠사슬로 화형대에 묶이는 순간에 미소를 지으며 "나의 주 예수 그리스도께서는 나를 위해 이보다 더 단단한 쇠사슬로 묶이셨는데 내가 이 녹슨 쇠사슬을 부끄러워할 이유가 있겠소?"라고 말했다. 장작더미가 목 높이까지 쌓였을 때 간섭하길 좋아하는 바이에른의 공작은 좀 전에 했던 말을 취소하기 바란다고 했다. 그러자 후스는 "아니오, 나는 이제까지 악한 교리를 설교한 적이 한 번도 없었소. 내가 내 입으로 가르친 것을 이제 내 피로 봉인하는 것이오"라고 대답했다. 이어서 사형 집행인에게는 이렇게 말했다. "당신은 지금 거위 한 마리(후스는 보헤미아어로 거위라는 뜻이다)를 태우려고 하지만 한 세기가 지나면 당신이 구울 수도 없고 삶을 수도 없는 백조 한 마리를 갖게 될 것이오." 그가 만일 앞을 내다보는 선지자였다면 '백조 한 마리'는 100년 뒤에 온 사방을 밝게 비출 마르틴 루터를 가리키는 말이 아니었을까?

화형당하는 얀 후스

장작더미에 불이 붙자 우리의 순교자는 매우 우렁찬 목소리로
찬송을 불렀다. 이 찬송은 장작 타는 소리와 군중의 소음을 모두
뚫고 멀리까지 퍼져나갔다. 하지만 세찬 불길이 그의 목소리를
잠재웠고 그는 곧 생을 마감했다.

그 후에 집행인들은 후스의 유해를 이 땅에 조금도 남기지 않
으려고 아주 부지런히 재를 모아서 라인 강에 던졌다. 그러나 불
이든 물이든 그 어떤 고통이든 경건한 사람들의 마음에서 후스
에 대한 기억을 결코 지울 수 없었다.

프라하의 예로님에 대한 박해

후스 박사의 동료이자 그와 함께 순교의 길을 걸었다 해도 무
방한 이 개혁가는 프라하에서 태어났고, 프라하 대학교에서 공
부하는 동안 탁월한 재능과 학식으로 두각을 나타냈다. 그는 파
리와 하이델베르크, 쾰른, 옥스퍼드 등 유수한 대학교에 있는 여
러 신학교를 방문했다. 옥스퍼드에서 위클리프의 저술을 접하게
된 그는 영어를 공부한 뒤에 특유의 근면함을 발휘하여 그 가운
데 많은 책을 모국어로 번역했다.

나중에 프라하에 돌아온 뒤에는 공공연히 위클리프의 옹호자
를 자처했다. 그리고 위클리프의 교리가 보헤미아에서 널리 수용
되는 현상을 보고, 또 후스가 그것을 전파하는 주동자라는 사실
을 알고, 마침내 위대한 종교개혁에 동참하는 조력자가 되었다.

1415년 4월 4일, 후스가 죽기 약 석 달 전에 예로님은 콘스탄츠에 도착했다. 그는 남몰래 콘스탄츠에 들어갔으나 거기에서 만난 지도자급 동지들과 의논한 결과 자신이 아무런 도움을 줄 수 없을 것이라는 생각이 들었다.

그런데 예로님이 콘스탄츠에 도착한 사실이 알려졌고, 공의회가 그를 체포하려 한다는 소식이 들리자 피신하는 것이 상책이라고 생각했다. 그래서 당장 보헤미아로 돌아갈 채비를 했다.

그러나 예로님은 도피에 실패했다. 그는 붙잡혀서 긴 쇠사슬 차꼬를 차고 콘스탄츠로 호송되었다. 그리고 도착 즉시 열악한 지하 감옥에 수감되었다.

예로님은 예전에 얀 후스가 받았던 학대와 거의 똑같은 취급을 받았다. 한 가지 차이점은 훨씬 오랜 기간 감옥에 갇혀 있었고 이 감옥에서 저 감옥으로 이송되었다는 점이다. 마침내 공의회 앞에 불려왔을 때 그는 자신의 대의를 호소하여 스스로 결백함을 증명하기를 바랐으나, 그런 기회가 무산되자 절규의 목소리를 쏟아냈다.

이게 무슨 야만적인 짓이오? 이제까지 나는 340일 동안 여러 감옥에 갇혀 있었소. 그동안 온갖 고통과 결핍을 체험했소. 내 적들에게는 고소할 여지를 최대한 주고 내게는 최소한의 변호 기회도 허락하지 않았소. 이제 나에게 재판을 준비하는 일에 단 한 시간도 할애

하지 않을 작정이구려. 그런데도 나에 대한 가장 사악한 비방은 그대로 받아들였소. 당신들은 내 교리를 알지도 못하면서 나를 이단으로 단언했소. 내가 무슨 신앙을 고백하는지 알기도 전에 나를 신앙의 적으로, 그리고 교황에 대한 나의 견해를 알아볼 생각도 하지 않고 나를 사제들의 박해자로 단정했소. 내가 지금 호소하는 대의는 나만의 것이 아니오. 그것은 많은 사람의 대의이자 그리스도인들의 대의요. 나는 여기에 내 전 존재를 걸었소. 이 대의는 후손의 권리에 영향을 미칠 것이오.

이 발언은 적지 않은 영향을 미쳤다. 예로님이 고소당한 지 3일 만에 재판이 열렸고, 증인들에 대한 심문이 있었다. 예로님도 자기를 변호할 내용을 준비하게 되었는데, 이미 340일 동안 열악한 감옥에 갇혀 햇빛도 못 보고 굶주린 것을 감안하면 도무지 믿기 어려운 내용을 담고 있었다. 그는 보통 사람이면 기력을 완전히 잃고 말았을 불리한 여건을 딛고 지성을 날카롭게 세웠다. 뿐만 아니라 최고의 도서관에서 책을 찾아본 것에 버금갈 정도로 교부들과 고대 저자들의 글을 인용했다.

편협한 사제들은 그의 웅변이 사람들의 마음에 어떤 영향을 미칠지 알고 있었기에 청문회를 달가워하지 않았다. 그러나 마침내 다수의 찬성으로 그에게 변호할 기회를 주기로 결정되었다. 그는 명료한 정신으로 감동적인 연설을 시작했다. 덕분에 딱

딱한 마음들이 녹아내렸고 미신에 사로잡힌 정신들이 한 가닥 믿음의 빛을 받아들이는 듯했다. 그는 사실에 기초한 증거와, 적대감과 비방에서 나온 거짓을 훌륭하게 구별했다. 그리고 공의회 앞에서 자기가 걸어온 길과 삶의 원칙을 소상히 밝히고, 역사상 가장 위대하고 거룩한 사람들이 서로 다른 관점을 가지고 토론하는 것은 진리를 숨기지 않고 분별하기 위함임을 모든 사람이 알고 있다고 말했다. 그는 자기에게 미덕과 진리의 대의를 철회하도록 설득했던 대적들을 고상한 말로 경멸하기도 했다. 아울러 후스를 높이 칭송하면서 자기도 그를 좇아 영광스러운 순교의 길을 걸을 준비가 되어 있다고 선언했다. 이어서 위클리프의 교리를 변호했고, 마지막으로 자기는 하나님의 교회를 해칠 생각은 추호도 없었으며 다만 성직자들의 학대에 대항하고자 했을 뿐이었다고 말했다.

재판이 끝날 때쯤 예로님은 이미 순교한 그의 동포 얀 후스와 똑같은 선고를 받았다. 그리하여 로마 가톨릭의 형식적인 절차에 따라 공권력에 넘겨졌으나, 평신도라서 파면시킬 필요는 없었다. 그들이 붉은 마귀들이 그려진 종이 모자를 준비해서 머리에 씌우자 그는 말했다. "우리 주 예수 그리스도께서는 나를 위해 가장 비참한 죄인으로 죽임을 당할 때 머리에 가시 면류관을 쓰셨으니 나는 그분을 위해 기꺼이 이 모자를 쓰겠소."

그는 처형장에 끌려가는 동안 찬송가를 여러 곡 불렀다. 후스가 화형을 당한 처형장에 도착해서는 무릎을 꿇고 뜨겁게 기도했다. 그는 아주 기꺼운 자세로 화형대를 끌어안았다. 장작더미에 불이 붙었을 때 찬송을 불렀으나 곧 불길 때문에 중단되었다. 그가 마지막 순간에 불렀던 가사는 "이 영혼을 불길 속에서 그리스도에게 드리나이다"였다.

슐레지엔 브로츠와프로 가던 프라하의 한 상인이 여러 사제들이 묵고 있는 여관에 투숙하게 되었다. 종교적 논쟁을 주제로 대화를 하던 중에 그는 순교한 얀 후스와 그의 교리에 대해 한껏 칭찬을 늘어놓았다. 이에 화가 난 사제들은 이튿날 아침 그를 이

화형당하는 예로님

단으로 몰아 감옥에 처넣었다. 사제들이 로마 가톨릭 신앙을 받아들이도록 설득하려 했으나, 한결같은 자세로 프로테스탄트의 교리를 굳게 붙들었다. 그가 투옥된 직후에 대학생 한 명도 같은 감옥에 수감되었다. 학생과 상인은 서로 대화하면서 위로를 주고받았다. 처형일이 되어 간수가 그들을 길거리에 끌고 다니려고 발을 밧줄로 묶자 학생은 무척 두려워하는 기색을 보이더니, 목숨을 구할 수 있다면 신앙을 버리고 로마 가톨릭으로 전향하겠다고 했다. 한 사제가 그 말을 듣고 그를 풀어주었다. 사제가 상인에게도 학생의 본을 좇으라고 종용하자 그는 이렇게 대답했다. "내가 변절할 것을 기대하며 시간을 낭비하지 마시오. 당신의 기대는 이루어지지 않을 것이오. 나는 얼마나 살지도 모르는 이 고해와 같은 인생을 몇 년 더 연장하려고 자기 영혼을 희생시킨 저 가련한 자를 진심으로 불쌍하게 생각하오. 나는 그의 본을 좇을 생각이 추호도 없으며 그리스도를 위해 죽는다는 생각을 하니 나 자신이 자랑스럽소." 이 말을 들은 사제는 집행인에게 처치하라고 명했고, 상인은 그 도시를 한참 끌려 다닌 뒤에 처형장에서 화형당했다.

세월이 흐르고 이후에 보위에 오른 페르디난트 2세는 보헤미아 프로테스탄트들을 더 박해해야 한다고 생각했다. 그래서 종교재판을 통해 그들을 기소하기 위해 고등법정을 만들었다. 다른 법정과 차별성이 있다면 이 법정은 이곳저곳으로 움직이며 언제나 군대를 대동한다는 점이었다. 이 법정을 주도한 인물들은 예수회 소속 사제들이었고, 그들의 판결에 대해 일체 항소를 허락하지 않은 사실만 보아도 얼마나 무시무시한 법정이었는지 짐작할 수 있다.

군대를 대동한 이 잔인한 법정은 보헤미아 전역을 두루 돌았다. 사실 병사들이 마음대로 프로테스탄트를 살해하고 나서 사후에 보고하도록 되어 있었기에 사제들이 죄수를 심문하거나 직접 보는 경우가 매우 드물었다.

병사들의 잔인한 손에 걸린 첫 번째 희생자는 병상에 누워 있다가 살해당한 나이 많은 목사였다. 그 연로한 목사가 죽은 다음 날 그들은 또 다른 목사를 유린하고 살해했다. 그 직후에 강단에서 설교하고 있던 한 목사에게 총을 발사하여 세 번째 희생자로 만들었다.

몇몇 병사들은 한 훌륭한 프로테스탄트의 딸들을 그의 눈앞에서 강간했고, 그를 고문하여 죽음에 이르게 했다. 한 목사와 그의 아내는 서로 등을 맞대고 밧줄에 묶인 채로 화형을 당했다. 그들은 또 다른 목사를 십자가의 가로 들보에 매단 채 그 밑에 불을 붙여 태워 죽였다. 그리고 한 신사를 난도질했고, 한 젊은이의 입을 화약으로 가득 채워 불을 붙여 머리를 박살냈다.

짐승 같이 냉혹한 자들이 저지른 살해와 폭행은 이루 헤아릴 수 없고, 그들이 가련한 보헤미아 프로테스탄트들에게 가한 만행은 너무도 충격적이었다. 겨울에 접어들고 한참이 지나자 고등법정 관계자들은 극악무도한 병사들과 함께 프라하로 돌아가는 것이 좋겠다고 생각했다. 그런데 돌아가는 길에 한 프로테스탄트 목사를 만나자, 한 병사의 악마적인 상상력을 좇아 색다른 만행을 저지르고 싶은 유혹을 떨쳐버릴 수가 없었다. 목사를 발가벗긴 뒤에 알몸에 얼음과 불타는 숯을 번갈아 끼었을 생각이었다. 그들은 자기들과 같은 피조물을 괴롭히기 위해 새롭게 고안한 이 방법을 곧바로 실행에 옮겼고 그 불행한 희생자는 격심한 고통을 받으며 숨졌다. 무자비한 박해자들은 그 광경을 보며 즐거워했다.

이에 예수께서 제자들에게 이르시되 누구든지 나를 따라오려거든
자기를 부인하고 자기 십자가를 지고 나를 따를 것이니라.
누구든지 제 목숨을 구원하고자 하면 잃을 것이요
누구든지 나를 위하여 제 목숨을 잃으면 찾으리라(마 16:24-25).

9

마르틴 루터의
생애와 박해

An Account of the Life and
Persecutions of Martin Luther

1483년 11월 10일 만스필드 카운티에 자리한 작센 주 아이슬레벤이라는 마을에서 저명한 종교개혁가 마르틴 루터가 한스 루터와 마르가레테 린데만의 아들로 태어났다.

1501년에 그는 에르푸르트 대학에 들어가 정규 과정으로 논리학과 철학을 이수했다. 스무 살이 되는 해에 석사 학위를 취득한 뒤에 아리스토텔레스의 물리학과 윤리학을 비롯한 철학의 여러 분야를 강의했다. 훗날 부모의 권유로 법조계에 진출하기 위해 민법을 공부했다. 그런데 사고가 발생하는 바람에 다시 인생의 방향이 바뀌었다. 어느 날 들판을 걷고 있다가 번개를 맞았는데 곁에 있던 동료는 숨지고 루터는 땅에 쓰러졌다. 이 사고는 루터에게 상당한 영향을 미쳤다. 그는 누구에게도 자기의 뜻을 밝히지 않고 세상으로부터 물러나 아우구스티누스 수도회에 들어갔다.

루터는 수도회에서 아우구스티누스를 비롯한 여러 신학자들의 글을 읽는 데 몰두했다. 그러던 중 도서관에서 책을 훑어보다가 우연히 예전에 본 적이 없는 라틴어 성경 한 권을 발견했다. 호기심이 발동해 책을 탐독한 끝에, 이제까지 성경의 지극히 일부만 배웠다는 사실을 알고 깜짝 놀랐다.

루터는 에르푸르트 수도원에 들어가서 1년간 입문자 생활을 한 뒤에 성직자가 되기로 서약했고, 사제 서품을 받고 1507년에 첫 번째 미사를 집전했다. 이듬해에 그는 에르푸르트 수도원에서 비텐베르크 대학교로 자리를 옮겼다. 이 대학교는 막 설립된 터라 단시간에 좋은 평판을 얻으려면 루터와 같이 뛰어난 학자를 영입하는 일이 시급했기에 루터를 초빙한 것이다.

비텐베르크 대학교에는 루터와 같은 아우구스티누스 수도회 소속의 늙은 수도사가 있었는데 루터는 그와 더불어 여러 주제로 토론했으며 특히 죄 사함의 문제도 다루었다. 이 신부는 루터에게, 하나님의 명백한 계명에 따르면 각 사람은 그리스도 안에서 자기 죄가 용서받음을 확실히 믿어야 한다고 말했다. "이것이 바로 성령께서 당신의 마음에 주시는 증언, 곧 당신의 죄가 용서

받았다는 말씀이오. 믿음으로 값없이 의롭게 된다는 것이 사도의 견해라오."

이런 말을 듣고 루터는 힘을 얻었을 뿐 아니라 바울이 그토록 많이 반복한, '믿음으로 의롭게 된다'는 문장의 온전한 의미를 배우게 되었다. 그리고 이 구절에 대한 다수의 해설을 읽은 뒤에 이 늙은 수도사의 담론을 듣고, 또 그가 영적으로 받은 위로를 통해 예전에 읽었던 신학자들의 해석이 잘못된 것임을 깨달았다. 그리고 조금씩 선지자들과 사도들의 가르침과 본보기를 읽고 비교하면서 기도로 하나님의 도움을 구하고 믿음으로 반응한 끝에 그 교리를 명확하게 깨닫게 되었다. 루터는 아우구스티누스 수도회 소속으로 에르푸르트에서 4년간 더 연구했다.

1512년에 루터가 속한 수도회의 일곱 수도원이 그들의 총대리와 싸움을 벌이게 되었다. 루터는 로마에 가서 그들의 주장을 대변할 인물로 선정되었다. 로마에서 그는 교황과 궁전을 보게 되었고, 아울러 성직자가 조급하고 피상적이며 불경하게 미사를 집전하는 모습을 유심히 관찰했다. 그는 자기 임무인 분쟁을 조정하는 일을 마치자마자 비텐베르크로 돌아갔다.

그는 계속 비텐베르크 대학교에 몸담고 있으면서 신학 교수로서 맡은 직무에 전념했다. 그리고 아주 진지하게 성경의 여러 책을 강의했다. 예컨대, 로마서와 시편을 설명할 때 예전의 주석가들이 해석했던 것과는 전혀 다른 방식으로 그 의미를 명쾌하게

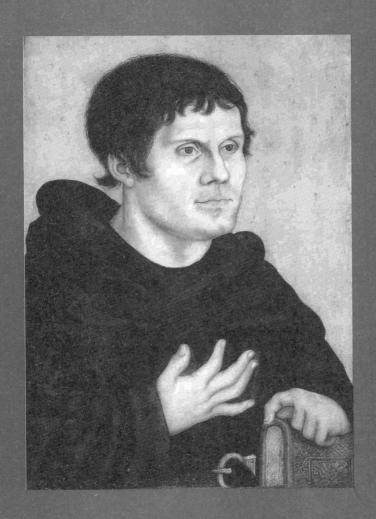

마르틴 루터

해석했다. 마치 세례 요한이 세상 죄를 지고 가는 하나님의 어린 양을 밝히 보여주었듯이, 루터 역시 캄캄한 긴 밤이 지난 뒤에 교회를 비추는 밝은 햇빛과 같이, 우리의 죄는 하나님의 아들의 사랑 때문에 값없이 용서받는 것이고 이 풍성한 선물을 우리가 믿음으로 받아야 함을 명백히 보여주었다.

루터는 신앙고백에 걸맞은 삶을 살았다. 그의 설교는 입술의 설교가 아니라 마음속 깊은 곳에서 우러나오는 것이었다. 그래서 청중들은 그의 거룩한 삶을 흠모하고 또 그런 모습에 큰 매력을 느꼈다.

루터는 자기가 맡은 과업을 더 잘 수행하기 위해 그리스어와 히브리어 공부에 매진했다. 이처럼 그가 공부에 몰두하던 1517년에 면죄부가 발행되었다.

1517년에 교황 레오 10세는 로마에 호화로운 산피에트로 대성당 건축에 필요한 기금을 기부하는 이들을 위해 유럽 전역에서 면죄부를 발행했다. 그는 여러 나라에 사람들을 임명하여 면죄부를 추천하고 판매하게 했다. 이런 이상한 조치는 비텐베르크에 큰 반발을 불러일으켰고 특히 루터의 경건한 마음에 불을 지폈다. 그는 본래 온화하고 활동적인 사람이었는데 이번에는 자신을 도무지 억제할 수 없어 모든 수단을 동원하여 면죄부 발행을 반박하기로 결심했다.

1517년 만성절(11월 1일) 전날 밤, 루터는 비텐베르크 성당에 공개적으로 면죄부에 대한 반박문을 붙였다. 이 글의 서두에 그는 누구든지 반박문을 글이나 논쟁으로 반대하라고 도전했다. 면죄부에 대한 반박문이 나오자마자, 도미니크회 수도사이자 면죄부 판매 감독관인 요한 테첼은 프랑크푸르트에서 그것에 정면으로 반대하는 반박문을 내놓았다. 한 걸음 더 나아가 그는 자기 수도회의 모든 성직자가 루터를 반대하도록 선동했고, 루터를 가장 저주받을 이단으로 몰아 강단에서 파문시켰고, 그의 반박문을 프랑크푸르트에서 공개적으로 불태웠다. 이에 반발한 루터파가 테첼의 반박문도 불태웠으나, 루터는 자신은 그 일에 전혀 관여하지 않았다고 부인했다.

1518년이 되면서 루터의 대적들은 점점 더 열을 올리기 시작했다. 그리하여 마침내 레오 10세에게 이단으로 고발되었다. 루터는 이에 대응하여 교황에게 아주 유순한 글로 쓴 편지와 더불어 면죄부에 관한 자신의 반박문을 설명한 글도 보냈다. 이 편지는 1518년 삼위일체 주일(오순절 다음 주일)에 보냈는데 거기에는 루터의 항의문도 첨부되어 있었다. 항의문을 통해 루터는 성경, 로마 교회가 지켜온 교부들의 교리, 혹은 교황의 교회법과 칙령 등에 반대되는 그 어떤 것도 개진하거나 변호하지 않았다고 선언했다. 그렇지만 토마스 아퀴나스와 보나벤투라를 비롯한 여러 신학자들과 교회법 학자들이 성경에 근거를 두지 않고 내세우는 지론에는 찬성하거나 반대할 자유가 있다고 말했다.

루터는 로마에서 자기 문제가 처리 중인 상황을 알게 되자 곧바로 모든 수단을 동원하여 사태가 더 악화되는 것을 막고 독일에서 발언할 기회를 얻기 위해 노력했다. 교황은 아우구스부르크에 있는 카예탄 추기경 앞에서 재판을 받도록 승인했고 그에게 판결 권한을 위임했다.

루터는 곧바로 아우구스부르크로 출발하여 1518년 10월에 도착했고, 안전을 보장받은 뒤에 추기경을 만날 수 있었다. 그러나 루터는 그 어떤 논쟁보다 추기경의 권력을 두려워해야 한다는 사실을 깨달았다. 굴복하지 않으면 체포될 수 있는 점을 우려해 20일에 아우구스부르크를 떠났다. 하지만 떠나기 전에 교황에게 올리는 공식 상소문을 공표했고, 비텐베르크에서 똑같은 교리를 계속 가르쳤으며, 모든 종교 재판관에게 자기와 논쟁하자고 도전장을 보냈다.

이 모든 협상이 진행되는 동안 루터의 교리는 널리 보급되어 큰 영향을 미쳤다. 루터 자신도 국내외적으로 크나큰 격려를 받았다. 보헤미아 사람들은 종교개혁을 추진하다가 순교한 얀 후스의 책을 그에게 보냈고, 그가 가르친 신학이야말로 순수하고 건전하고 정통적인 진리임을 인정하며 끝까지 인내하라고 권면하는 편지도 보냈다. 다수의 위대하고 박식한 사람들이 루터 편에 섰다.

루터의 대적들이 교황을 끈질기게 재촉한 끝에 마침내 레오

10세가 1520년 6월 15일에 교서를 발표하여 공개적으로 루터를 비난했다. 교황의 위임을 받은 에키우스가 이 교서를 독일로 들고 왔다. 마르틴 루터는 맨 처음 세족 목요일(부활절 전의 목요일)에 로마 교황의 비난을 받았고, 부활절이 지난 후에 보름스로 가서 독일의 황제 및 모든 군주 앞에 출두하여 진리를 굳게 붙들고 자신을 변호했다.

드디어 루터가 황제의 법정에 나가 자신에 대한 고소에 맞서는 날이 되었다. 그날 모인 인파가 많아서 질식할 것만 같았다. 군주들이 착석하고 루터가 입장했으며, 교황 레오 10세가 보낸 에키우스가 발언했다. "이제 황제의 물음에 답하시오. 당신은 당신의 저술을 그대로 고수하겠소, 아니면 그 가운데 어느 부분이라도 철회하겠소?"

마르틴 루터는 자세를 낮추어 겸손하게 답했으나 그리스도인다운 용기와 지조를 잃지 않았다. "폐하와 군주들이 명백한 답변을 원하는 것을 고려하여 한치의 의구심이나 궤변이 없이 다음과 같이 단호히 공언하는 바입니다. 저는 그동안 여러 차례 잘못을 저지른 교황과 공의회를 믿지 않으므로 성경의 증언에 따른 확신이 없으면, 어떤 발언도 철회하지 않을 것이고 철회할 수도 없습니다. 제 양심이 이 성경과 하나님의 말씀에 사로잡혀 있기 때문입니다. 양심을 거스르는 것은 경건하지도 않고 합법적이지도 않다고 생각하기 때문입니다. 저는 여전히 여기에 서 있습니다. 이밖에 더 할 말이 없습니다. 하나님이여, 저에게 자비를 베푸소서!"

군주들은 루터의 답변을 놓고 머리를 맞댔다. 답변 내용을 부지런히 심사한 뒤에 의장이 반박하기 시작했다. "황제 폐하께서는 네게서 간단한 답변을 듣기 원하신다. 너는 그리스도인으로서 너의 저서들을 모두 변호할 생각인가, 아닌가? 택하라."

그러자 루터는 황제와 귀족들을 향해 몸을 돌리며, 대적들의 명백한 반증이 없으니 이미 성경의 확증을 받은 그의 양심을 따르게 해달라고 간청했다. "내 양심은 하나님의 말씀에 사로잡혀 있습니다."

보름스 국회가 해산되기 전에 카를 5세는 5월 8일자로 칙령을 작성하게 했으며, 교황의 선고대로 마르틴 루터를 이제부터는 교회에서 분리된 자로, 분파를 조장하고 완고하며 악명 높은 이단으로 간주하라고 선언했다. 카를 5세가 집행한 레오 10세의 교서는 제국 전역에 널리 퍼졌지만 루터는 안전하게 비텐베르크 성에 감금되었다.

그는 약 열 달이 지난 뒤에 은거 생활에 싫증이 나서 1522년 3월 6일 비텐베르크에 다시 모습을 드러냈다. 루터는 이제 교황 및 주교들과의 공공연한 전쟁을 선언했다. 백성들이 권력자를 멸시하도록 교황의 교서를 비판하는 책을 썼고, '주교들의 훈령'이라고 불리는 훈령을 비판하는 책도 집필했다. 또 신약성경의 독일어 번역판도 출간했다.

독일은 걷잡을 수 없는 혼란 상태에 빠졌고, 이탈리아도 별반 다르지 않았다. 로마가 두 번이나 점령되고 교황이 수감되는 기간에 교황과 황제 사이에 불화가 생겼기 때문이다. 군주들이 열심히 싸우는 동안 루터는 한편으로 교황파들에게 대항하고 다른 한편으로 재침례파를 비롯한 광적인 분파들과 싸우는 등 종교개혁의 과업을 끈질기게 추진했다. 재침례파는 루터가 로마 교회와 싸우는 틈을 이용해 여기저기서 일어나 여러 곳에 자리를 잡았다.

1533년에 루터는 아우구스부르크 신앙고백을 고수했다가 고통을 당한 오샤츠 시민들에게 위로의 편지를 보냈다. 그리고 1534년에는 그가 독일어로 번역한 성경이 처음으로 인쇄되었다. 같은 해에 《미사와 사제들의 성별에 대한 반론》이라는 책을 출판하기도 했다.

1537년 2월에 슈말칼디쉬에서 종교 문제에 관한 집회가 열렸는데 거기에 루터와 멜란히톤도 초대를 받았다. 이 모임에 참석하는 동안 루터는 중병에 걸려 도무지 회복될 기미가 보이지 않았다. 그는 실려 가는 동안에 친구들과 형제들에게 로마 가톨릭에 대한 혐오가 담겨있는 유언을 남겼다. 이렇듯 루터는 개혁 운동에 몰두하다가 1546년에 죽음을 맞았다.

숨을 거두기 직전에 그는 주변 사람들에게 복음 전파를 위해 하나님께 기도하라고 권면했다. 그리고 다음과 같은 경건한 기도와 함께 하나님께 자신을 의탁했다.

> 영원하시고 자비로우신 하나님, 하늘에 계신 내 아버지여! 당신은 제게 당신의 귀한 아들, 우리 주 예수 그리스도를 나타내셨습니다. 저는 그분을 알았고 그분에 대해 가르쳤습니다. 저는 그분을 저의 생명, 저의 건강, 저의 구속자로 사랑합니다. 그분은 바로 사악한 자들이 박해하고 헐뜯고 상처를 입혔던 분입니다. 저의 영혼을 당신께 이끄소서.

이 기도를 한 뒤에 다음 기도를 세 번 드렸다.

> 제 영혼을 당신의 손에 맡깁니다. 오, 진리의 하나님. 당신은 저를 구속하였습니다! "하나님이 세상을 이처럼 사랑하사 독생자를 주셨으니 이는 저를 믿는 자마다 멸망치 않고 영생을 얻게 하려 하심이라."

이렇게 기도하면서 그의 순전한 영혼은 평화로이 지상의 몸에서 분리되었다.[10]

10

독일에서의
박해

GENERAL PERSECUTIONS
IN GERMANY

독일에서 일어난 박해는 주로 마르틴 루터의 교리와 사역에 의해 촉발되었다. 교황은 용감한 개혁가 루터의 성공적인 개혁 운동에 놀라 신성로마제국 카를 5세를 프로테스탄트 박해 계획에 가담시키기로 결심했다. 이를 위해 카를 5세에게 20만 크라운을 현금으로 주었다. 그리고 프로테스탄트를 제거하는 운동을 돕기 위해 보병 1만 2,000명과 마병 5,000명을 여섯 달 동안 지원해 주기로 약속했다. 아울러 전쟁 기간에는 제국의 성직자가 받는 수입의 절반을 황제가 수령하도록 허락했다.

이런 지원을 받은 황제는 그렇지 않아도 프로테스탄트에게 이를 갈고 있던 터라 그들을 멸망시키기 위한 작전에 돌입했다. 이를 위해 독일과 스페인, 이탈리아에서 많은 군대를 동원했다.

한편, 프로테스탄트 진영의 군주들은 임박한 공격에 맞서기 위해 강력한 동맹을 맺었다. 마침내 양 진영의 군대들이 맞닥뜨려 격전을 벌였는데 프로테스탄트 측이 패배하고 말았다.

이 치명적인 광풍에 이어 무시무시한 박해가 일어났다. 그 박해가 얼마나 가혹했던지 망명이 가벼운 운명으로 여겨지고 황량한 숲속에 숨는 것이 행복으로 여겨질 정도였다. 그런 끔찍한 상황에서는 동굴이 곧 궁전이고, 바위가 곧 안락한 침대이며, 야생뿌리들이 곧 맛있는 음식이다.

헨드리크 포스와 요한 에셴은 프로테스탄트라는 이유로 체포되어 심문을 받았다. 판사의 지시로 그들을 심문한 사제가 묻는 질문에 포스는 자신과 에셴을 대변하여 답했다.

사제: 당신들은 몇 년 전에 아우구스티누스파 수도사들이 아니었소?

포스: 그렇소.

사제: 그런데 어떻게 로마에 있는 교회의 품을 떠나게 되었소?

포스: 로마 교회의 혐오스러운 짓 때문이오.

사제: 당신들은 무엇을 믿소?

포스: 구약성경과 신약성경을 믿소.

사제: 당신들은 교부들의 저술과 공의회의 칙령들을 믿소?

포스: 그렇소. 단 그것들이 성경과 일치한다면 말이오.

사제: 마르틴 루터가 당신들을 유혹한 것이 아니오?

포스: 그가 우리를 유혹한 방식은 그리스도께서 사도들을 매료시킨 방식과 똑같소. 말하자면, 그는 우리로 몸의 연약함과 영혼의 가치를 인식하게 해주었소.

이 심문으로 충분했다. 그들은 화형을 선고받았고, 용감무쌍한 태도로 고통을 당했으며, 이미 순교의 면류관을 받은 많은 이들과 함께 순교자의 반열에 올랐다.

감동적이고 경건한 설교자였던 헨드리크 슈테펜은 한밤중에 침대에서 끌려나와 맨발로 먼 거리를 걷는 바람에 양 발이 심하게 찢어졌다. 그는 말을 달라고 했으나 호송인들은 "이단에게 말을? 아니야, 이단은 맨발로 가야 해" 하며 조롱했다. 그는 목적지에 도착한 뒤에 화형을 선고받았다. 하지만 사형이 집행되는 동안 많은 모욕을 당했다. 참석자들이 그가 불길에 고통당하는 것으로 만족하지 못하고 아주 끔찍한 방법으로 난도질했기 때문이다.

할레에서는 다수가 살해되었다. 미들부르크 역시 폭풍에 휩싸여 모든 프로테스탄트가 칼에 쓰러졌다. 비엔나에서는 굉장히 많은 사람이 화형을 당했다.

한 프로테스탄트 신사는 신앙을 포기하지 않는다는 이유로 참수형을 선고받자 웃으며 처형장으로 향했다. 한 수도사가 그에게 낮은 목소리로 말했다. "당신은 신앙을 포기하지 않겠다고 공공연하게 버텼으니, 이제 내 귀에 조용히 죄를 고백하시오. 그리하면 내가 당신의 죄를 사해주겠소." 이 말을 들은 신사는 큰 소리로 대답했다. "수도사여, 나를 괴롭히지 마시오. 나는 이미 하나님께 내 죄를 고백하여 예수 그리스도의 공로로 죄 사함을 받았소이다." 그러고는 사형 집행인에게 "내가 이런 자들에게 더 이상 괴로움을 당하지 않도록 당신의 임무를 수행하시오"라고 말했고, 집행인은 단칼에 그의 목을 잘랐다.

독일에서는 여러 해 동안 박해의 바람이 잠잠해졌다가 1630년에 독일 황제와 프로테스탄트 군주였던 스웨덴 왕 사이에 전쟁이 일어나면서 다시 고개를 들었다. 그 결과 독일의 프로테스탄트도 스웨덴 왕의 편을 지지하게 되자 독일 황제의 적대감이 더욱 강해졌다.

특히 작센 지방의 틸리 백작이 지휘하던 제국 군대가 잔인한 만행을 저질렀다. 반쯤 교살시키다가 회복시킨 뒤에 똑같은 짓을 반복하기, 손가락과 발가락 위로 날카로운 바퀴 굴리기, 엄지손가락을 기구에 넣고 조이기, 목구멍에 오물을 밀어 넣어 질식시키기, 머리 둘레를 줄로 팽팽하게 묶어서 눈과 코, 입, 귀로 피가 쏟아지게 하기, 손가락, 발가락, 귀, 팔, 다리, 혀에 불타는 성냥 매기, 입속에 화약을 넣은 뒤에 불을 붙여 머리 박살내기, 몸의 모든 부위에 화약 봉지를 잔뜩 달아놓고 불을 붙여 폭파시키기,

살 앞뒤로 줄을 감아서 끌어당기기, 송곳 바늘과 칼로 피부에 상처 내기, 철사로 코와 귀와 입술 관통시키기, 다리를 묶은 뒤에 거꾸로 매달아 불로 훈제하기, 팔 하나를 오랫동안 매달아 탈골시키기, 갈비뼈에 갈고리를 묶어 매달기, 복부가 터질 때까지 강제로 물 먹이기, 뜨거운 오븐에 굽기, 발에 무거운 돌을 달아놓고 도르래로 들어 올리기, 매달기, 질식시키기, 불에 익히기, 칼로 찌르기, 튀기기, 난도질하기, 강간하기, 몸 쪼개기, 뼈 부수기, 살 갈아내기, 야생말로 몸 찢기, 익사시키기, 교살하기, 불태우기, 불에 굽기, 십자가에 못 박기, 감금하기, 독살하기, 혀와 코와 귀 잘라내기, 톱으로 팔다리 자르기, 온몸 난도질하기, 발꿈치를 묶어놓고 길거리에 끌고 다니기 등.

틸리 백작은 이런 만행을 직접 저질렀을 뿐 아니라 군인들에게도 그렇게 하도록 명령한 인물인 만큼 이런 지독한 행위는 그의 뇌리에 지워지지 않는 얼룩으로 남아 있을 것이다. 그가 가는 곳마다 끔찍한 야만 행위와 잔인한 약탈이 뒤따랐고, 그의 발걸음은 기근과 화재를 몰고 다녔다. 자기가 가져갈 수 없는 식량은 못 쓰게 만들고 마을을 떠나기 전에 불을 질렀기 때문이다. 그가 정복한 땅에는 살인과 가난과 폐허만 남았다.

그들은 나이 많고 경건한 목사를 발가벗긴 뒤에 테이블에 눕혀놓고 몸을 묶고 크고 사나운 고양이를 배 위에 매달았다. 그러고는 고양이를 자극하고 괴롭혀서 결국 고양이가 그의 배를 찢고 내장을 물어뜯게 만들었다.

또 다른 목사와 그의 가족도 이 무자비한 괴물들에게 붙잡혔다. 틸리 일행은 그의 눈앞에서 아내와 딸을 겁탈하고 어린 아기를 창끝에 매달았으며, 서재에 있는 책을 전부 꺼내 주변에 두른 뒤에 불을 붙여 태워 죽였다.

헤센카셀에서는 몇몇 병사들이 정신질환에 걸린 여인들이 수용되어 있는 병원에 침입했다. 그들은 이 가련한 여인들을 발가벗긴 뒤에 오락삼아 길거리를 뛰어다니게 한 다음 모두 죽이는 만행을 저질렀다.

포메라니아에서는 제국 군대가 한 마을에 들어가서 열 살이 넘은 여자아이와 젊은 여성을 모두 붙잡아놓고 부모들을 둘러앉힌 뒤에, 자기들이 아이들을 강간하는 동안 시편을 노래하게 했다. 그 후에 어린 자녀가 있는 모든 기혼 여성을 잡아와서, 자신들의 정욕을 채워주지 않으면 옆에 피워놓은 큰 불로 자녀를 모두 태우겠다고 위협했다.

마침내 영국의 중재로 독일은 평화를 되찾았고 프로테스탄트들은 여러 해 동안 박해를 면할 수 있었다.

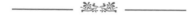

너는 장차 받을 고난을 두려워하지 말라. … 네가 죽도록 충성하라.
그리하면 내가 생명의 관을 네게 주리라(요 2:10).

11
네덜란드에서의
박해

An Account of the Persecutions
in the Netherlands

복음의 빛이 네덜란드 전역에 퍼지자 교황은 황제를 선동하여 프로테스탄트들을 박해했다. 그리하여 수천 명이 미신적인 적대감과 야만적인 편견에 희생되었다. 그중에서 가장 눈에 띄는 사례를 살펴보자.

경건한 프로테스탄트 과부였던 벤델리누타가 신앙 때문에 체포되었다. 수사들은 벤델리누타에게 개혁주의 신앙을 버리라고 설득했다. 설득에 실패하자 평소 알고 지내던 로마 가톨릭교도가 벤델리누타가 갇혀 있는 지하 감옥을 찾아가 개종을 유도하겠노라고 자원했다. 그렇게 해서 그녀는 지하 감옥에 들어갔고 최선을 다해 자기가 맡은 과업을 수행했다. 그럼에도 노력이 헛수고로 돌아가자 벤델리누타에게 말했다. "사랑하는 벤델리누타, 설사 당신이 우리 신앙을 수용하지 않을지라도 당신이 고백하는 신앙을 가슴 속에 가만히 묻어놓고 목숨을 부지하세요." 이 말을 듣고 벤델리누타가 대답했다. "부인은 자기가 무슨 말을 하고 있는지 모르고 있네요. 성경에 마음으로 믿어 의에 이르고 입으로 시인하여 구원에 이른다고 하지 않았던가요?" 벤델리누타가 개종을 단호히 거부하자 재산은 몰수되었고 화형 선고가 내려졌다. 처형장에서 한 수사가 십자가를 건네주면서 십자가에 입 맞추고 하나님을 예배하라고 말했다. 이에 벤델리누타는 "나는 나무로 만든 신을 예배하지 않고 하늘에 계신 영원한 하나님을 예배합니다"라고 대답했다. 그녀는 처형되었다. 그녀를 설득하던 로마 가톨릭교도의 요청으로 장작더미에 불을 붙이기 전에 목을 먼저 매달았다.

프로테스탄트 목사 두 명은 콜렌에서 화형을 당했다. 안트웨르펜에 살던 니콜라스라는 상인은 자루에 묶인 채로 강물에 던져져서 익사했다. 영특한 학생이었던 피스토리우스는 광대 옷을 입은 채 한 네덜란드 마을의 시장으로 끌려가서 화형당했다.

프로테스탄트 열여섯 명이 참수형을 선고받았다. 한 프로테스탄트 목사는 처형장에 출두하라는 지시를 받았다. 이 신사는 정확한 예법에 따라 직무를 수행했고, 회개하도록 권면했으며, 하나님의 자비를 설교하여 그들을 위로했다. 열여섯 명이 참수형을 당하자마자 법관은 사형 집행인에게 이렇게 소리쳤다. "아직도 칼이 하나 남았다. 그 칼로 저 목사의 목을 베어야 한다. 그의 입술에서 그처럼 훌륭한 교훈이 흘러나오고 그토록 칭찬할 만한 본을 보이니 지금이 그가 죽기에 가장 적절한 때다." 많은 로마가톨릭교도조차 이와 같은 불필요한 만행을 책망했음에도 목사역시 참수형을 당했다.

잘츠부르크의 목사였던 게오르게 셰어테어는 성도에게 복음의 지식을 가르쳤다는 이유로 체포되어 감옥에 갇혔다. 그는 수감되어있는 동안 자신의 신앙고백을 글로 옮겼다. 수감된 직후에 사형 선고를 받았는데, 먼저 참수형을 당하고 후에 화형을 당하는 판결이었다. 그는 처형장에 끌려가면서 구경꾼들에게 "내가 진정한 그리스도인으로 죽는 것을 여러분이 알도록 표적을 보여줄 것이오"라고 말했다. 이 말은 아주 특별한 방식으로 실증되었다. 머리가 잘린 뒤에 잠시 배를 땅에 깔고 엎드려 있었는데, 갑자기 오른발이 왼발 위로 넘어가고 오른팔이 왼팔 위로 넘어가더니 몸이 뒤집어졌다. 몸이 불속에 던져질 때까지 이 자세가 그대로 유지되었다.

루비아나에서는 페르키날이라는 학식 있는 남자가 감옥에서 살해되었다. 유스투스 인스파르흐는 루터의 설교집을 소장하고 있다는 이유로 참수형을 당했다.

브뤼셀에서 칼을 만들던 대장장이 힐레스 틸레만은 훌륭한 인품과 신앙심을 겸비한 인물이었다. 그는 프로테스탄트라는 이유로 체포되었고, 수사들은 그를 개종시키려고 많은 노력을 기울였다. 어느 날 우연히 감옥을 탈출할 수 있는 기회가 왔는데도 그는 탈출하지 않았다. 나중에 왜 그랬느냐고 묻자 "만일 내가 사라졌다면 간수들이 큰 책임을 져야 했을 텐데, 그들에게 그처럼 해로운 짓을 하고 싶지 않았다"고 대답했다. 그는 화형 선고를 받자 자기에게 순교로 하나님의 이름을 영화롭게 할 수 있는 기회를 주신 하나님께 뜨겁게 감사드렸다. 처형장에 굉장히 많은 장작더미가 쌓여 있는 것을 보더니 그 가운데 상당 부분을 가난한 자들에게 주면 좋겠다고 하면서 "작은 양으로도 나를 태우기에 충분할 것"이라고 말했다. 사형 집행인이 장작에 불을 붙이기 전에 고통을 줄이기 위해 먼저 죽여주기를 원하느냐고 묻자 불에 타는 것은 내게 아무 문제가 되지 않는다고 말했다. 실제로 그는 불길의 영향을 거의 받지 않는 듯 너무도 침착하게 목숨을 내어놓았다.

1543년과 1544년에는 플랑드르 전역에서 아주 난폭하고 잔인한 박해가 진행되었다. 일부는 종신형을 받았고 일부는 영원히 추방되었다. 대다수는 교수형과 화형을 당하거나, 익사하거나, 산 채로 매장되거나, 고문을 받다가 죽었다.

열성적인 프로테스탄트였던 장 드 보스켄은 신앙 때문에 안트웨르펜에서 체포되었다. 재판을 받는 동안 그는 줄곧 자신이 프로테스탄트라고 고백했기 때문에 그 자리에서 사형 선고를 받았다. 그런데 그가 아주 관대한 인물로 소문이 났고 원만한 생활과 본받을 만한 신앙으로 만인의 사랑을 받고 있었던 터라, 법관은 차마 공개적으로 처형할 수 없었다. 그래서 은밀하게 처형하기로 결정하고 감옥에서 익사시키라고 명령했다. 이에 따라 집행인이 그를 큰 목욕통에 넣었으나 보스켄이 몸부림을 치며 머리를 물 위로 들자 집행인이 단도로 여러 군데를 찔러 죽였다.

또 다른 프로테스탄트 장 드 뷔송은 거의 같은 시기에 안트웨르펜에서 은밀히 체포되어 남몰래 처형되었다. 안트웨르펜에는 프로테스탄트들이 아주 많았고 장 드 뷔송은 존경받는 인물이었으므로 법관은 폭동이 일어날 것을 우려하여 감옥에서 참수형을 집행하라고 지시했다.

1568년에는 안트웨르펜에서 스코블란트, 휘에스, 코만스 등 세 명이 체포되었다. 감옥에 있는 동안에 그들은 하나님의 섭리로 체포된 것이라고 고백하고 하나님을 경배하며 아주 당당하고 쾌활하게 처신했다. 그리고 몇몇 프로테스탄트에게 보낸 편지에서 이렇게 고백했다.

우리가 전능하신 분의 이름을 위해 고난을 받고 그분의 복음을 위해 박해를 당하는 것이 그분의 뜻인 만큼, 우리는 끈기 있게 그 뜻에 순종하고 기뻐합니다. 우리는 비록 갇혀 있으나 믿음이 있기에 위로를 받습니다. 소망이 있기에 환난을 두려워하지 않습니다. 사랑이 있기에 우리의 적을 용서합니다. 우리 때문에 염려하지 마십시오. 우리는 갇혀 있는 중에도 하나님의 약속을 인해 즐거워하고, 차꼬를 자랑스러워하고, 그리스도를 위해 고난받을 만한 존재로 여겨지는 것을 크게 기뻐합니다. 우리는 풀려나기를 원치 않고 강인함을 덧입기 원합니다. 자유를 구하지 않고 인내의 힘을 구합니다. 상황이 바뀌기를 바라지 않고 우리 머리에 순교의 면류관을 쓰기를 바랍니다.

스코블란트가 맨 처음 재판을 받았다. 그는 끝까지 자신의 신앙을 고백하다가 사형 선고를 받았다. 감옥에 돌아온 뒤에는 간수에게 어떤 수도사도 자기에게 가까이 오지 못하게 해달라고 진지하게 부탁했다. "그들은 나에게 어떤 유익도 줄 수 없고 다만 나를 몹시 괴롭힐 뿐이오. 나의 구원이 이미 하늘에서 승인되었기를 바라고, 내가 굳게 신뢰하는 그리스도의 피가 나의 허물을 깨끗이 씻어주었기를 바라오. 이제 나는 흙으로 만든 겉옷을 벗어버리고 영원한 영광의 옷을 입고 천상의 빛으로 모든 죄악에서 자유롭게 될 것이오. 나는 교황의 폭정에 희생되는 최후의 순교자가 되기를 바라고, 순교자들이 이미 흘린 피가 교황의 잔인한 갈증을 채우기에 충분하기를 바라오. 그리고 그리스도의 교회가 평안을 되찾고 그분의 종들이 내세에서 평안하기를 바라오." 처형되는 날, 동료 죄수들과 헤어지는 것을 슬퍼하며 화형대에 묶여 있는 동안 그는 '주님의 기도'를 뜨겁게 암송했고 시편 40편을 노래했다. 그러고는 하나님께 자기 영혼을 의탁하고 산 채로 화형을 당했다.

얼마 안 있어 휘에스는 감옥에서 숨졌다. 그러자 코만스가 친구들에게 편지를 보냈다. "나는 이제 친구와 동료를 모두 잃은 처지가 되었소. 스코블란트는 순교했고 휘에스도 주님의 품에 안겼소. 그러나 나는 혼자가 아니고 아브라함과 이삭과 야곱의 하나님과 함께 있소. 그분은 나의 위로자이고 장차 나의 상급이 될 것이오. 나는 매시간 이 육체로부터 벗어나기를 고대하고 있으니 하나님께서 끝까지 나에게 힘을 주시기를 기도해주시오."

그는 재판을 받을 때 거리낌 없이 신앙을 고백했고, 고소 항목에 대해 당당하게 답변했으며, 그 답변을 복음서의 내용으로 입증했다. 재판관은 그에게 신앙을 부인하든가 죽음을 택하라고 말했다. 그리고 끝으로 "당신은 당신이 고백하는 신앙을 위해 죽겠소?"라고 물었다. 이에 코만스는 "나는 이 신앙을 위해 기꺼이 죽을 뿐만 아니라 가장 격심한 고통도 달게 받겠소. 이후에는 내 영혼이 영원한 영광 가운데 하나님께 옳다고 인정받을 것이오"라고 대답했다. 그는 사형 선고를 받고 기쁘게 처형장으로 가서 그리스도인다운 모습으로 당당하게 하나님께 자신을 맡겼다.

　플랑드르 곳곳에서 수많은 프로테스탄트가 살해되었다. 발랑스에서는 로마 교회의 미신을 수용하지 않는다는 이유로 하루에 57명의 주민이 학살당했다. 무수히 많은 사람이 옥중에서 괴로운 나날을 보내다가 열악한 지하 감옥에서 죽어갔다.

네덜란드에서의 박해

12

하나님의 참된 종이자 순교자 월리엄 틴들의 생애

The Life and Story of the True Servant and Martyr of God, William Tyndale

월리엄 틴들은 오만한 교황의 왕국의 뿌리를 흔들어놓은 하나님의 곡괭이와 같은 인물이었다. 불경건한 악마들을 대동한 어둠의 왕은 온갖 교활한 수단을 동원하여 틴들을 함정에 빠뜨리고, 속이고, 악독하게 생명을 위협했다.

그는 웨일즈 국경 근처에서 태어나 옥스퍼드 대학교에서 오랜 기간 여러 언어와 학문에 대한 지식을 쌓았다. 특히 성경 연구에 몰두했다. 그리고 개인적으로 모들린 대학의 몇몇 학생과 동료들에게 성경 지식 및 진리를 가르쳤다. 언행도 반듯해서 그를 아는 모든 사람들로부터 덕스러운 성품과 흠 없는 삶을 겸비한 인물이라는 평가를 받았다.

틴들은 옥스퍼드 대학교를 떠나 케임브리지 대학교로 가서 하나님의 말씀에 대한 지식을 더 쌓았다. 공식적인 교육을 마친 뒤에는 글로스터셔의 기사였던 웰치의 집에서 아이들을 가르치며 웰치의 총애를 받았다. 웰치는 손님을 자주 초대했기 때문에 수도원장, 학장, 부주교, 의사, 유명한 성직자 등 온갖 사람들이 그 집을 드나들었고, 틴들은 그들과 같은 식탁에 앉아 루터와 에라스무스 같은 박식한 인물들에 관해 대화를 나누었으며, 때로는 성경에 관한 논쟁과 의문점에 대해 이야기하기도 했다.

틴들은 하나님을 아는 지식이 있었지만 자기 입장을 명백히 밝히기를 꺼려했다. 그러나 자신과 의견을 달리하는 사람들을 만나면 성경을 펴서 그들의 오류를 논박하고 자신의 입장을 확증하기 위해 성경 본문을 명명백백하게 제시하곤 했다. 한동안 이런 식으로 변론하고 논쟁하다 결국 틴들과 논쟁하던 사람들은 완전히 지쳐서 내심 불만을 품게 되었다.

이런 일이 거듭되자 그 지역 사제들이 다함께 모여 틴들을 두고 불평과 비난을 늘어놓았다. 선술집을 비롯한 여러 곳에서 그를 욕하고 그의 가르침이 이단사설이라고 주장했다. 그리고 은밀히 주교관의 고문과 관리들에게 틴들을 고발했다.

틴들에 대한 적대감이 점차 커지면서 사제들은 끊임없이 그를 혹평하고 욕했으며, 많은 사건을 그의 책임으로 돌리면서 그를 이단으로 몰았다. 이런 박해와 괴로움을 당하던 틴들은 그 지역을 떠나 다른 곳으로 가지 않을 수 없었다.

틴들은 웰치의 도움을 받아 런던으로 가서 한동안 예전과 같이 설교했다.

런던에서 거의 일 년간 머물면서 검소한 생활을 하며 밤낮으로 공부에 열중했다. 그는 성경이 권하는 생활방식과 설교자들의 행실이 얼마나 대조적인지, 이들이 어떻게 스스로 자랑하며 권위를 내세우는지를 유심히 관찰했다. 아울러 고위 성직자들의 허식을 비롯해 좋지 못한 모습을 목격하고 그들을 아주 미워하게 되었다. 한편, 신약성경을 번역하고픈 마음이 불타올랐지만, 주교의 집에는 작업을 할 공간이 없고 잉글랜드 어디에도 그럴 만한 장소가 없었다.

그리하여 하나님의 섭리로 당시 런던의 부시장이었던 험프리 먼머스를 비롯한 몇 사람의 후원을 받아 독일로 갔다. 조국에 대한 애정과 열정으로 충만했던 틴들은 주께서 그에게 주신 하나님의 거룩한 말씀과 진리의 달콤한 맛과 지식을 형제들과 동포들에게 전달할 수만 있다면 어떤 수고도 아끼지 않겠다고 결심했다. 그래서 이 문제를 놓고 마음속으로 곰곰이 생각하고 존 프리스와 의논한 끝에, 성경을 대중적인 언어로 번역하면 가난한 사람들이 단순하고 명백한 하나님의 말씀을 읽고 볼 수 있을 테니 이보다 좋은 일이 없다고 생각했다.

윌리엄 틴들

틴들은 하나님의 거룩한 책을 사람들이 쉽게 접할 수 없는 것이 교회에서 발생하는 모든 문제의 원인이라고 보았다. 사람들이 그토록 오랫동안 기생충 같은 성직자들이 행한 온갖 혐오스런 짓과 우상숭배를 알아채지 못한 것은 그들이 평신도에게 성경을 전혀 읽지 못하게 했고, 설사 읽더라도 그로부터 생긴 올바른 의식을 그들의 궤변으로 혼란스럽게 만들었고, 또 그런 혐오스런 짓을 책망하거나 멸시하는 자들을 함정에 빠뜨렸기 때문이었다. 그들은 자기들 마음대로 성경을 원전과 정반대로 왜곡하여 교육받지 못한 평신도를 기만했고, 평신도는 귀에 들리는 설교 내용이 잘못되었다고 어렴풋이 느끼면서도 수수께끼를 풀 능력이 없었다.

이런 폐해를 간파한 틴들은 하나님으로부터 영감을 받아 평범한 사람들을 위해 모국어로 성경을 번역했다. 먼저 1525년경에 최초의 신약성경 영어판을 내놓았다. 런던의 주교였던 커스버트 턴스털과 토머스 모어 경은 무척 불쾌해하며 '오류투성이 번역판'을 어떻게 파기시킬지 공모했다. 그래서 될 수 있는 대로 많은 사본을 구입해서 공개적으로 불태웠다. 그러나 이런 악행은 오히려 틴들과 후원자들에게 더 많은 틴들 신약성경 사본을 인쇄할 수 있는 자금을 제공해주었고, 이 사본들은 선편으로 잉글랜드로 수송되어 수많은 대중에게 읽혔다.

이 작업을 마친 뒤에 틴들은 구약성경을 번역하는 일에 착수하여 모세오경을 완역했는데, 여기에 첨부한 서문은 매우 박식하고 경건한 내용을 담고 있어서 모든 그리스도인이 읽고 또 읽을 만한 가치가 있다. 이 책들이 잉글랜드로 유입되어 어둠에 갇혀 있던 온 국민의 눈을 얼마나 환하게 열어주었는지 도무지 말로 다 표현할 수 없을 정도다.

특히 신약성경 번역판을 비롯해 틴들의 책이 사람들의 손에 들어가고 해외로 보급되면서 경건한 사람들에게 큰 유익이 되었다. 반면에 사람들이 지금보다 더 지혜로워지는 것을 꺼리고 경멸하며, 진리의 빛이 비춰져서 자신이 행한 어둠의 일이 드러날 것을 두려워하는 경건치 못한 자들은 야단법석을 떨었다.

주교를 비롯한 고위 성직자들은 쉬지 않고 왕을 설득해 뜻을 관철시키려고 애썼다. 그리하여 공인된 선언문을 서둘러 작성하여 선포했다. 틴들 번역판을 금서로 지정한다는 내용이었다. 이때가 1537년경이다. 하지만 이에 만족하지 못한 그들은 어떻게 틴들을 붙잡아 죽일지 고민한 끝에 측근의 '배신'을 통해 그를 손에 넣었다.

틴들은 안트웨르펜에서 붙잡혀 감옥에 갇혔다. 틴들의 교리가 얼마나 능력이 있고 그의 삶이 얼마나 성실했던지 수감되어 있는 1년 반 동안 그를 지키던 간수와 그의 딸 등 여러 명의 가족을 회심시켰다.

그동안 많은 변론을 하고도 해결이 안 나자, 틴들은 죽을죄를 짓지 않았음에도 아우구스부르크 회의에서 공표된 황제의 칙령에 의해 사형 선고를 받았다. 1536년에 그는 처형장에 끌려와서 말뚝에 묶인 채 교수형을 당했고, 시신은 빌보르드에서 불태워졌다. 말뚝에 묶여 있는 동안 그는 열정을 다해 큰 소리로 "주여! 잉글랜드 왕의 눈을 열어주소서"라고 외쳤다.

적들이 그가 번역한 신약성경이 마치 이단사설로 가득 찬 것처럼 몰아가자 틴들은 존 프리스에게 다음과 같은 글을 보냈다. "나는 우리가 장차 우리 주 예수 앞에 나타날 날을 두고 하나님의 존전에 증언하건대, 설사 명예든 쾌락이든 재물이든 땅에 있는 모든 것이 나에게 주어질지라도, 나는 하나님의 말씀의 일언반구라도 내 양심에 거리끼게 고친 적이 없고 앞으로도 그렇게 하지 않을 것입니다."

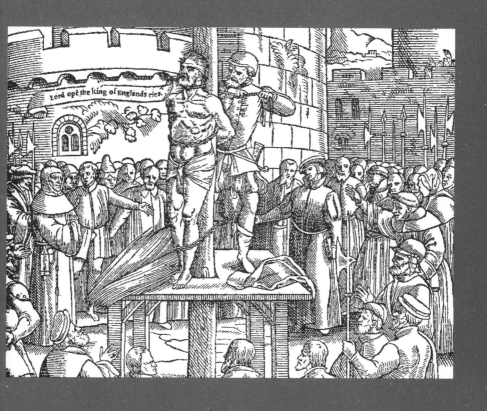

교수형을 당하는 윌리엄 틴들
"주여, 잉글랜드 왕의 눈을 열어주소서."

13

메리 1세가 통치하기 전 영국에서 일어난 박해

An Account of the Persecutions in Great
Britain Prior to the Reign of Queen Mary I

색슨족이 그레이트브리튼 섬을 떠난 그 시대의 역사가 길다스는 색슨족이 얼마나 야만적이고 충격적인 짓을 자행했는지 잘 묘사한 바 있다.

이방인이었던 색슨족은 가는 곳마다 교회를 파괴하고 성직자를 살해했다. 그러나 색슨족에게 굴복하지 않으려는 이들이 세 번 강 너머로 이주했기 때문에 기독교는 말살되지 않았다. 색슨족에게 희생당한 그리스도인들의 이름은 전해지지 않았고, 성직자들의 이름은 더더욱 묘연하다. 이런 만행은 AD 580년에서 870년까지 영국 전역에서 여러 차례 계속되었다.

에드워드 3세가 통치하던 1327-1377년에 잉글랜드 국교회는
온갖 오류와 미신으로 심하게 타락했기 때문에 그리스도의 복음
이 빛을 잃고 인간이 만들어낸 부담스런 의식과 우상숭배에 가
려져 있었다.

당시에 롤라드파라고 불리던 위클리프의 추종자들이 크게 증
가하자 성직자들은 화가 나서 롤라드파를 괴롭히기 시작했다.
그들은 비열하게 권력을 이용해 압력을 가했다. 합법적으로는
롤라드파를 죽일 방법이 없었다. 그래서 성직자들은 기회를 노
려 의회에 법안을 제출하도록 왕을 설득했다. 법안은 완고한 롤

화형당하는 윌리엄 소트리

라드파를 모조리 세속 권력에 넘겨 그들의 이단성을 폭로하고 화형에 처해야 한다는 내용이었다. 이 법안은 영국에서 신앙을 이유로 사람을 화형에 처하게 하는 최초의 발의였는데, 1401년에 통과되어 곧바로 실행에 옮겨졌다.

이 잔인한 법령으로 말미암아 최초로 희생된 사람이 스미스필드에서 화형당한 윌리엄 소트리라는 사제다.

소트리의 처형이 있은 직후에 존 올드캐슬 경은 위클리프의 교리를 지지한다는 이유로 이단으로 지목되어 교수형과 화형 선고를 받았다. 처형되는 날에 올드캐슬은 팔이 등 뒤로 묶인 채 아주 밝은 모습으로 타워 밖으로 끌려나왔다. 이어서 마치 국왕에게 반역한 죄수라도 되는 양 그를 썰매 모양의 운반구에 실어 세인트자일스 들판으로 끌고 갔다. 처형장에 도착하자 그는 경건하게 무릎을 꿇고 전능하신 하나님께 적들을 용서해달라고 기도했다. 그러고는 일어서서 군중을 쳐다보며 아주 경건한 태도로 성경에 기록된 하나님의 법을 좇으라고 권면하고, 그리스도와 다른 거짓 선생들을 조심하라고 말했다. 이어서 목숨이 남아있는 마지막 순간까지 하나님의 이름을 찬양하며 쇠사슬에 목이 매달린 채 그대로 불태워졌다. 이때가 1418년이다.

이렇게 해서 용감한 그리스도인이었던 존 올드캐슬 경은 경건한 동료들이 지켜보는 가운데 영원한 안식에 들어갔다. 인내의 왕국에 살던 동료들은 하나님의 신실한 말씀과 증언을 위해 육

화형당하는 존 올드캐슬

신의 죽음과 함께 큰 환난을 겪었다.

토머스 그랜터는 1473년 8월에 런던에서 체포되었다. 그는 위클리프 교리를 지지한다는 혐의를 받고 완고한 이단으로 몰려 사형 선고를 받았다. 처형되는 날 아침에 행정관의 집으로 끌려온 그는 간식을 조금 먹으면서 사람들에게 말했다. "나는 방금 아주 좋은 음식을 먹었소. 내가 저녁식사를 하러 가기 전에 이상한 싸움을 벌여야 하기 때문이오." 그는 음식을 먹고 나서 모든 것을 풍성하게 주시는 하나님께 감사드렸고, 처형장으로 가서 자기가 고백한 진리를 증언하게 해달라고 부탁했다. 그리하여 타워 힐에서 쇠사슬로 말뚝에 묶여 마지막 숨을 거둘 때까지 진리를 고백하면서 화형을 당했다.

1499년에는 바드람이라는 경건한 사람이 위클리프 교리를 신봉한다는 이유로 사제들에 의해 고발당해 노리치의 주교에게 끌려왔다. 그는 그들이 지적한 모든 것을 확실히 믿는다고 고백했다. 이 때문에 완고한 이단이라는 판결과 함께 사형 선고를 받았다. 그는 노리치에서 용감하게 순교했다.

1507년에는 토머스 노리스가 복음의 진리를 증언한다는 이유로 노리치에서 화형당했다. 토머스는 본래 악의가 없는 가난한 남자였다. 그런데 어느 날 교구 사제와 얘기를 나누던 중 사제가 그를 롤라드파로 지목했다. 이 사제가 주교에게 노리스의 정보를 넘겨 체포되었다.

1508년에 로런스 구알은 성찬에서 그리스도의 실제 임재를 부인한다는 이유로 2년 동안 감옥에 갇혀 있다가 솔즈베리에서 산 채로 화형당했다. 로런스는 솔즈베리에서 가게를 운영했고 자기 집에서 롤라드파 몇 명을 대접했던 것으로 보인다. 이 때문에 주교에게 고발되었고, 끝까지 신앙을 지키다 이단 판결을 받았다.

한 경건한 여인이 종교법 고문 휘튼햄 박사의 명령으로 치펜서드번에서 화형당했다. 그녀가 불길 속에 사라진 뒤에 사람들이 집으로 돌아가고 있는데, 황소 한 마리가 도살장을 탈출하여 그 많은 사람 중에 유독 종교법 고문만 들이받고 뿔로 그의 내장을 끌고 다녔다. 이 광경을 모든 사람이 목격했다.

1511년 10월 18일, 윌리엄 서클링과 존 베니스터는 예전에 개혁 신앙을 부인했다가 돌이켜서 다시 신앙을 고백했다는 이유로 스미스필드에서 산 채로 화형당했다.

헨리 7세 치하에서 개혁 신앙을 부인했던 존 브라운은 1517년에 캔터베리 대주교인 워너먼 박사에게 사형 선고를 받고 애쉬포드에서 산 채로 화형당했다. 그가 화형대에 쇠사슬로 묶이기 전에, 워너먼 대주교와 로체스터의 주교인 예스터는 그의 양 발을 불에 태우되 모든 살이 벗겨지고 뼈가 보일 때까지 계속 하라고 지시했다. 이는 그가 다시 변절하기를 바라고 취한 조치였으나 그는 끝까지 인내하며 진리를 고수했다.

1518년 9월 24일, 예전에 개혁 신앙을 부인한 적이 있는 존 스틸린센이 체포되어 런던의 주교 리처드 피츠 제임스 앞에 끌려와서 10월 25일에 이단으로 정죄되어 사형 선고를 받았다. 그는 스미스필드에서 구경꾼에게 둘러싸인 채 말뚝에 묶였고, 죽음으로써 진리를 증언했다. 그는 스스로 롤라드파라고 선언하며 언제나 위클리프의 견해를 믿었다고 시인했다. 예전에는 본인이 자기 견해를 철회할 만큼 연약했지만 지금은 진리를 위해 죽을 준비가 되어 있음을 온 세상에 보여주고 싶다고 했다.

1519년에 토머스 만은 런던에서 화형을 당했고, 소박하고 정직한 사람인 로버트 셀린 역시 성상 숭배와 순례를 비판했다는 이유로 똑같은 운명에 처했다.

이와 비슷한 시기에 콜체스터 출신의 제임스 브루스터는 런던 스미스필드에서 처형되었다. 그는 위클리프의 교리를 따르는 롤라드파와 같은 입장을 취했다. 그래서 무죄하고 품위 있는 삶을 살았음에도 교황의 복수를 감수해야 했다.

같은 해에 구두수선공인 크리스토퍼는 우리가 이미 언급한 바 있는 교황파의 신조를 부인한다는 이유로 버크셔 주 뉴베리에서 산 채로 화형당했다. 크리스토퍼는 로마 가톨릭 성직자들이 싫어할 만한 책을 가지고 있었다.

주교 법정에서 이단으로 사형 선고를 받은 로버트 실크스는 감옥에서 탈출했다가 2년 뒤에 붙잡혀 코번트리에 다시 끌려와서 산 채로 화형당했다. 행정관들은 언제나 순교자의 물건을 빼앗았기 때문에 과부들과 자녀들은 굶주림에 시달려야 했다.

1532년에 토머스 하딩은 아내와 함께 이단으로 고발되어 링컨의 주교 앞에 끌려와 성찬에서 그리스도의 실제 임재를 부인한다는 이유로 정죄를 받았다. 그는 보틀리 근처 체섬에 세워진 화형대에 쇠사슬로 묶였다. 사형 집행관들이 장작더미에 불을 붙이자 구경꾼이 장작으로 그의 머리를 쳐서 뇌가 터졌다. 사제들은 누구든 이단을 태울 장작을 가지고 오면 40일간 죄를 지을 수 있는 면죄부를 주겠다고 말했다.

같은 해 말엽에 캔터베리 대주교인 워햄은 메이드스톤의 사제히튼을 체포했다. 그는 오랜 기간 감옥에서 고통을 받고 위협과 로체스터 주교인 피셔의 심문을 받은 뒤에 결국은 이단으로 정죄 받아 자기가 담당하던 교구 교회 문 앞에서 산 채로 화형당했다.

케임브리지 대학교 민법 교수였던 토머스 빌니는 웨스트민스터의 사제단 회의장에서 런던 주교를 비롯한 여러 주교들 앞에 끌려와 여러 차례 화형의 위협을 받은 뒤에 마음이 약해져서 변절하고 말았다. 그러나 이후에 통렬하게 회개했다.

이 때문에 그는 다시 주교 앞에 불려 와서 결국 사형 선고를 받았다. 처형장으로 가기 전에 자신은 루터가 견지했던 지론을 신봉한다고 자백했다. 그는 미소를 지으며 "나는 이 세상에서 많은 풍파를 겪었으나 이제 내 배는 곧 천국의 해안에 닿을 것이오"라고 말했다. 그는 화염 속에서도 움직이지 않은 채 "예수님, 나는 믿습니다"라고 외쳤다. 이것이 그가 한 마지막 말이다.

빌니가 순교하고 몇 주 후에 리처드 바이필드는 루터 교리를 신봉한다는 이유로 감옥에 갇혀 매질을 당했다. 바이필드는 한동안 서리 주 반즈에서 수도사 생활을 하던 중에 틴들의 신약성경을 읽고 개종한 사람이다. 이 사람이 진리를 위해 당한 고통은 너무도 커서 모두 열거하면 책 한 권이 되고도 남을 것이다. 지하 감옥에 갇혀 불쾌하고 끔찍한 냄새와 썩은 물을 견디며 옴짝도 못하다가 거의 질식해 죽을 뻔하기도 했다. 모든 관절이 탈골되기까지 팔이 묶여 있기도 했다. 기둥에 묶인 채 등의 살이 모

연단에서 끌려 내려오는 토머스 빌니

두 벗겨질 만큼 채찍을 맞기도 했다. 이 모든 고문은 그를 변절시키기 위해 자행된 것이다. 이후에는 램버스 궁전의 감옥으로 사용되던 롤라드 타워로 끌려가서 쇠사슬에 목이 묶여 벽에 고정된 상태로 매일 한 차례씩 대주교의 종들에게 죽도록 두들겨 맞았다. 결국 그는 사형 선고를 받고 파면된 뒤에 스미스필드에서 화형당했다.

  존 투크스베리는 틴들의 신약 번역판을 읽은 것 말고는 이른바 '성모 교회'에 거슬리는 행동을 한 적이 없는 평범한 인물이었다. 처음에는 목숨을 구걸할 만큼 연약했으나 이후에는 회개하고 진리를 고백했다. 이 때문에 런던의 주교 앞에 끌려와서 완고한 이단이라는 판결을 받았다. 감옥에 갇혀 있는 동안 너무 많은 고통을 받아서 처형장에 끌려나왔을 때에는 거의 죽은 몸이었다. 그는 스미스필드에서 화형당하기 전에 로마 가톨릭을 심히 혐오한다는 말과 함께 하나님이 보시기에 자신의 대의가 옳다고 굳게 믿는다고 고백했다.

제임스 베인햄은 템플에서 한 과부와 결혼했던, 평판이 좋은 런던 시민이었다. 그는 화형대에 묶일 때 장작을 끌어안으면서 말했다. "교황파들아, 보아라! 당신들은 기적을 찾고 있는데 여기서 기적을 보게 될 것이다. 이 불길 속에서도 나는 침대에 있을 때처럼 고통을 느끼지 않기 때문이다. 이것은 나에게 장미 침대만큼 향기롭다." 그는 이 말을 남기고 영혼을 구세주의 손에 의탁했다.

이 순교자가 죽은 직후에 유순한 시골사람이었던 트랙스널은 성찬에서 그리스도의 실재와 인간의 양심에 대한 교황의 지배권을 인정하지 않는다는 이유로 월트셔 주 브래드퍼드에서 산 채로 화형당했다.

1533년에는 저명한 순교자인 존 프리스가 진리를 위해 죽임을 당했다. 스미스필드에 있는 화형대에 끌려왔을 때 그는 장작을 끌어안았고, 그와 함께 처형당한 앤드루 휴잇이라는 젊은이에게 영혼을 구속하신 하나님께 영혼을 의탁하라고 권면했다. 그런데 바람이 불어 불길이 반대편으로 돌아가는 바람에 두 사람은 두 시간이 넘도록 많은 고통을 받은 뒤에야 숨을 거두었다.

1538년에는 정신이 온전치 않았던 콜린스라는 사람이 스미스 필드에서 자신의 개와 함께 죽임을 당했다. 한 교회에서 사제가 성체를 높이 들어 올렸는데 어쩌다가 콜린스가 그 자리에 있었다. 콜린스는 자기 머리 위로 개를 높이 들어올려 미사를 우롱하는 듯한 몸짓을 보였다. 이 일로 그는 런던 주교 앞으로 끌려오게 되었다. 정말로 정신이 온전치 않아서 그런 것인데도 교황의 권세가 너무 강하고 교회와 국가가 모두 타락한 탓에 개와 함께 스미스필드에 있는 화형대에 끌려와서 구경꾼들에게 둘러싸여 한 줌 재로 변했다.

1540년 7월 28일, 에식스의 백작이었던 토머스 크롬웰은 타워힐에 있는 교수대에 끌려와서 아주 잔인한 방법으로 처형당했다. 그는 사람들에게 짧은 연설을 한 뒤에 순순히 도끼에 몸을 내어놓았다.

이 귀족이 순교자의 반열에 포함된 것은 아주 적절한 처사라고 생각한다. 비록 그는 종교와 아무 상관이 없는 문제로 고발당했지만, 로마 가톨릭을 해체시키려는 열정이 없었더라면 끝까지 국왕의 총애를 받았을 터이기 때문이다. 또한 그는 당대에 토머스 크랜머 박사를 제외하면 그 누구보다 종교개혁 운동에 기여했다. 이 때문에 교황파들이 그를 파멸시키려고 음모를 꾸민 것이다.

크롬웰이 처형당한 직후에 커스버트 반스 박사, 토머스 가닛, 윌리엄 제롬 등은 런던 주교의 교회 재판소 앞에 끌려와서 이단이라는 죄목으로 유죄 판결을 받았다.

반스 박사는 런던의 주교 앞에서 성인들의 기도에 관한 질문을 받았다. 이에 그는 "그 문제는 하나님께 맡기겠소. 하지만 나는 당신을 위해 기도하겠소"라고 대답했다.

1541년 7월 13일에 이 사람들은 타워에서 스미스필드로 이송되어 한 말뚝에 쇠사슬로 묶였고, 예수 그리스도에 대한 확고한 믿음으로 인내심을 발휘하며 죽음을 맞았다.

정직한 상인이었던 토머스 소머스는 루터의 책을 몇 권 읽었다는 이유로 다른 세 명과 함께 감옥에 갇혔다. 그들은 치프사이드 거리에 피워놓은 불에 책을 태우라는 명령을 받았다. 그러나 소머스는 자기 책을 불길 너머로 던졌고 그 때문에 타워로 다시 이송되어 돌에 맞아 죽었다.

이 시기에 링컨에서는 교구 주교인 롱랜드 박사 아래서 무서운 박해가 자행되었다. 버킹엄에서는 토머스 베이너드와 제임스 모레턴이 체포되었다. 베이너드는 영어로 된 주기도문을, 모레턴은 영어로 된 야고보서를 읽는다는 이유로 사형 선고를 받아 산 채로 화형당했다.

사제인 앤서니 파슨스는 다른 두 사람과 함께 이단 심문을 받기 위해 윈저로 보내졌다. 거기에서 그들에게 여러 신조를 내놓

스미스필드에서 화형당하는 일곱 명의 순교자

고 찬동하도록 설득했으나 거부했다. 이 심문은 에드먼드 보너
다음으로 그 시대 가장 난폭한 박해자였던 솔즈베리 주교에 의
해 거행되었다. 그들이 화형대에 끌려왔을 때 파슨스는 음료수
를 부탁했고, 음료수를 가져오자 동료 순교자들을 위해 축배를
들면서 이렇게 말했다. "형제들이여, 즐거워하라. 그대들의 마음
을 하나님을 향해 높이 들라. 이 간단한 아침식사를 한 뒤에 우
리의 주님이요 구원자이신 그리스도의 나라에서 맛있는 저녁식
사를 할 것임을 믿기 때문이다." 함께 있던 이스트우드는 이 말
을 듣고 눈과 손을 하늘을 향해 높이 들고 주님께 자기 영혼을

받아달라고 부탁했다. 파슨스는 가까이 있는 지푸라기 하나를 잡아당긴 뒤에 구경꾼들에게 이렇게 말했다. "이것은 하나님의 갑옷이고, 이제 나는 전투 준비를 마친 그리스도의 병사요. 나는 자비를 구하지 않고 그리스도의 공로를 바라보오. 그분만이 나의 구원자이고, 그분을 믿음으로 나는 구원을 받을 것이오." 이 말을 한 직후에 불이 붙여졌고, 그 불이 그들의 몸은 태웠지만 고귀한 영혼은 결코 해칠 수 없었다. 그들의 신실함은 잔인함을 누르고 승리했으며 그들의 고난은 영원히 기억될 것이다.

당시는 이처럼 그리스도의 백성이 배신을 당하고 생명이 상품처럼 매매되던 시대였다. 당시 국왕이 지극히 신성모독적이고 잔인한 행위를 영구적으로 합법화시켰기 때문이다. 그래서 '위클리프의 학문'이라 불리는 모국어 성경을 읽는 사람은 누구나 땅과 가축과 몸과 생명과 물건을 영원히 버려야 했고, 하나님에게는 이단으로, 왕에게는 적으로, 조국에는 악명 높은 반역자로 정죄를 받아야 했다.

───── ❊❊❊ ─────

네가 어디에 사는지를 내가 아노니 거기는 사탄의 권좌가 있는 데라.

네가 내 이름을 굳게 잡아서 …

나를 믿는 믿음을 저버리지 아니하였도다(계 2:13).

─────────

14

헨리 8세의 통치 기간에
스코틀랜드에서 자행된 박해

An Account of the Persecutions in
Scotland During the Reign of King Henry VIII

당시에는 독일, 이탈리아, 프랑스 어디를 가든지 루터를 뿌리 삼아 뻗어나간 가지를 발견할 수 있었다. 영국에도 루터가 낳은 열매와 가지가 있었다. 그중 한 사람이 귀족 가문 출신이자 왕의 혈통을 이어받은 스코틀랜드인 패트릭 해밀턴이다. 불과 스물세 살에 그는 페른의 수도원장으로 임명되었다. 하지만 신학을 연구하기 위해 동료 세 명과 함께 조국을 떠나 독일 마르부르크 대학교로 갔다.

독일에 머무는 동안 그는 마르틴 루터와 필리프 멜란히톤과 같은, 복음의 빛을 비추는 훌륭한 인물들과 친분을 쌓게 되었고,

그들의 저술과 교리의 영향을 받아 프로테스탄트 신앙에 강한 애착을 느꼈다.

완고한 교황파인 세인트앤드루스의 대주교는 해밀턴의 근황을 알고 당장 그를 잡아들이라고 명했다. 대주교는 그의 종교적 신념에 대해 짧게 심문한 뒤에 그를 성에 가두되 가장 열악한 감방에 감금하라고 지시했다.

이튿날 아침 해밀턴은 심문을 받기 위해 대주교를 비롯한 여러 성직자 앞에 끌려왔다. 죄목은 공공연하게 순례, 연옥, 성인들에게 드리는 기도, 죽은 자를 위한 기도 등을 부정한다는 것이었다.

해밀턴은 죄목을 모두 사실로 인정했고 곧바로 화형 선고를 받았다. 그들은 사형 선고를 더 비중 있게 다룰 목적으로 가능한 한 많은 서명을 확보하기 위해 참석자들 중에 조금이라도 이름이 있는 사람들의 서명을 모두 받았고, 심지어는 귀족의 자녀들의 서명까지 받아냈다.

편견에 사로잡힌 고위 성직자들은 해밀턴을 파멸시키는 일에 혈안이 되어 사형 선고를 내린 그날 오후에 바로 형을 집행하라는 명령을 내렸다. 그리하여 해밀턴은 끔찍한 비극의 현장으로 끌려갔다. 그곳에는 놀랄 만큼 많은 구경꾼이 몰려들었다. 대다수는 이것이 실제로 그를 죽이려는 처형식이 아니라 겁을 주어 로마 가톨릭의 신조를 수용하게 하려는 조처라고 생각했다.

해밀턴은 화형대에 도착하자 무릎을 꿇고 잠시 아주 뜨겁게 기도했다. 곧이어 화형대에 묶였고 주변에 장작더미가 쌓였다. 그의 양 팔 아래 설치해놓은 화약에 먼저 불이 붙는 바람에 왼손과 얼굴 한쪽이 까맣게 그을렸지만, 화상은 입지 않았고 불이 장작으로 번지지도 않았다. 그들이 더 많은 화약과 연소성 물질을 가지고 와서 불을 붙이자 그는 큰 상해를 입었다. 이어서 장작더미에 불이 붙자 그는 큰 소리로 외쳤다. "주 예수여, 내 영혼을 받으소서! 어둠이 얼마나 오랫동안 이 땅을 지배할 것입니까? 주님은 얼마나 오랫동안 이들의 폭정에 고난을 받으실 것입니까?"

불이 서서히 타는 바람에 크나큰 고통을 느꼈으나 그는 그리스도인다운 인내심으로 꿋꿋이 참고 견뎠다. 그 후에 연기가 짙게 피어오르고 불길이 순식간에 타오르는 바람에 더 이상 말을 하지 못했다. 그는 자기에게 생명을 주신 분께 자신의 영혼을 의탁했다. 그리스도를 변함없이 믿었던 해밀턴이 순교한 때는 1527년이다.

성격이 원만했던 헨리 포레스트는 베네딕트 수도회 소속 젊은 수도사였는데 패트릭 해밀턴에게 경의를 표했다는 혐의로 감옥에 갇히게 되었다. 그는 한 수도사에게 자기는 해밀턴을 선한 사람으로 생각한다고, 죄목으로 제시된 신조 역시 변호할 만한 것이라고 고백했다. 수도사가 그 사실을 폭로하는 바람에 포레스트의 고백이 증거로 받아들여졌다. 그리하여 이 가련한 베네딕트 수도회 소속 젊은이는 화형 선고를 받았다.

포레스트의 처형 방법을 놓고 협의하고 있을 때, 대주교의 측근인 존 린지가 포레스트 수사를 감방 안에서 불에 태워 죽이자고 제안했다. 패트릭 해밀턴이 화형당할 때 그 연기가 닿은 모든 사람이 감화를 받았다는 이유에서였다. 이 제안이 그대로 채택되어 포레스트는 불에 타 죽기도 전에 질식해서 죽었다.

복음의 진리를 고백한다는 이유로 희생당한 다음 사람은 데이비드 스트래턴과 노먼 골리였다.

그들은 운명의 현장에 도착하자 무릎을 꿇고 잠시 뜨겁게 기도했다. 그 후 스트래턴은 구경꾼들을 향해 미신적인 관념과 우상숭배적인 신념을 버리고 참된 복음의 빛을 추구하라고 권면했다. 더 많은 말을 하고 싶었으나 현장에 있던 관리들에 의해 저지당했다.

그들이 받은 선고는 그대로 집행되었고, 그들은 위대한 구속주의 공로에 힘입어 장차 영원한 생명으로 부활할 것을 소망하며 영혼을 하나님께 의탁했다. 때는 1534년이다.

스트래턴과 골리가 순교한 직후에 오랜 동안 로마 교회의 수석 사제를 지낸 토머스 포렛, 대장장이였던 킬러와 베버리지, 사제였던 덩컨 심슨, 신사였던 로버트 포레스터의 순교가 잇따랐다. 이들은 모두 1538년 2월 말일에 에든버러 캐슬힐에서 화형당했다.

이 다섯 명이 순교한 이듬해인 1539년에는 두 사람이 이단 혐의로 체포되었다. 열여덟 살쯤 된 제롬 러셀과 알렉산더 케네디라는 젊은이였다.

두 사람은 한동안 감옥에 갇혀 있다가 대주교 앞에서 심문을 받았다. 심문 과정에서 현명한 러셀은 고발자들에게 자신의 입장을 잘 대변했지만 돌아온 건 심한 욕설뿐이었다.

심문 후 그들은 이단으로 판정되었고, 대주교는 사형 선고를 내린 뒤에 그들을 처형하려고 즉시 세속 권력에 넘겨주었다.

이튿날 그들은 처형 장소로 이송되었다. 러셀은 동료의 겁먹은 얼굴을 보고 말했다. "형제여, 두려워하지 마십시오. 우리 안에 계신 분이 세상 속에 있는 자보다 더 강하십니다. 우리가 겪을 고통은 짧고 가볍지만, 우리의 기쁨과 위로는 끝이 없을 것이오. 그러므로 우리의 주인이요 구원자이신 분이 우리보다 앞서 가신 그 길을 좇아 그분의 기쁨 속으로 들어가기 위해 힘써 노력합시다. 그분이 이미 죽음을 폐하셨으니 죽음이 우리를 해칠 수 없고, 우리는 바로 그런 분을 위해 고난을 받는 것입니다."

그들은 운명의 현장에 도착하자 무릎을 꿇고 잠시 기도했다. 그 후에 화형대에 묶였고 장작더미에는 불이 붙었다. 그들은 하늘나라에서 받을 영원한 상급을 바라보며 소망을 주신 주님의 손에 자신의 영혼을 맡겼다.

1543년에 세인트앤드루스의 대주교는 자기 교구의 여러 지역을 심방하다가 퍼스에 사는 사람 중에 이단이 여럿 있다는 정보를 얻었다. 그 가운데 사형 선고를 받은 사람은 윌리엄 앤더슨, 로버트 램, 제임스 핀레이슨, 제임스 헌터, 제임스 래블슨, 헬렌 슈타르크 등이다.

이 사람들에게 제기된 고소 내용은 다음과 같다. 앞의 네 남자는 성 프란체스코의 성상을 걸어놓고 그의 머리 위에 숫양의 뿔을 못으로 박고 엉덩이에 황소 꼬리를 묶어놓았다는 혐의를 받았다. 하지만 사실은 금식의 날에 거위를 잡아 배불리 먹은 죄였다.

제임스 래블슨은 자기 집을 나무에 새긴 베드로의 세 왕관으로 장식했는데 그것이 대주교의 눈에는 추기경 모자를 조롱하는 것으로 보여 고발되었다.

헬렌 슈타르크는 마리아에게 기도하는 습관을 충실히 이행하지 않는다는 이유로, 특히 아기를 분만하는 동안에 기도하지 않았다는 이유로 고발되었다.

이 여섯 사람은 모두 유죄 판결을 받은 직후에 사형 선고를 받았다. 네 남자는 거위를 먹은 죄로 교수형에 처해졌고, 제임스 래블슨은 화형을 선고받았으며, 헬렌은 젖먹이 아기와 함께 자루에 묶인 채 익사당하는 형을 받았다.

네 남자와 한 여인과 그 아기는 동시에 처형되었고 제임스 래블슨은 며칠 후 처형되었다.

혹시라도 반란이 일어날까 봐 병사들이 이들을 도둑을 죽이는 처형장으로 끌고 갔다. 순교자들의 대의가 사람들에게 더 혐오스럽게 보이게 하려는 수작이었다. 그들은 서로 위로하면서 그날 밤에는 천국에서 다함께 저녁식사를 하게 될 것을 확신하는 가운데 자신을 하나님께 의탁하고, 주 안에서 흔들림 없이 잠들었다.

순교자들 중에 한 여인은 자기 남편과 함께 죽게 해달라고 간청했으나 받아들여지지 않았다. 남편을 따라 처형장에 온 아내는 남편을 위로하며 그리스도를 위해 끝까지 인내하도록 당부했고, 이별의 입맞춤을 하면서 이렇게 말했다. "우리 함께 기쁜 날을 많이 누렸으니 기뻐하세요. 오늘, 우리가 죽는 이 날이 모두에게 가장 기쁜 날이 되어야 할 것은 장차 영원한 기쁨을 누릴 것이기 때문입니다. 그러니 '잘 자라'는 인사는 하지 않겠어요. 곧 천국에서 기쁨으로 만날 테니까요." 그 후에 여인은 익사될 장소로 끌려갔다. 그녀가 젖 먹는 아기를 안고 있는데도 무자비한 적들은 조금도 동요하지 않았다. 그리하여 그녀는 하나님을 위해 다른 자녀들을 이웃에게 맡기고 젖먹이 아기는 보모에게 넘긴 뒤에 죽음으로 진리를 확증했다.

조지 위샤트의 생애와 고난, 그리고 죽음

1543년경 케임브리지 대학교에 조지 위샤트라는 선생이 있었다. 키가 크고 우울한 안색을 지닌 신사로 조국인 스코틀랜드에서 평판이 좋았고, 예의 바르고, 겸손하며, 멋있고, 가르치고 배우기를 좋아하며, 여행을 많이 한 인물이었다.

그는 점잖고 절제력이 있었으며 하나님을 경외하고 탐욕을 미워했다. 또한 밤낮으로 끊임없이 사랑을 베푸는 사람이었다. 그는 나를 무척 사랑했고 나도 마찬가지였다. 아, 주님께서 그를 이 가련한 내 곁에 남겨두셨더라면, 그는 자기가 시작한 일을 분명히 완수했을 텐데! 그러나 그는 조약을 맺으러 헨리 왕에게 왔던 귀족들과 함께 스코틀랜드로 돌아갔다.

조지 위샤트는 조국에서 참 복음을 전파하려는 열정을 품고 1544년에 케임브리지를 떠났고, 스코틀랜드에 도착한 뒤에 몬트로즈에서 첫 설교를 했고 그 후에는 던디에서 설교했다. 던디에서는 공개적으로 로마서를 강해했는데, 은혜롭고 거침없는 설교로 교황파들에게 경종을 울렸다.

이 설교 이후에 세인트앤드루스의 대주교인 데이비드 비턴 추기경이 앞장서 위샤트의 설교 사역을 방해했다. 던디의 주요 인사인 로버트 밀른은 위샤트가 설교하는 교회로 가서 설교 중간에 끼어들어 더 이상 던디를 괴롭히지 말라고 하면서, 더 이상 위샤트의 설교를 허용하지 않기로 했다고 밝혔다.

이 갑작스러운 사태로 위샤트는 크게 놀랐고 설교를 잠시 멈추었다가 슬픈 표정을 지으며 그 사람과 청중을 쳐다보며 말했다. "저는 여러분에게 괴로움이 아닌 위로를 주려 했습니다. 하나님이 이 일의 증인이십니다. 그렇습니다. 여러분의 괴로움은 여러분 자신보다 나에게 더 고통스러운 것입니다. 그런데도 여러분이 하나님의 말씀을 거부하고 그분의 사자를 좇아내려 한다는 것을 확인한 만큼, 여러분은 이제 괴로움에서 벗어날 수 없을 것이고 오히려 고통 속에 빠질 것입니다. 하나님이 여러분에게 화형이나 유배를 두려워하지 않을 사역자들을 보내주실 것이기 때문입니다. 나는 여러분에게 구원의 말씀을 전했습니다. 생명의 위협을 무릅쓰고 여러분 가운데 머물러 있었습니다. 이제 여러분이 나를 거부하므로 나의 순수함을 내 하나님이 증언하시도록 그분께 맡겨야겠습니다. 만일 여러분이 오랫동안 번영을 누린다면, 나는 진리의 영의 인도를 받지 못하고 있는 셈입니다. 그러나 뜻밖의 어려움이 여러분에게 닥치면 잘못을 인정하고 은혜롭고 자비로운 하나님께로 돌이키십시오. 여러분이 첫 번째 경고에도 돌이키지 않으면 그분은 불과 칼을 들고 여러분을 찾아오실 것입니다." 말을 마친 뒤에 그는 강단을 떠나 완전히 물러났다.

이후에 스코틀랜드 서부 지방으로 가서 하나님의 말씀을 전했는데, 거기서는 많은 사람이 그 말씀을 기쁘게 받아들였다.

시간이 조금 지난 뒤에 위샤트는 던디에 전염병이 발생했다는 소식을 들었다. 전염병은 그가 던디에서 설교하지 못하게 금지

당한 지 나흘 만에 발생했고, 불과 24시간 만에 너무나 많은 사람이 죽어 도무지 믿을 수 없을 정도였다. 이는 그와 연관된 사건인 만큼 그는 친구들의 끈질긴 만류에도 불구하고 던디에 가기로 결심하고 이렇게 말했다. "그들은 지금 곤경에 빠져 있기에 위로가 필요하오. 어쩌면 하나님의 손길이 과거에 그들이 가볍게 여겼던 하나님의 말씀을 이제는 찬미하고 경외하도록 만들지 모르오."

던디에서 그는 경건한 이들의 따뜻한 환영을 받았다. 그는 동쪽 문을 설교 장소로 정하고 건강한 자들은 안쪽에서, 병든 자들은 바깥쪽에서 듣게 했다. 그리고 "그가 그의 말씀을 보내어 그들을 고치시고"(시 107:20)와 같은 말씀을 설교 본문으로 삼았다. 하나님의 말씀이 주는 유익과 위로, 그 말씀을 멸시하거나 배척할 때 따르는 심판, 하나님의 백성에게 임하는 그분의 은혜, 하나님이 이 불행한 세상에서 구별하여 자신의 백성으로 선택한 사람들이 경험하는 행복 등을 전했다. 청중의 마음은 이 설교의 영적 능력에 크게 고양된 나머지 죽음을 두려워하지 않았다. 위샤트로부터 다시 그런 위로를 받게 될 줄 전혀 예상치 않았기에 그의 방문을 아주 행복하게 여겼다.

위샤트는 어려운 자들을 계속 방문하여 권면하고 위로했다. 이후에 전염병은 많이 잦아들었다.

위샤트가 던디 주민을 떠날 날이 다가왔다. 그는 하나님께서 전염병이 거의 사라지게 하셨으므로 자기는 이제 다른 곳으로 부름을 받아 가야 한다고 말했다. 던디에서 몬트로즈로 가서 때때로 설교했으나 대부분의 시간은 개인적인 묵상과 기도를 하며 보냈다.

그가 몬트로즈로 돌아간 직후에 추기경은 그를 죽이려는 음모를 꾸몄다. 그래서 가까운 친구가 쓴 것처럼 위장한 편지를 보냈는데, 자기가 갑자기 병에 걸렸으니 최대한 빨리 오라고 촉구하는 내용이었다. 그동안 추기경은 무장한 남자 60명을 동원하여 몬트로즈 근방 2.4킬로미터 내에 매복시키고 그가 지나갈 때 처치하라고 지시했다.

그 편지는 한 소년을 통해 위샤트에게 전달되었는데 편지와 동시에 여행용 말까지 제공되었다. 그래서 위샤트는 몇 명의 친구를 대동하고 길을 나섰다. 그런데 갑자기 그가 뒤돌아서더니 동료들에게 말했다. "나는 가지 않겠소. 하나님이 가지 말라고 하오. 무슨 음모가 있는 것이 분명하오. 자네들 중 몇 명이 먼저 가서 거기에 무엇이 있는지 알려주오." 동료들은 음모가 있음을 깨닫고 서둘러 되돌아와서 위샤트에게 알렸다. 그때 위샤트는 "내가 장차 이 피에 굶주린 자의 손에 목숨을 잃을 것임을 알고 있지만 이런 방식은 아닐 것이오"라고 말했다.

이 사건이 있고 얼마 후에 그는 몬트로즈를 떠나 에든버러로 가서 거기서도 복음을 전했다. 에든버러에 있는 동안 그는 이너고리에 사는 제임스 왓슨이라는 신실한 형제와 함께 묵었다. 어느 날 위샤트가 한밤중에 벌떡 일어나더니 무릎을 꿇고 한동안 뜨겁게 기도했다. 제임스가 그에게 왜 그토록 절박하게 간구하는지 이유를 물었다. 그는 낙담한 표정을 지으며 이렇게 대답했다. "내 싸움은 이제 거의 끝날 때가 되었음을 확신하오. 그러니 전투가 치열할 때 위축되지 않도록 나와 함께 하나님께 기도합시다."

직후에 세인트앤드루스의 대주교인 비턴 추기경이 위샤트가 묵고 있는 곳을 알아내 그를 체포하도록 지시했다.

추기경은 즉시 재판 절차를 밟았고 위샤트가 받은 혐의는 열여덟 개도 넘었다. 위샤트는 그 혐의들에 대해 매우 침착하게 답변했을 뿐더러 학식 있고 거침없는 태도를 보여서 참석한 사람들을 놀라게 했다.

심사가 끝난 뒤에 대주교는 위샤트가 변절하도록 설득하려고 무척 애썼다. 그러나 그는 신념이 확고했고 복음의 진리를 깨달아 조금도 흔들리지 않았다.

처형당하는 날 아침 추기경은 위샤트에게 수도사 두 명을 보냈다. 사람은 그에게 검은 색 린넨 코트를 입혔고 다른 한 사람은 화약 봉지를 여러 개 들고 와서 그의 몸 여기저기에 매달았다.

화형대에 도착하자마자 사형 집행인은 그의 목에 밧줄을 두르고 몸통에 쇠사슬을 감았고, 그 순간 그는 무릎을 꿇고 이렇게 외쳤다.

"이 세상의 구주시여, 나에게 자비를 베푸소서! 하늘의 아버지여, 내 영혼을 그대의 거룩한 손에 맡기나이다!"

이어서 자기를 고발한 자들을 위해 기도했다. "하늘의 아버지여, 무지한 마음이나 악한 마음을 품고 나에 대한 거짓말을 날조한 저들을 용서해주소서. 나는 온 마음으로 저들을 용서하나이다. 그리스도께서도 무지하게 나를 정죄한 저들을 용서해주시길 간구하나이다."

그 후 위샤트는 화형대에 묶였고, 장작더미에 불이 붙자 그의 몸에 묶여 있던 화약에도 불이 번져 폭발하여 불길과 연기가 치솟았다.

위샤트를 담당한 교수형 집행인이 그 앞에 앉더니 "선생님, 저는 당신의 죽음에 대해 죄가 없는 만큼 나를 용서해주시길 바라오"라고 말했다. 그러자 그는 "가까이 오시오"라고 대답했다. 그가 위샤트에게 다가오자 집행인의 뺨에 입을 맞추면서 "이것이 내가 당신을 용서하는 표시라오" 하고 말했다. 이후에 그는 교수형에 처해졌고 몸은 불에 타서 가루가 되었다. 사람들은 그 고통스런 몸부림을 목격하고는 연민의 정을 감출 수 없었고 그 무죄한 어린 양의 죽음을 불평하지 않을 수 없었다. 때는 1546년 3월이었다.

스코틀랜드 지방에서 그리스도를 위해 순교한 최후의 인물은

교수형을 당한 뒤 화형당하는 조지 위샤트

1558년에 에든버러에서 화형을 당한 월터 밀른이었다.

월터 밀른은 젊은 시절에 독일을 여행한 적이 있었고, 귀국한 뒤에 앵거스에 있는 루난이라는 작은 마을의 사제로 임명되었다. 그런데 데이비드 비턴 추기경 시대에 이단으로 고발되는 바람에 직책을 버리고 도망가지 않을 수 없었다. 하지만 곧 체포되어 감옥에 갇혔다.

그는 자신의 견해를 철회할 것인지 여부를 놓고 앤드루 올리펀트 경에게 심문을 받았다. 이에 그는 "나는 나를 구속하신 고마운 구속주로부터 받은 저 천상의 원리 중 단 한 조항이라도 버리느니 차라리 만 개의 목숨을 버리는 편을 택하겠소"라고 말했다.

즉시 사형 선고가 내려졌고 그는 이튿날 처형되기에 앞서 감옥으로 호송되었다.

그리스도에 대한 한결같은 믿음을 지닌 월터 밀른은 여든둘의 노인이라 무척 허약했다. 그래서 모두들 그의 목소리를 잘 들을 수 없을 것으로 생각했다. 그러나 그는 처형장에 끌려오자 굉장한 용기와 침착함을 발휘하여 자신의 종교적 신념을 뚜렷이 표명했고 적들마저 깜짝 놀랐다. 화형대에 묶이고 장작더미에 불이 붙는 순간 그는 구경꾼들에게 이렇게 말했다. "비록 나는 비참한 죄인이지만 내가 오늘 고난을 받는 이유는 그 어떤 범죄 때문이 아니고 예수 그리스도 안에 있는 진리를 변호하기 위함이오. 그리고 나는 자비롭게 나를 불러주셔서 내 목숨으로 진리를 보증할 수 있게 해주신 하나님을 찬양하오. 이 목숨은 내가 하나님에게서 받은 것인즉 이제 그분의 영광을 위해 기꺼이 또 즐겁게 바치는 바이오. 그러므로 여러분이 영원한 죽음을 피하고 싶으면 더 이상 적그리스도의 거짓말에 넘어가지 마시오. 오로지 예수 그리스도와 그분의 자비에 의존하여 정죄함에서 구원을 받으시오." 그런 다음 자기가 종교적 이유로 스코틀랜드에서 고난을 받는 최후의 사람이 될 것임을 믿는다는 말을 덧붙였다.

이렇게 하여 이 경건한 그리스도인은 그리스도의 복음 진리를 변호하다가 기쁘게 자기 목숨을 바쳤으며, 자신이 천국에 참여하는 자가 될 것임을 믿어 의심치 않았다.

교수형을 당하는 세 남자

15

메리 1세 통치 기간에
잉글랜드에서 자행된 박해

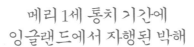

잉글랜드에서는 어린 군주였던 에드워드 6세가 통치하는 동안 프로테스탄트의 대의가 크게 신장되었고 복음은 6년에 걸쳐 거침없이 퍼져나갔다. 그러나 에드워드가 15세의 나이에 요절하자 메리가 왕권을 찬탈하여 그동안 잠자고 있었던 교황의 권위를 부활시켰다.

메리는 관행에 따라 웨스트민스터에서 즉위식을 거행했고, 자신의 공언대로 재빠르게 프로테스탄트를 근절하고 불태우는 짓을 감행했다. 메리의 즉위는 잇따라 일어날 잔인한 박해의 서곡이었다.

메리 1세 시대 최초의 순교자 존 로저스

존 로저스는 케임브리지 대학교에서 공부한 뒤에 안트웨르펜에서 무역상과 목사직을 병행했다. 여기에서 그는 유명한 순교자인 윌리엄 틴들을 만났고 마일스 커버데일도 만났다. 두 사람은 로마 가톨릭의 미신과 우상숭배를 혐오하여 자발적으로 망명한 인물이었다. 존 로저스는 이들을 통해 회심했고 성경을 영어로 번역하는 일에도 동참했다. 그 후 작센 주 비텐베르크로 이주하여 한 회중을 맡아 여러 해 동안 신실하게 사역했다. 에드워드 6세가 즉위하자 그는 잉글랜드에서 개혁운동을 추진하려고 작센을 떠났다. 시간이 조금 흐른 뒤에 당시 런던의 주교였던 니컬러스 리들리는 그에게 세인트폴 성당에서 일할 수 있는 직책을 부여했다. 그 후 왕권을 계승한 메리 1세는 복음과 참 종교가 쫓겨나고 로마의 적그리스도가 미신과 우상숭배를 앞세워 다시 권력을 잡을 때까지 박해를 계속했다.

로저스는 에드워드 6세 시절에 가르쳤던 참된 교리를 설교했고, 로마 가톨릭의 우상숭배와 미신을 조심하라고 회중을 권면했다. 그는 이 일에 대한 해명을 요구받았으나 자기 입장을 잘 변호했기에 고소가 기각되었다. 그러나 메리 1세가 진정한 복음 전파를 금지하는 포고문을 선포하는 바람에 적들의 공격을 피할 수 없었다. 그래서 다시 공의회에 소환되어 가택 연금에 처했다. 쉽게 독일로 도피할 수도 있었지만 잉글랜드에 참된 종교가 절

잉글랜드에서 메리 1세의 박해를 받은 최초의 순교자 존 로저스
"주여, 내 영혼을 받으소서."

실히 필요함을 인지하고, 이를 위해 잉글랜드에 머물면서 위험을 무릅쓰기로 결심했다.

그는 오랫동안 집에서 구금되어 지냈다. 그런데 신경이 곤두서 있던 런던의 주교 에드먼드 보너가 그를 도둑들과 살인자들이 들끓는 공동 감옥으로 보냈다.

로저스는 오랫동안 엄격한 수감 생활을 하면서 종종 심문을 당했고, 무자비한 학대를 받은 뒤에 결국은 윈체스터 주교였던 스티븐 가드너에 의해 1555년 2월 4일에 부당하게 사형 선고를 받았다.

그가 감옥에서 나와 처형장인 스미스필드로 갈 때가 이르자, 우드루프라는 행정관이 맨 먼저 로저스에게 와서 혐오스러운 교리를 철회하겠느냐고 물었다. 로저스는 대답했다. "내가 전파한 그것을 내 피로 보증하겠소."

그날 그는 끌려나와 불에 타서 한 줌의 재가 되었다. 이렇게 해서 그는 메리 1세 시대에 화형을 당한 최초의 순교자가 되었다.

로런스 손더스

로런스 손더스는 케임브리지 대학교 킹스 칼리지에 입학하여 라틴어 지식을 쌓고, 그리스어와 히브리어를 공부하고, 성경 공부에 몰입함으로써 설교자의 직분을 감당하기 위한 준비를 갖추었다.

에드워드 6세가 통치하는 기간에 손더스는 하나님의 참 종교를 설파했다. 메리의 통치가 시작되었을 때에도 그는 국가의 일에 전혀 간섭하지 않는 가운데 노샘프턴에서 설교 사역을 계속했고, 교황파의 교리에 반하여 자신의 양심에 따라 담대하게 가르쳤다. 당시는 그동안 잉글랜드에 풍성하게 부어졌던 하나님의 말씀에 그들이 보여준 사랑이 무척 빈약했던 만큼 이에 대한 정당한 징벌로서 교황파의 교리가 다시 고개를 드는 중이었다.

여왕파는 손더스에 관한 소문을 듣고 그의 설교를 매우 불쾌하게 여겼고, 이로써 그는 여왕파의 포로가 된 상태였다. 하지만 여왕의 주요 측근으로 일하는 형제들과 친구들 덕분에, 또 그의 설교가 법에 저촉되지 않았기 때문에, 그들은 손더스의 문제를 간단히 넘겼다.

손더스의 친구들은 그에게 닥칠 위험을 감지하고 다른 곳으로 피신하라고 충고했으나, 그는 받아들이지 않았다. 하지만 여왕파가 폭력까지 동원하여 손더스가 도움을 받지 못하게 조치했기에 런던으로 발걸음을 옮겼다.

1554년 10월 15일, 주일 오후에 그가 교인들을 권면하기 위해 교회에서 성경을 읽고 있는데 런던 주교가 보낸 관리가 그를 데리러 왔다.

주교는 반역죄와 치안방해죄는 그냥 넘어가도 그가 이단인 것만은 반드시 밝히기로 마음먹었다. 아울러 그와 같이 교회의 성

화형당하는 로런스 손더스

례 집전과 모든 성직은 초기 교회의 것에 가까울수록 순수하다고 가르치고 믿는 자들은 모두 이단임을 증명하려고 했다.

이 주제를 놓고 많은 얘기를 나눈 뒤에 주교는 그에게 화체설에 대해 믿는 바를 글로 쓰라고 요구했다. 로런스 손더스는 그렇게 했고 주교에게 이런 말을 던졌다. "당신은 내 피를 원하니 그것을 갖게 될 것이오. 나는 당신이 내 피로 세례를 받아 이후로는 피를 빼는 일이 지겨워서 더 나은 인간이 되기를 하나님께 기도하오." 손더스는 주교에게 이처럼 혹독한 답변을 했다는 이유로 불복종 죄로 고발되어 감옥에 갇혔다.

이 선하고 신실한 순교자는 감옥에 1년 석 달을 갇혀 있었는데, 마침내 주교들이 그를 불러 여왕의 추밀원 앞에서 심문을 받게 했다.

1555년 2월 4일에 에드먼드 보너 주교가 감옥에 와서 그를 성직에서 파면시켰고, 이튿날에는 런던의 행정관이 그를 여왕의 경비병 몇 명에게 넘겨주어 화형당할 장소인 코번트리로 호송시켰다.

다음날인 2월 5일이 되자 그는 도시 바깥에 있는 처형장으로 끌려갔다. 낡은 가운과 셔츠를 입고 맨발로 걸어가던 그는 자주 땅바닥에 엎드려 기도했다. 그가 처형장에 도착하자, 사형 집행을 맡은 관리가 손더스에게, 여왕의 영토를 더럽힌 사람이라며 만일 돌이키면 용서를 받을 수 있을 것이라고 했다. 이에 거룩한 순교자 손더스는 대답했다. "내가 아니라 당신 같은 사람들이 이 영토를 더럽힌 것이오. 내가 붙들고 있는 것은 그리스도의 순전한 복음이오. 나는 복음을 확실히 믿고, 복음을 가르쳤으며, 내가 전한 복음을 철회하지 않을 것이오!" 손더스는 서서히 불을 향해 움직이다가 땅에 주저앉아 기도를 드렸다. 그리고는 일어나서 말뚝을 끌어안고 "환영하오, 그리스도의 십자가여! 환영하오, 영원한 생명이여!" 하고 말했다. 직후에 장작더미에 불이 붙자 무서운 불길에 휩싸여 주 예수 안에서 평안히 잠들었다.

존 후퍼의 생애와 투옥, 심문

옥스퍼드 대학교를 졸업한 존 후퍼는 성경에 대한 사랑이 열렬했고 지식이 풍부했기 때문에 그곳을 떠나지 않을 수 없었다. 독일과 프랑스와 스위스 등지에서 망명 생활을 하던 중 에드워드 6세가 즉위하면서 복음 전파의 문이 다시 열렸다. 망명 기간에 그는 히브리어 공부에 전념했다.

마침내 하나님께서 그 잔인한 세월을 멈추게 하시고 에드워드 6세가 영국 땅을 다스리게 하여 교회에 평안과 안식을 주시는 때가 이르자, 잉글랜드를 떠났던 많은 망명객이 고향으로 돌아왔고 그중에는 후퍼도 있었다. 런던으로 돌아온 그는 보통은 하루에 두 차례, 적어도 한 차례씩 설교를 계속했다.

존 후퍼는 설교를 통해 죄를 책망하고 세상의 죄악과 교회의 타락한 악습을 통렬히 비난했다. 사람들은 아름다운 음악 같은 그의 목소리를 듣기 위해 날마다 떼를 지어 몰려왔다. 그가 설교할 때면 교회는 초만원을 이루어 사람들이 안으로 들어갈 수 없는 경우가 많았다. 그는 완벽한 성경 지식을 갖추었고 진지하게 가르쳤으며 언변도 좋았다. 지칠 줄 모르고 수고한 그는 모범적인 삶을 사는 인물이었다.

그는 국왕 앞에서 한 번 설교하고는 금방 글로스터의 주교로 임명되었다. 2년 동안 그 직책을 너무도 훌륭하게 수행했기 때문에 적들도 아무런 흠을 찾을 수 없었다. 그 후에 우스터의 주교로도 임명되었다. 후퍼는 에드워드 6세 시대가 끝날 때까지 2년이 넘도록 목사의 직분을 아주 신중하게 잘 수행했다.

그 후 얼마 지나지 않아 후퍼는 에드먼드 보너 주교와 니컬러스 히스 박사 앞에 출두하라는 통보를 받았다. 그는 여왕에게 돈을 빚졌다는 엉터리 고발을 당해 추밀원으로 끌려갔다. 이듬해인 1554년에는 함대에서 거의 18개월이나 갇혀 있는 동안 당했던 가혹 행위에 관한 글을 썼다.

1555년 1월에 후퍼는 세 번째로 추밀원과 에드먼드 보너 앞에 끌려와서 결국 사형 선고를 받았다. 캄캄한 밤중에 후퍼는 도시를 가로질러 뉴게이트까지 호송되었다. 이 일이 비밀리에 수행되었는데도 많은 사람이 횃불을 들고 문밖으로 나와서 경의를 표했으며 한결같은 태도를 보고 하나님을 찬양했다.

후퍼가 뉴게이트에 며칠 머무는 동안에 에드먼드 보너를 비롯한 여러 명이 자주 찾아왔으나 아무런 소용이 없었다. 그들은 사탄이 그리스도를 유혹했듯 후퍼를 유혹했고, 후퍼가 신앙을 부인했다는 헛소문을 퍼뜨리기도 했다. 순교할 장소가 글로스터로 확정되자 후퍼는 매우 기뻐서 하늘을 향해 양손을 높이 들었고, 사람들 가운데 목사로 보내시고 이제는 예전에 가르친 진리를 죽음으로 확증할 수 있게 해주신 하나님을 찬양했다.

1555년 2월 9일 여덟 시쯤 되어 그는 처형장으로 끌려갔다. 마치 장날처럼 수천 명에 달하는 사람들이 몰려왔다. 그는 도중에 절대로 입을 열지 말고 슬퍼하는 사람들을 쳐다보지도 말라는 지시를 받았던 터라, 때때로 하늘을 향해 눈을 들고 아주 밝은 모습을 보일 뿐이었다. 죽을 장소에 도착해 보니 화형대를 비롯한 모든 장치가 예전에 그가 설교했던 큰 누릅나무 근처에 설치되어 있었다. 후퍼는 건너편에 일단의 사제들이 있는 것을 보고 미소를 지었다.

드디어 장작에 불을 붙이라는 명령이 떨어졌다. 그러나 마르지 않은 장작더미밖에 없어서 불이 빨리 붙지 않았다. 마침내 불이 후퍼 근처로 오긴 했지만 바람이 반대편으로 세게 부는 바람에 불에 약간 그슬렸을 뿐이었다.

잠시 뒤에 그들이 마른 장작을 몇 개 더 가져와서 새로 불을 붙였다. 이 불은 아래쪽만 태울 뿐 바람 때문에 위쪽으로는 별로 올라오지 않았다. 후퍼의 머리칼을 태우고 피부를 약간 그슬렸을 뿐이다. 그동안 그는 고통이 없는 사람처럼 부드러운 목소리로 "아, 다윗의 아들 예수여, 나에게 자비를 베푸시고 내 영혼을 받으소서!" 하고 기도를 드렸다. 두 번째 불이 다 탄 뒤에 그는 손으로 두 눈을 닦았고, 사람들을 쳐다보며 큰 목소리로 "선량한 사람들이여, 하나님의 사랑이 더하니 나에게 더 많은 불을 주시오!"라고 소리쳤다. 그동안 하체는 불에 탔으나, 장작이 별로 없어서 상체는 불길에 약간 그슬린 상태였다.

잠시 후 세 번째 불이 점화되었는데 이번에는 이전보다 불길

화형당하는 존 후퍼
"주 예수여, 내 영혼을 받아주소서."

이 더 강했다. 이 불 속에서 그는 큰 소리로 "주 예수여, 나에게 자비를 베푸소서! 주 예수여, 내 영혼을 받으소서!" 하고 기도했다. 이것이 그의 입에서 나온 최후의 말이었다. 입이 새까맣게 타고 혀가 퉁퉁 부어올라 도무지 말을 할 수 없는데도 입술은 완전히 들러붙을 때까지 계속 움직였다. 그리고 양손으로 가슴을 치다가 한 팔이 땅에 떨어졌고, 손가락 끝에서 기름기와 물과 피가 떨어지는 동안에도 남은 팔로 계속 가슴을 두드렸다. 기력이 다하자 손이 가슴 위에 있는 쇠에 들러붙었다. 그 직후에 그는 고개를 떨구고 숨졌다.

존 후퍼는 45분 이상을 불 속에 머물러 있었다. 그는 한 마리 어린 양과 같이 인내로써 고통을 감내했다. 이제 그는 축복받은 순교자로 저 높은 곳에 올라가 이미 창세 전에 그리스도 안에 있는 신자를 위해 예비한 천국의 기쁨을 누리고 있을 것이다. 그의 신실한 모습을 생각하면 그리스도인은 누구나 하나님을 찬양하지 않을 수 없다.

롤런드 테일러의 생애와 행적

서퍽 주 해들리의 교구 목사였던 롤런드 테일러는 사랑하는 회중에게 말로만 복음을 전한 것이 아니었다. 그의 삶 전체가 거짓이 없고 거룩한 신앙생활의 전형이었다. 교만한 구석이 전혀 없었고 어린아이처럼 겸손하고 온유했다. 그래서 가난한 사람들은 친아버지에게 하듯이 그에게 의지하곤 했다. 그는 악인을 단호하게 책망하는 사람이기도 했다. 누구라도 죄에 관한 한 방심할 수 없기에, 그는 악인을 견책할 때와 마찬가지로 엄중하고 정직하게 자기 죄악을 낱낱이 고백했다. 그는 과연 훌륭한 목회자였다.

맹인, 절름발이, 병자, 노쇠한 자, 자녀가 많은 사람 등 불우한 이들에게 그는 아버지와 같은 존재였고, 교인들이 이들을 돕도록 열심히 주선하는 부지런한 후견인이었다. 불우한 사람들이 그의 집에 가면 언제나 도움을 받을 수 있었다. 그 역시 해마다 구제 사역에 정직하게 자기 몫을 내놓았다. 아내 또한 정직하고 신중하고 검소했고, 자녀들도 하나님을 경외하는 아이들로 잘 자랐다.

롤런드 테일러 목사는 참으로 순결하고 거룩한 왕이었던 에드워드 6세가 통치하던 기간에 이 광야와 같은 악한 세상에서 양 떼를 관리하고 인도하는 사역을 잘 감당했다. 에드워드 6세가 죽고 메리가 왕좌에 오르자 검은 구름이 몰려왔지만 그는 피하지 않았다. 그런데 교구에 속한 교인 두 명이 그를 배신하여 윈체스터 주교인 종교법 고문에게 그의 행보를 보고했고, 윈체스터 주교는 그에게 제기된 혐의에 대한 답변을 요청하면서 출두 명령을 내렸다.

오랜 시간에 걸쳐 열띤 심문이 있은 뒤에 결국 테일러는 사형 선고를 받아 감옥에 갇혔고, 간수들은 그를 거칠게 다루라는 지시를 받았다.

그가 처형되는 날, 런던의 행정관은 관리들과 함께 새벽 2시에 콤테[11]로 와서 테일러 박사를 데리고 나갔다. 남편이 그날 밤 호송될 것으로 짐작했던 아내는 두 딸을 데리고 올드게이트 옆에 있는 세인트보톨프 교회 베란다에서 밤새도록 지켜보고 있었다. 큰 딸은 열세 살 된 엘리자베스로 세 살 때 테일러 박사가 데려다 키운 아이였고, 막내는 친딸인 메리였다.

아내가 아이들을 데리고 테일러에게 왔다. 테일러는 메리를 안은 채 아내와 엘리자베스와 함께 무릎을 꿇고 주님의 기도를 드렸다. 이 광경을 곁에서 보고 있던 행정관 일행은 모두 눈물을 흘렸다. 기도가 끝난 뒤에 그는 일어나서 아내에게 입을 맞추고 손을 잡으면서 "잘 가시오, 사랑하는 부인. 내 양심에 거리낄 것이 없으니 큰 위안이 되는구려. 하나님께서 우리 자녀를 위해 아버지를 보내주실 거요" 하고 말했다. 테일러는 마치 아주 즐거운 잔치 자리에 가는 사람처럼 줄곧 기뻐하면서 길을 갔다. 그가 자기를 호송하는 행정관과 호송병들에게 제발 회개하고 악한 삶에서 돌이키라고 진지하게 호소하는 바람에 그들은 자주 눈물을 흘렸다. 아울러 그들은 초지일관 흔들림이 없고, 죽음을 두려워하지 않고, 오히려 기뻐하는 테일러의 모습을 보고 참으로 의아하게 생각하면서도 흐뭇한 마음까지 들었다.

테일러 박사는 사형이 집행될 올덤커먼에 도착하여 수많은 인파를 보고 "여기가 어디요? 어째서 저토록 많은 사람이 모여 있는 것이오?" 하고 물었다. "여기는 당신이 처형당할 올덤커먼이고, 저 사람들은 당신을 보러 왔소"라는 답변이 돌아왔다. 그러자 그는 "아, 하나님 감사합니다. 마치 고향에 온 것 같습니다" 하고 말했다. 그는 말에서 내린 뒤에 머리에서 후드를 벗어 두 손으로 찢어버렸다.

머리카락이 어릿광대처럼 톱니 모양으로 잘려 있었는데, 이는 보너 주교가 시킨 일이었다. 사람들은 길고 흰 턱수염이 달린 존경스러운 그의 얼굴을 보는 순간 울음을 터뜨리며 "선한 테일러 박사여, 하나님이 당신을 구원하실 것입니다! 예수 그리스도가 당신에게 힘을 주실 것입니다! 성령이 당신을 위로하실 것입니다!"라고 외쳤다.

테일러는 기도한 뒤에 화형대로 가서 입을 맞추고, 그들이 준비해놓은 나무통 속에 들어갔다. 그리고 등을 말뚝에 기대며 똑바로 서서 양손을 포개고 눈은 하늘을 향해 들고 계속해서 기도를 드렸다.

드디어 그들이 불을 붙이자 테일러는 양손을 높이 든 채 하나님을 부르며, "자비로우신 하늘의 아버지여! 내 구원자이신 예수 그리스도를 위해 내 영혼을 당신 손에 받으소서!" 하고 말했다. 그는 양손을 포갠 채 울지도 않고 움직임도 없이 가만히 서 있었

화형당하는 롤런드 테일러

는데, 누군가 다가와서 전쟁용 도끼로 그의 머리를 쳐서 뇌가 튀어나가고 몸은 불 속에 떨어졌다.

이렇게 해서 하나님의 사람 롤런드 테일러는 복된 영혼을 자비로운 아버지와 사랑하는 구원자 예수 그리스도의 손에 의탁했다. 그가 평생에 걸쳐 전심으로 사랑했고, 신실하고 진지하게 전파했고, 순종적으로 좇았고, 죽음으로 영화롭게 한 그분은 다름 아닌 그리스도였다.

윌리엄 헌터

윌리엄 헌터는 어린 시절부터 경건한 부모 밑에서 참 종교의 원리를 배우며 자랐기 때문에 종교개혁의 교리를 잘 알고 있었다. 헌터가 열아홉 살이 되었을 때 미사에서 성체를 받지 않는 바람에 그는 주교 앞에 불려갔다.

에드먼드 보너 주교는 윌리엄을 어떤 방으로 데려가서, 만일 돌이키면 안전을 보장하고 용서해주겠다면서 설득하기 시작했다. 게다가 그가 성체를 받고 고해를 하기만 하면 만족할 것이라고 말했다. 그런데도 윌리엄은 그렇게 하려 하지 않았다.

에드먼드 보너는 윌리엄에게 차꼬를 채워서 주교 사택 관리실에 가두라고 명했고, 거기에서 그는 앉은 자세로 이틀 밤낮을 보냈다. 그동안 제공된 갈색 빵 한 조각과 물 한 컵에 손도 대지 않았다.

보너는 이틀이 지난 뒤에도 신앙이 흔들리지 않는 것을 보고 그를 교도소로 보냈고, 간수에게 최대한 혹독하게 다루라고 지시했다. 그리하여 감옥에서 아홉 달을 보냈고 그동안 보너에게 다섯 차례 불려갔다.

보너가 윌리엄을 불러 이제 돌이키겠냐고 물었지만 그의 태도는 전혀 변함이 없었다. 그래서 보너는 그를 뉴게이트로 보내 거기에 한동안 있게 하고 이후에는 브렌트우드로 이송하여 화형시키라는 선고를 내렸다.

약 한 달이 지난 후에 윌리엄은 브렌트우드로 이송되었다. 그는 화형대에 와서 무릎을 꿇고 시편 51편을 낭독하더니 "하나님께서 구하시는 제사는 상한 심령이라. 하나님이여 상하고 통회하는 마음을 주께서 멸시하지 아니하시리이다"라는 구절까지 읽었다.

그때 윌리엄이 시편을 친형제의 손에 던지자 그 형제는 "윌리엄, 그리스도의 거룩한 수난을 생각하며 죽음을 두려워하지 말라"고 말했다. 이에 윌리엄은 "나는 두렵지 않소" 하고 응답했다. 그러고는 양손을 하늘을 향해 높이 들고 "주여, 주여, 주여, 내 영혼을 받으소서" 하고 외쳤다. 이어서 숨 막히는 연기 속에 머리를 떨구면서 진리를 위해 목숨을 버렸다. 그는 피로 진리를 보증함으로써 하나님께 영광을 돌렸다.

롤린스 화이트

롤린스 화이트는 어업에 종사하며 카디프에서만 20년이나 일해온 어부로 평판이 좋은 사람이었다.

이 선한 사람은 비록 무식하고 단순했지만, 에드워드 6세 때에 하나님은 그를 오류와 우상숭배에서 건져내어 종교개혁을 통해 진리를 아는 지식에 이르게 하셨다. 그는 아들에게 영어 읽는 법을 배우게 했고, 아이가 글을 깨치자 여름과 겨울에는 저녁을 먹은 뒤에 밤마다 성경을 조금씩 읽게 했다.

에드워드 6세가 죽고 메리 1세가 왕위를 계승한 뒤에 온갖 미신이 파고들었다. 화이트는 이단 혐의를 받아 관리들에게 붙잡혀서 랜더프의 주교 앞에 끌려왔고, 카디프에 있는 감옥에 수감되어 1년을 보냈다. 그 후 다시 주교가 있는 채플에 불려왔고, 주교는 온갖 위협과 감언이설로 설득했다. 그러나 화이트가 결코 입장을 철회하지 않자 법적 절차를 밟아서 이단으로 정죄하겠다고 말했다.

그리고 극단적인 조치를 취하기에 앞서 개종을 위해 기도하자고 말했다. 이에 화이트는 이렇게 대답했다. "당신은 정말 경건한 주교 같군요. 만일 당신의 제의가 경건하고 옳다면, 당신은 자신이 마땅히 드려야 할 기도를 드리시오. 그리하면 하나님께서 분명히 당신의 기도를 들으실 것이요. 그런즉 당신은 당신의 하나님께 기도하시오. 그러면 나는 내 하나님께 기도하겠소." 주교와 그 일행이 기도를 드린 뒤에, 주교는 화이트에게 이제는 철회하겠느냐고 물었다. 그러자 화이트는 "나는 아직도 변함이 없으니 이제 당신의 기도가 응답되지 않은 것을 알겠소? 하나님께서는 나에게 힘을 주사 이 진리를 지지하게 하실 것이오"라고 말했다. 그러자 주교는 확정 선고를 낭독하게 했다. 롤린스 화이트는 다시 카디프로 이송되어 코크마렐이라는 마을에 있는 열악한 감옥에 갇혔고, 거기에서 기도하고 시편을 노래하며 시간을 보냈다. 약 3주가 지나서 그를 처형하라는 명령이 떨어졌다.

그가 처형장에 도착하자 가난한 아내와 자녀들이 울며 서 있었고, 그 광경을 보는 순간 가슴이 찢어져서 눈물이 줄줄 흘러내렸다.

모든 준비가 끝나자 화형대의 맞은 편, 롤린스 화이트가 정면으로 보이는 쪽에 한 사제가 단 위에 서서 사람들에게 강연을 했다. 그가 로마 교회의 성례 교리를 설파하고 있을 때, 롤린스 화이트는 큰 소리로 이렇게 외쳤다. "아, 사악한 위선자여, 주제넘게 거짓 교리를 성경으로 입증하려고 하시오? 그 다음 본문을 보시오. 그리스도께서 '나를 기념하여 이것을 행하라'고 말씀하지 않았소?"

그 순간 곁에 서 있던 누군가가 "그에게 불을 지펴라!"라고 소리쳤고, 불이 짚과 갈대에 붙자 순식간에 타올랐다. 불길 속에서 이 선한 사람은 힘줄이 오그라들고 기름기가 떨어져나갈 때까지 손을 썻고 마지막으로 한 손으로 얼굴을 닦아냈다. 한참 후에 그는 큰 소리로 "오 주여, 내 영혼을 받으소서!" 하고 외치더니 더 이상 입을 열지 못했다. 마침내 강한 불길이 그의 다리를 덮쳐 순식간에 타올라 예상보다 빨리 온몸이 불구덩이에 떨어졌다. 이렇게 그는 하나님의 진리를 증언하다가 숨졌고, 지금은 분명 영생의 면류관을 상급으로 받았을 것이다.

토머스 호크스

토머스 호크스는 다른 여섯 사람과 함께 1555년 2월 9일에 사형 선고를 받았다. 그는 박학다식하고 잘 생기고 키가 컸으며 신사인데다 성실한 그리스도인이었다. 호크스가 죽기 얼마 전에 친구들은 그가 겪을 고통에 간담이 서늘해져서 남몰래 부탁하기를, 불길에 휩싸여 있을 때 고통이 너무나 커서 침착하게 견딜 수 없을 정도인지 표시를 해달라고 했다. 그는 그렇게 하겠다고 약속했다. 그리고 만일 그 고통을 견딜 만하면, 영혼을 의탁하기 전에 하늘을 향해 양손을 머리 위로 들어올리기로 했다.

얼마 지나지 않아 호크스는 워릭 백작 로버트 리치에 의해 살해될 장소로 인도되었고, 준비 단계로 몸통 부위가 튼튼한 사슬로 묶이도록 순순히 또 끈기 있게 협조한 뒤에 화형대를 향해 나아갔다. 자신을 에워싼 많은 사람에게 그는 많은 말을 해주었고 하나님을 향해 자기 심정을 토로했다. 이어서 불이 붙었다.

불길 속에 한동안 있다 보니 더 이상 말을 할 수 없었고, 피부가 다함께 오므라들고 손가락은 불에 타 없어져 모두들 그가 죽은 줄로 알았다. 그런데 친구들과의 그 약속을 기억한 이 선한 남자는 갑자기 불타는 양손을 살아 계신 하나님을 향해 머리 위로 높이 들고 세 번이나 손뼉을 쳤다. 이 놀라운 광경을 목격한 사람들은 큰 환호성을 질렀고, 그리스도의 축복을 받은 이 순교자는 불구덩이에 떨어져서 영혼을 하나님께 맡겼다. 때는 1555년 6월

10일이었다.

존 브래드퍼드와 존 리프

존 브래드퍼드 목사는 본래 랭커셔 주 맨체스터 출신의 훌륭한 라틴어 학자로서 나중에는 존 해링턴 경이라는 기사 밑에서 일했다. 그는 여러 해 동안 해링턴 경 밑에서 정직하게 일했지만 주님은 더 나은 일을 시키기 위해 그를 선택하셨다. 그래서 런던의 템플을 떠나 케임브리지 대학교로 가서 하나님의 율법을 따라 성전을 건축하는 법을 배웠다.

마르틴 부처가 맨 처음 설교를 하라고 권면했을 때 그는 겸손하게도 자신의 능력을 의심하고 있었다. 그때마다 부처는 이런 식으로 말하곤 했다. "당신에게 고운 밀가루 빵이 없으면 가난한 사람들에게 보리떡이든, 하나님이 당신에게 맡긴 다른 무엇이든 주시오." 훌륭한 런던 주교이자 훗날 영광스러운 그리스도의 순교자가 된 리들리가 맨 먼저 그를 불러 부제의 직책을 맡겼고 시무하던 세인트폴 교회에서 브래드퍼드에게 봉급을 지불했다.

브래드퍼드는 3년에 걸쳐 설교자의 직분을 부지런히 수행했다. 날카롭게 죄를 책망하고, 감미롭게 십자가에 못 박힌 그리스도를 전파하고, 유능하게 이단과 오류를 논박하고, 진지하게 경건한 삶을 살도록 설득했다. 에드워드 6세가 죽은 뒤에도 브래드퍼드는 열심히 설교 사역을 계속했으나 결국 메리 1세에게 탄

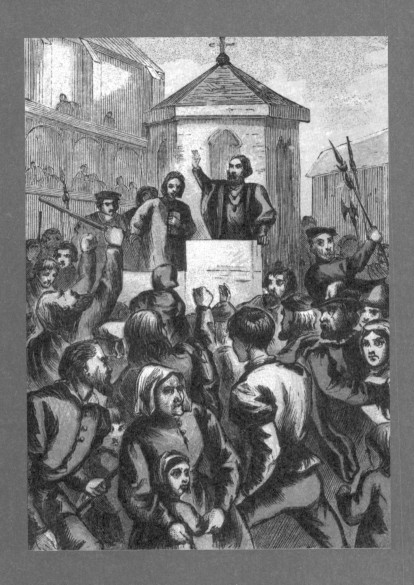

세인트폴크로스에서 폭동을 진정시키는 존 브래드퍼드

압을 받았다.

당시에 이교도라도 얼굴을 붉힐 만한 아주 배은망덕한 사건이 벌어졌다. 당시 배스의 주교였던 길버트 본이 세인트폴스크로스에서 설교하던 중에 사람들이 폭동을 일으킨 일이 있었다. 사람들이 격분하는 바람에 그는 생명이 위태로운 상황에 빠졌고 실제로 누군가 그에게 단도를 던지기도 했다. 이런 위급한 상황에서 본 주교는 자기 뒤에 서 있던 브래드퍼드에게 자기 대신에 설교하고 폭동을 진정시키게 했다.

그날 오후에 브래드퍼드는 치프사이드에 있는 바우 교회에서 설교하면서 교인들의 선동에 대해 심하게 꾸짖었다. 이런 조치를 취했음에도 3일 뒤에 그는 당시 여왕이 머물고 있던 런던 타워로 와서 추밀원 앞에 출두하라는 통보를 받았다. 거기에서 그들은 길버트 본을 구출해준 그에게 오히려 선동 혐의를 뒤집어씌우고 그의 설교에 대해서도 이의를 제기했다. 그래서 브래드퍼드는 처음에는 타워에 수용되어 있다가 다른 감옥들로 이송되었고, 사형 선고를 받은 뒤에는 폴트리라는 감옥으로 이동한 뒤 그곳에서 몸이 아픈 날은 빼고 매일 두 차례씩 설교했다.

뉴게이트로 이송될 때에는 군중이 눈물을 흘리며 그와 동행했고, 이튿날 새벽 4시에 그가 처형을 당한다는 소문이 퍼지자 대규모 군중이 처형을 보러 왔다.

브래드퍼드는 처형장에 도착하자 땅에 털썩 주저앉아 겉옷을

화형당하는 존 브래드퍼드와 존 리프

벗고 셔츠를 입은 채 화형대로 나아갔고, 런던에서 온 수습공인 존 리프라는 젊은이와 함께 처형당했다. 스무살에 불과한 이 청년은 종려 주일 전 금요일에 브레드 가에 있는 작은 감옥에 수감되었다가 나중에 잔인한 에드먼드 보너의 심문을 받고 사형에 처해졌다.

전해지는 바에 따르면, 신앙고백에 대한 기소장이 낭독되자 브래드퍼드는 펜 대신에 핀을 들고 자기 손을 찌른 뒤에 기소장에 피를 뿌렸다고 한다. 기소 내용을 자신의 피로 확증했음을 보여주려고 했던 것이다.

두 사람은 안색이 변하지 않는 어린 양들처럼 오랫동안 갈구하던 상급을 받기를 기대하며 1555년 7월 12일에 생을 마감했다. 전능하신 하나님께서 우리의 구원자이신 그리스도의 공로 때문에 우리 모두에게도 상급을 내리시기를 기도하노라!

디릭 카버

디릭 카버는 영적인 보물과 함께 세상의 재물까지 누리도록 주님이 축복한 인물이었다. 그가 루이스 시에 진입하자 사람들은 그의 이름을 부르며 예수 그리스도에 대한 그의 믿음을 굳게 해달라고 하나님께 간구했다. 그는 화형대 앞에서 무릎을 꿇고 열심히 기도했다. 그때 누군가 그의 성경책을 나무통 속에 던져 넣었고, 그 역시 스스로 옷을 벗고 통 속으로 들어갔다. 통 속에 들어가자마자 성경책을 꺼내서 사람들에게 던지자, 행정관이 왕과 여왕의 이름으로 죽음의 벌을 운운하며 성경을 다시 통 안에 집어넣으라고 명령했다. 그 순간 이 거룩한 순교자는 사람들을 향해 열변을 토했다. 잠시 기도한 뒤에 말했다. "오 나의 주 나의 하나님이여, 아내와 자식과 집과 모든 것을 버리고 십자가를 지고 당신을 좇지 아니하면 합당하지 않다고 쓰셨습니다! 주님은 내가 모든 것을 버리고 당신에게 온 것을 알고 계시나이다. 주여, 당신에게 내 영혼을 의탁하오니 나에게 자비를 베푸소서! 내 영혼이 당신을 기뻐하나이다!" 이것이 그리스도의 신실한 종이 불에 타기 전에 남긴 마지막 말이었다. 불길이 다가오자 "오 주여, 나에게 자비를 베푸소서!" 하고 외친 뒤에 불 속에서 벌떡 일어섰고 숨지기 전까지 예수의 이름을 불렀다.

로버트 스미스 목사는 1555년 7월 12일에 사형 선고를 받고 옥스브리지에서 8월 8일에 처형당했다. 그는 하나님께서 자신의 주장을 지지하신다는 표시를 처형장에 모인 사람들에게 보여주시리라 확신했다. 그리고 실제로 그런 일이 일어났다. 그의 몸이 절반쯤 타서 죽은 것으로 알았는데, 갑자기 일어서더니 아직 남아 있는 팔을 움직이면서 하나님을 찬양한 뒤에 불을 향해 몸을 내밀고는 주 예수 안에 편히 잠들었던 것이다.

조지 킹과 토머스 레예스와 존 웨이드는 롤라드 타워에 갇혀 있던 중에 병이 들어 다른 감옥으로 이송되었으나 거기에서 숨졌다. 그들의 시신은 들판에 버려졌으나, 밤에 신자들이 다른 곳으로 옮겼다.

에식스 주 호슬리에 살던 윌리엄 앤드루는 이단 혐의를 받아 뉴게이트에 수감되었다. 그러나 하나님은 그가 가혹한 고문을 받는 중에 데려가심으로써 피를 보고 싶어 하는 가톨릭 박해자들의 기대를 비웃었다. 그의 육신은 노천에 버려졌지만, 그의 영혼은 하늘에 계신 창조주의 영원한 집에 들어갔다.

로버트 새무얼

이 신사는 서퍽 주 브래드퍼드의 목사였는데, 사역할 수 있는 날까지 자기에게 맡겨진 양떼를 부지런히 가르쳤다. 장차 편견에 사로잡혀 그리스도의 추종자들을 심히 박해하는 자가 나타날 것이라는 복음서의 말씀처럼, 그는 맨 먼저 입스위치 근처 콥독의 윌리엄 포스터에게 박해를 받았다. 새무얼은 추방되어서도 남몰래 사람들을 권면하고 가르치는 일을 계속했다. 또한 에드워드 6세가 통치하던 시절에 결혼한 아내를 멀리하라는 명령에 따르지 않았다. 그러다 포스터가 야밤에 갑자기 가택 수색을 하는 바람에 아내와 함께 있는 것이 발각되었다. 결국 새무얼은 입스위치 감옥에 갇혔고 기둥에 묶인 채 온몸의 무게를 발가락 끝으로 지탱해야 하는 자세로 지냈다. 게다가 그에게 제공된 식량은 목숨을 부지할 수 없을 정도로 적어서 자기 살이라도 뜯어 먹어야 할 지경이었다. 이런 극한 상황에 몰린 그에게 그래도 약간의 자비가 베풀어져서 화형을 당하게 되었다. 그리하여 새무얼은 1555년 8월 31일에 숨졌다.

니컬러스 리들리와 휴 래티머

존경받던 이 두 성직자는 1555년 10월 17일에 옥스퍼드에서 순교했다. 교회의 기둥이요 성숙한 인간이었던 그들은 훌륭한 삶과 영광스런 죽음으로 국가적으로 흠모를 받았던 인물이다.

노섬벌랜드에서 태어난 니컬러스 리들리는 뉴캐슬에서 중등 교육을 받은 후 케임브리지 대학교에 입학했다. 학문적인 소질이 점차 개발되어 마침내 펨브로크 칼리지의 학장이 되었고, 이 학교에서 신학 박사 학위를 받았다.

사람들이 리들리의 설교를 들으려고 벌떼처럼 몰려왔는데, 이는 리들리가 말로 전파할 뿐 아니라 삶으로도 보여준 그 교리가 향기로운 꽃과 신선한 주스와 같았기 때문이다. 맹인의 눈을 뜨게 해주는 불빛 같았고 매우 순수해서 대적들조차 아무런 흠을 잡을 수 없었다. 한마디로 그는 경건과 미덕의 본보기였고 어디를 가든지 사람들을 그렇게 변화시키려 애썼다.

리들리는 잔인한 런던 주교로 악명 높은 에드먼드 보너의 어머니인 보너 부인에게 특별한 친절을 베풀었다. 풀럼에 있는 영지에 살 때에는 언제나 보너 부인을 집으로 초대하여 식탁의 상석에 앉히고 친어머니처럼 모셨다. 뿐만 아니라 보너의 누이와 다른 친척들에게도 똑같이 대우했다. 그러나 리들리 박사가 박해를 받을 때 보너는 그와 정반대 태도를 취했다. 하나님이 우스터의 주교인 키널러스 히스 박사를 통해 구원의 손길을 내밀지 않았더라면, 리들리의 여동생과 처남인 조지 십사이드가 보너의 손에 희생될 뻔했다.

에드워드 6세가 왕좌에서 물러나고 피의 여왕 메리가 그 자리를 계승하자 리들리는 처치 대상이 되었다. 그리하여 처음에는 타워에, 그다음에는 옥스퍼드에 수감되었다가 마침내 토머스 크랜머 대주교, 휴 래티머와 함께 보카도 공동 감옥으로 이송되었다.

예상대로 이 대가들은 난해하고 박식하고 교훈적인 대화를 나누었다. 그런 대화는 그들에게 큰 위안이 되었다. 리들리가 곳곳에 수감되어 있는 믿음의 형제들에게 보낸 편지와 주교관을 쓴 그리스도의 적들과 나눈 논쟁을 보면, 그가 얼마나 명석하고 순결했는지를 확실히 알 수 있다. 예컨대 훗날 캔터베리의 대주교가 된 에드먼드 그린달에게 보낸 편지에는 그보다 앞서 믿음을 위해 죽은 선배들과 나중에 그렇게 될 후배들에 대한 따스한 애정이 담겨 있다.

그리스도의 노련한 군인이었던 휴 래티머는 케임브리지 대학교에서 교육을 받은 인재였다. 케임브리지에서 신학을 공부했기 때문에 본래는 당시의 로마식 미신을 열심히 준수하던 인물이었다. 신학 학사 과정을 시작할 때 행하는 연설에서 종교개혁자인 필리프 멜란히톤을 통렬하게 비난했을 정도였다.

그러나 일단 개종한 뒤에는 다른 사람을 개종시키는 일에 열심을 다했고, 케임브리지 대학교에서 공적으로는 설교자인 동시에 사적으로는 강사의 임무를 수행했다. 설교를 통해 라틴어로 기도하는 것과 사람들이 마땅히 들어야 할 구원의 메시지를 억압하는 것이 얼마나 터무니없는 짓인지를 날카롭게 비판했다.

그래서 더 이상 대학교에서 설교하지 못하도록 금지령이 내려졌지만, 그럼에도 3년 동안이나 공개적으로 그리스도의 대의를 변호했다. 그의 탁월한 재능은 대적들까지 인정할 정도였다. 토머스 빌니도 한동안 래티머와 함께 머물렀기 때문에 그들이 자주 걸었던 곳이 '이단의 언덕'이라는 별명을 얻게 되었다.

래티머는 연옥과 마리아의 순결과 성상 숭배를 비판하는 설교를 했다는 이유로 캔터베리 대주교와 런던 주교 앞에 출두하라는 명을 받았다.

이렇게 해서 래티머는 스미스필드를 거쳐 런던으로 올라와 추밀원 앞에 서서 교황파들의 온갖 조롱과 모욕을 참고 견뎠다. 그후 타워에 투옥되어 자기네 왕국이 결코 망하지 않을 거라 생각한 오만한 교황파들의 잔인하고 무자비한 학대에도 불구하고, 하늘로부터 오는 그리스도의 은혜에 힘입어 오랜 수감 생활을 잘 감당했다. 그들이 온갖 고통을 가했지만 그는 모든 고난을 견뎌냈을 뿐 아니라 쾌활함도 잃지 않았다. 주님께서 그에게 용감한 정신을 주신 덕분에 그 끔찍한 수감 생활과 고통을 가볍게 여겼을 뿐더러 적들의 조치를 비웃을 수 있었다.

래티머는 오랫동안 타워에 갇혀 있다가 크랜머, 리들리와 함께 옥스퍼드로 이송되었다. 10월까지 거기에 투옥되어 있는 동안 주로 세 가지를 위해 기도했다. 첫째, 그가 고백한 교리를 끝까지 고수하도록, 둘째, 하나님께서 다시 한 번 잉글랜드에 복음을 회복시켜 주시도록, 셋째, 엘리자베스가 여왕이 되게 지켜주시도록 기도했고, 이 기도들은 결국 응답되었다. 그는 옥스퍼드 보카도 문 밖에 있는 화형대에 리들리 박사와 함께 섰을 때 자비로운 모습으로 하늘을 향해 눈을 들고는 "감당할 수 없는 시험을 허락하지 아니하시는 하나님은 신실한 분입니다"라고 말했다. 이어서 그의 몸으로 불이 세게 붙는 바람에 심장에서 많은 피가 쏟아져 나왔다. 복음을 변호하는 증거로 가슴의 피가 흘러내리기를 바랐던 소원을 하나님께서 들어주시는 것만 같았다.

처형당하기 전날 밤 리들리는 익살맞게도 면도를 하고 저녁식사를 혼인 잔치라고 불렀다. 또 간수의 아내인 아이리시 부인이 우는 것을 보고 "내 아침식사는 조금 쓰고 맵지만 저녁식사는 더 맛있을 것이오"라고 말했다.

사형장은 발리올 대학 맞은편에 있는 소도시 북부에 자리 잡고 있었다. 리들리 박사는 검은 털옷 차림이었고, 래티머는 발까지 내려오는 긴 수의를 입었다. 화형대에 도착하자 리들리는 래티머를 뜨겁게 포옹하면서 "형제여, 하나님께서 불길의 강도를 누그러뜨리든지 우리에게 견딜 만한 힘을 주실 터이니 용기를 내시오"라는 말로 격려했다. 이어서 화형대 곁에 무릎을 꿇었고 함께 열심히 기도한 뒤에 둘만의 짧은 얘기를 나누었다. 그 후 스미스 박사가 순교자들을 향해 짧게 설교했고, 리들리와 래티머가 말을 하려는 순간에 부총장인 마셜 박사가 입을 막았다. 리

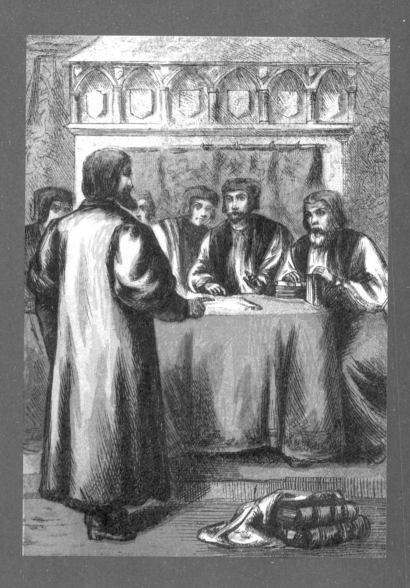

추밀원 앞에 선 휴 래티머

들리는 겉옷과 어깨걸이를 벗어서 처남인 십사이드에게 주었다. 아울러 소지품을 울고 있는 친구들에게 나눠주었다. 군중은 그의 옷 한 조각이라도 갖고 싶어 했다. 반면에 래티머는 줄 것이 아무것도 없었다. 워낙 가난한 옷차림이라 금방 수의가 드러났다. 그는 위엄 있게 똑바로 서서 죽음을 두려워하지 않는 모습을 보였다.

리들리는 옷을 다 벗고 셔츠만 입고 있었고, 대장장이가 허리에 쇠사슬을 채우자 바싹 조이라고 말했다. 대장장이의 형제는 리들리의 목에 화약 봉지를 매달았고 래티머에게도 그렇게 했다.

리들리와 래티머의 화형 장면

크랜머 대주교는 리들리와 래티머와 나란히 투옥되었지만, 가톨릭 교회의 교리를 수용한다는
진술서를 썼기에 처음에는 화형을 피할 수 있었다. 하지만 나중에 그가 예전에 쓴 입장 철회문을
거부했다는 증거로 불을 향해 손을 내밀고 있다.

불이 붙은 장작이 리들리의 발밑에 놓이자 래티머는 이렇게 말했다. "리들리, 기운을 내시오. 남자답게 당당하시오. 우리는 오늘 하나님의 은혜로 잉글랜드에 결코 꺼지지 않을 촛불을 밝히게 될 것이오."

리들리는 불길이 올라오는 것을 보고 큰 목소리로 "주여, 주여, 내 영혼을 받으소서" 하고 외쳤다. 래티머도 건너편에서 그만큼 큰 목소리로 "하늘의 아버지여, 내 영혼을 받으소서!"라고 소리치며 불길을 끌어안듯이 받아들였다. 양손으로 얼굴을 어루만지고 거의 고통을 느끼지 않은 채로 금방 숨을 거두었다.

존 필포트

순교자 존 필포트는 햄프셔에서 기사騎士의 아들로 태어나 옥스퍼드 뉴 칼리지에서 여러 해 동안 민법을 공부하고 히브리어에서 두각을 나타냈다. 그는 학자이자 신사이며 열성적인 신앙인이었으며, 두려움을 모르는 성격에다 아첨을 싫어하는 인물이었다. 메리가 즉위한 뒤에 회의가 소집되었고, 회의에서 필포트는 윈체스터의 주교인 스티븐 가드너에 맞서 종교개혁을 옹호했다. 그 후 감옥에 갇혀 18개월을 보낸 뒤에 1555년 10월 2일에 에드먼드 보너를 비롯한 여러 판무관 앞에서 심문을 받았다.

필포트는 두 번째 심문을 받고 나서 보너의 석탄 저장소에 수감되었는데, 거기에서 예전에 그들의 설득에 넘어가 입장 철회

조서에 서명했던 에식스의 한 열성적인 목사를 만났다. 그러나 이 목사는 나중에 양심의 가책을 받아 주교에게 그 조서를 다시 보여달라고 한 뒤에 찢어버렸다고 했다. 이로 말미암아 보너는 크게 격분하여 그를 여러 차례 구타했고 턱수염 일부를 잘라버렸다. 바로 그날 밤 필포트는 보너와 개인적인 면담을 한 후에 석탄 저장소에 갇힌 다른 죄수들과 같이 밀짚 침대로 보내졌다. 보너는 필포트를 일곱 번 심문한 뒤에 차꼬를 채우라고 지시했고, 그다음 주일에 이단의 선동자란 이유로 그를 다른 죄수들로부터 분리시켜 롤라드 타워 건너편에 있는 세인트폴 교회 난간 근처에 위치한, 가로 2.4미터, 세로 3.96미터 크기의 작은 방에 가두라고 했다. 자기 방 베란다에서 감시할 수 있는 장소였기 때문이다. 여기에서 필포트는 수색을 당했으나 다행히도 심문에 관한 몇 장의 편지를 몰래 숨기는 데 성공했다.

12월 4일에 필포트는 다시 심문을 받았고 나중에 두 차례나 더 받았으므로, 마지막 사형 선고를 받을 때까지 받은 심문을 모두 합치면 열네 번이나 된다. 이처럼 가톨릭 교회는 그를 자기편으로 만들기 위해 언변이 가장 뛰어난 주교들을 동원하여 끈질기게 물고 늘어졌다. 필포트는 학구적으로 진행된 길고긴 심문 내용을 모두 기록해놓았는데, 공정한 입장에서 볼 때 가톨릭 학자들의 무능함을 이보다 확실히 보여주는 증거물은 아마 없을 것이다.

12월 6일, 세인트폴 교회 법정에서 보너 주교는 필포트가 몰래 가루로 잉크를 만들고 사적인 편지를 썼다는 등 하찮은 죄목들을 열거한 뒤에 절차를 밟아 무서운 선고를 내렸다. 다음날인 12월 7일에 필포트는 이튿날 죽을 것이라는 통보를 받았다. 그리하여 이튿날 아침 8시 경에 자기를 처형장으로 호송할 행정관들을 기쁘게 만났다.

스미스필드에 진입했을 때 땅이 진흙투성이어서 두 관리가 그를 들어서 화형대로 옮겨주겠다고 제의하자, "당신들이 나를 교황으로 만들 작정이오? 나는 걸어서 내 여정을 마치고 싶소"라고 대답했다. 화형대에 도착해서는 이런 말을 했다. "나의 구원자는 나를 위해 십자가에서 가장 수치스러운 죽임을 당하는 것을 마다하지 않았는데, 내가 이 화형대에서 죽는 것을 떳떳치 않게 여기겠소?" 그리고 조용히 시편 107편과 108편을 암송했다. 기도를 끝내자 집행관이 그를 기둥에 묶고 장작더미에 불을 붙였다. 1555년 12월 8일, 이 저명한 순교자는 숨을 거두었고, 사람에게는 존경을, 하늘에서는 영광을 받게 되었다.

존 로마스, 애니스 스노스, 앤 라이트, 조앤 솔, 조앤 캐트머

이들 다섯 명의 순교자는 1556년 1월 31일에 다함께 사형에 처해졌다. 존 로마스는 켄트 주 텐터든 출신의 젊은이였다. 그는 캔터베리에 출두하라는 소환장을 받아 1월 17일에 심문을 받았다. 그리고 로마 가톨릭의 우상숭배적인 교리에 반하는 답변을 했다는 이유로 이튿날 사형 선고를 받아 1월 31일에 처형되었다.

애니스 스노스는 스마든이라는 작은 마을에 살던 과부로서 가톨릭 바리새인들 앞에 여러 차례 소환을 당하여 면죄 선언과 면벌, 화체설과 비밀 참회를 부정한다는 이유로 사형 선고를 받을 자로 확정되었다. 그리하여 1월 31일에 그녀와 비슷한 상황에 처한 앤 라이트, 조앤 솔과 함께 순교했다. 이 천상의 동지들 가운데 마지막 인물인 조앤 캐트머는 하이드 교구 소속으로 순교자 조지 캐트머의 아내였다.

어느 나라를 보든지 정치 논쟁을 빌미로 흠잡을 데 없는 인생을 산 여인 네 명을 한꺼번에 처형한 경우는 찾아보기 어렵다. 심지어 야만인이라도 그런 사람들의 목숨은 살려두었을 것이다. 이 다섯 사람은 화형대에 묶여 숨이 끊어질 때까지 영광 중에 계신 구원자를 향해 호산나를 불렀다.

휴 레버릭과 존 어프리스

이 사례에서 우리는 바벨론 괴물들의 살인적인 광기가 노인의 허약함과 맹인의 불행조차 아랑곳하지 않는 광경을 보게 된다. 휴 레버릭은 바킹 교구 소속으로 예순여덟의 노인이자 화가요 절름발이였다. 존 어프리스는 시각 기능을 상실한 장애인이었으나 영원한 복음 진리의 광채를 받아 지적인 눈이 밝은 사람이었다. 이들은 남을 해롭게 할 줄 모르는 사람이었는데도 몇몇 편협한 인간들에 의해 고발되어 상어 같은 런던의 성직자들에게 끌려와서 심문을 받았다. 이 둘은 그들의 죄목으로 제출된 여러 항목에 대해 예전의 순교자들과 똑같이 답변했다. 5월 9일에 세인트폴 교회 법정에서 입장을 철회하라는 간청을 받았으나 결국 거부했고, 그 결과 풀럼으로 이송되어 에드먼드 보너로부터 화형 선고를 받았다. 두 사람은 1556년 5월 15일에 세속 관리들에게 넘겨진 뒤에 마차로 뉴게이트에서 런던 보우로 이송되어 화형대에 묶였다. 휴 레버릭은 사슬로 단단히 묶여서 더 이상 목발이 필요 없게 되자 목발을 내던지면서 동료 순교자를 위로했다. "형제여, 기운을 내시오. 내 주님은 우리의 선한 의사이기 때문이오. 그분이 곧 우리를 치유해주실 터이니, 눈 먼 당신과 절름발이인 나를 온전케 하실 것이오." 그들은 불 속에 쓰러졌다가 불멸의 생명으로 다시 일어섰다!

줄리어스 파머

줄리어스 파머의 생애는 오류와 개종으로 채색된 독특한 사례를 보여준다. 에드워드 6세 시대에는 완고한 교황파로 살면서 경건하고 신실한 설교에 심한 반대를 하는 바람에 자기네 파당으로부터도 멸시를 받을 정도였다. 그런데 이런 사고가 완전히 뒤바뀌어 메리 여왕 시대에 박해를 받고 죽임을 당한 것은 실로 전능하신 하나님의 섭리가 아닐 수 없다. 이는 놀라움과 동경을 자아내는 사건이다.

파머는 아버지가 시장으로 봉직하던 코번트리에서 태어났다. 훗날 옥스퍼드 대학교로 이주하여 라틴어와 그리스어 학자가 되었다. 유익한 논쟁을 좋아했고 위트와 기억력 뛰어났다. 지칠 줄 모르고 공부하는 유형이라 새벽 4시에 일어났고, 그렇게 열심히 공부한 결과 모들린 칼리지의 논리학 강사가 되었다. 그러나 에드워드 6세 시절은 종교개혁에 우호적이었던 만큼, 파머는 기도와 예의바른 행실을 멸시하다가 자주 처벌을 받았고 마침내 대학에서 쫓겨났다.

훗날 그는 종교개혁 교리를 수용했다가 그로 말미암아 체포되어 사형 선고를 받았다. 그는 1556년 7월 15일에 동료 죄수인 토머스 애스킨과 함께 재판을 받았다. 애스킨과 존 권은 이미 전날 선고를 받은 상태였고 파머는 15일에 최종 판결을 받기 위해 불려온 참이었다. 선고를 즉시 집행하라는 지시가 내려져서, 그날 오후 5시 샌드피츠에서 세 사람은 화형대에 묶였다. 그들은 다 함께 간절히 기도한 뒤에 시편 31편을 노래했다.

장작더미에 불이 붙고 불길이 몸을 덮치는데도 그들은 고통을 느끼지 못하는 듯 계속해서 "주 예수여, 우리에게 힘을 주소서! 주 예수여, 우리의 영혼을 받으소서!" 하고 외치다가 마침내 생명이 끊어져 고통도 멈추었다. 그들의 머리가 강한 불길에 휩쓸

줄리어스 파머, 존 권, 토머스 아스킨이 화형당하는 장면

려 떨어지자 구경꾼들은 파머가 죽은 것으로 생각했으나, 그의 혀와 입술이 다시 움직이더니 예수의 이름을 부르는 소리가 그들의 귀에 들렸다. 참으로 놀랍고 기이한 일이었다. 주 예수여, 영원히 영광과 존귀를 받으소서!

조앤 웨이스트를 비롯한 순교자들

맹인으로 태어난 이 가난하고 정직한 여성은 스물두 살의 미혼으로 더비의 올핼로즈 교구 소속이었다. 아버지는 이발사이면서 밧줄 만드는 일로 생계를 꾸렸다. 조앤은 아버지를 도우면서 뜨개질도 배워 여러 가지 의복을 만들 수 있었다. 그런데 에드워드 6세 시절에 배웠던 교리와 정반대되는 교리를 견지하는 자들과의 교제를 거부한다는 이유로 블레인 주교의 종교법 고문 앤서니 드레이콧 박사와 더비 지방 관리였던 피터 핀치 앞에 불려왔다.

그들은 복잡한 논리로 위협하며 그 가난한 여성을 헷갈리게 만들려고 했다. 하지만 조앤은 주교에게, 만일 그가 최후의 심판날에 자기를 대신해 성찬에서 그리스도의 실재를 믿는 믿음이 진리라고 답변할 의향이 있다면, 자기도 주교의 교리를 수용하겠다고 말했다. 주교도 처음에는 그렇게 하겠다고 대답했다. 그러나 드레이콧 박사가 주교에게 어쨌든 이단을 대신해 답변해서는 안 된다고 일러주자 기존 입장에서 한 발 물러섰다. 이에 조앤은 만일 그들이 양심상 하나님의 법정에서 그녀가 수용하길 바라는 진리를 위해 답변할 자신이 없다면, 자기도 더 이상 질문에 답변하지 않겠다고 말했다. 그 후에 판결이 내려졌고, 드레이콧 박사가 사형수에게 설교를 하도록 지명되었다. 1556년 8월 1일 조앤이 순교하는 날, 호통으로 일관된 설교가 끝난 뒤에 앞을 못보는 이 가련한 여성은 더비 근방 윈드밀 피트라는 곳으로 끌려갔다. 그녀는 한동안 친형제의 손을 붙잡고 있다가 나중에는 스스로 화형당할 준비를 갖추었고, 연민에 찬 군중에게 함께 기도하자고 요청하고, 자비를 베풀어달라고 그리스도께 기도했다. 그 후 마침내 영원하고 의로운 태양의 영광스런 빛이 현세를 떠난 그녀의 영혼을 밝게 비추었다.

이제 무자비한 메리의 피비린내 나는 칙령들을 마감할 때가 되었다. 1556년 한 해만 해도 희생된 사람의 수가 84명이 넘을 정도였다!

1557년 초, 레지널드 폴 추기경이 케임브리지 대학교를 방문했다. 당시 케임브리지 대학에서 이단적인 설교자들과 종교개혁 교리를 깨끗이 청산할 필요가 있다고 판단했기 때문이다. 방문 목적은 이미 3, 4년 전에 매장된 마르틴 부처와 파울 파기우스를 재판하는 광대극을 벌이기 위해서였다. 이 때문에 그들이 누워 있는 세인트메리 교회와 세인트마이클 교회는 향후 교황의 성수를 뿌리고 씻어내는 등의 절차를 밟기 전에는 하나님을 예배하기에 합당치 않은, 수치스럽고 불경한 장소로 지정되었다. 죽은 종교개혁자들에게 출두 명령을 내리는 헛된 법령이 통과되었고, 1월 26일에는 사형 선고가 내려졌다. 그 일부를 인용하면 다음과 같다. "그러므로 우리는 영장과 더불어 관습법에 따라 마르틴 부처와 파울 파기우스를 파문하고 그들을 추모하는 행위를 유죄로 선언하는 바이다. 우리는 또한 거룩한 경전에 따라 그들의 몸과 뼈를 정죄하노니, 그것을 파헤쳐서 신자들의 유골에서 멀리 떨어진 곳에 버릴지어다. 그리고 어디에서든 그들의 저술이 발견되면 공개적으로 불태울 것을 명하노라. 아울러 이 대학교나 이 도시, 혹은 인접한 곳에 사는 사람은 모두 이

마르틴 부처와 폴루스 파기우스의 뼈와 저술을 불태우는 장면

단 서적을 읽거나 숨기지 못하도록 영장과 더불어 관습법으로도 금지하노라!"

주교는 이 선고를 낭독한 뒤에 무덤에서 시체를 파헤쳐서 성직에서 파면하고 세속 권력의 손에 넘겨주라고 지시했다. 피 흘리기를 싫어하고 살인의 욕망을 미워하는 그들과 같이 무죄한 인간들이 사람을 죽이는 것은 합당하지 않다 여겼기 때문이다.

2월 6일, 시체들은 관에 담긴 채로 군중이 운집한 가운데 케임브리지 장터 한복판으로 운반되었다. 그들은 거대한 기둥을 단단히 세우고 나서 마치 죽은 사체가 살아 있기라도 한 것처럼 관

중간 부분을 묶은 뒤에 큰 쇠사슬로 기둥에 고정시켰다. 관에 불이 붙자 정죄 받은 많은 책들도 불 속에 던졌다. 그러나 훗날 엘리자베스 여왕의 통치기에 이 경건하고 박식한 두 인물을 추모함으로써 정의가 실현되었다. 케임브리지 대학교의 연사인 애크워스와 필킹턴이 그들을 추모하고 이들을 박해한 가톨릭 박해자들을 비난하는 추도문을 발표했을 때였다.

앨리스 벤던

앨리스 벤던은 켄트 주 스테플허스트에 살던 에드워드 벤슨의 아내였다. 그녀는 미사에 불참했다는 이유로 1556년 10월에 체포되었다가 행실을 조심하라는 강력한 경고를 받고 석방되었다. 하지만 남편이 편협한 가톨릭교도여서 아내의 불순종을 공공연하게 떠들고 다녔다. 결국 앨리스는 다시 체포되어 캔터베리 성으로 이송되었고, 주교의 감옥으로 옮겨질 경우 아주 적은 돈으로 하루를 버텨야 한다는 사실을 알았기 때문에, 그런 고생에 대비하여 하루에 2펜스 반 페니로 생활하려고 노력했다.

1557년 1월 22일, 앨리스의 남편은 주교에게 만일 처남인 로저 홀이 누나를 찾아가 위로하고 필요한 것을 공급하지 못하게 하면 아내도 결국 입장을 바꿀 것이라고 편지를 보냈다. 이 때문에 앨리스는 먼데이즈 홀이라는 감옥으로 이송되었다. 그런데도 앨리스 동생은 부지런히 누나를 찾아갔고, 다섯 주가 지날 때 즈음에 하나님의 섭리로 지하 감옥에서 흘러나오는 누나의 목소리를 듣게 되었다. 하지만 그로서는 빵 덩어리에 돈을 쑤셔 넣고 긴 장대에 부착하여 내려주는 것밖에는 도울 길이 없었다. 이 가련한 희생자는 무려 9주간이나 돌 벽 사이에 놓인 지푸라기 위에 누워 있어야 했다. 갈아입을 옷은 물론이고 최소한의 위생 시설도 없는 열악한 환경에서 얼마나 많은 고생을 했을지 상상만 해도 끔찍하다!

3월 25일이 되자 앨리스는 주교 앞에 소환되었고, 주교는 앨리스에게 만일 집으로 돌아가서 안정을 찾고자 한다면 보상금과 함께 풀어주겠다고 했다. 그러나 앨리스는 이미 고생에 단련이 되어 오그라든 팔다리와 쇠약해진 몰골을 보여주며 진리의 길에서 벗어나지 않겠다고 버텼다. 그리하여 음침한 구덩이에서 웨스트게이트로 이송되었다. 4월 말경에 거기에서 끌려나와 사형 선고를 받았고, 6월 19일에 화형을 당할 때까지 성곽 감옥에 수감되어 있었다. 화형대에서 그녀는 존 뱅크스에게 손수건을 기념으로 주었다. 그리고 허리춤에서 하얀 레이스를 꺼내 남동생에게 전해주라고 부탁하면서, 그것이 쇠사슬을 제외하고 그녀를 묶었던 마지막 끈이라고 일러주라고 했다. 아울러 자기에게 보내준 1실링을 아버지에게 돌려주었다.

앨리스와 다른 여섯 명의 순교자들은 기꺼이 옷을 벗고 화형 당할 준비를 갖추고 무릎을 꿇은 뒤에 그리스도인다운 모습으로 진지하게 기도했다. 십자가의 대적들마저 감동시키기에 충분한 면모였다. 그들은 다함께 하나님께 호소한 뒤에 화형대에 단단히 묶였고 거침없는 불길에 둘러싸여 영혼을 살아 계신 주님의 손에 맡겼다.

존 홀리어

존 홀리어 목사는 교황파들의 미신을 반대한다는 이유로 존 풀러 박사에게 사형 선고를 받았다. 세족 목요일에 화형대로 끌려와서 옷을 벗는 동안 사람들에게 자기는 의로운 명분을 위해 고난당하는 것임을 증언해달라고 부탁하고, 예수 그리스도 외에는 다른 반석이 없음을 믿으라고 권면했다. 그때 보이어스라는 사제가 시장에게 그의 입을 막으라고 요청했다. 기도한 뒤에 그는 순순히 화형대로 갔다. 쇠사슬에 묶인 다음 나무통 속에 들어갔고 갈대와 나무에 불이 붙었다. 그런데 바람이 불어 등 쪽으로 불길이 덮치는 바람에 심한 고통을 느끼며 더욱 뜨겁게 기도했다. 친구들은 집행인에게 바람이 불어오는 얼굴 쪽에 있는 장작에 불을 붙이라고 요청했고 이는 즉시 이행되었다.

그 순간 꽤 많은 책이 불 속으로 던져졌는데, 그중 하나인《성찬식》을 낚아채어 즐겁게 읽어나가다가 결국에는 불과 연기 때문에 더 이상 계속할 수 없었다. 그렇지만 그는 간절히 기도하면서 그 책을 가슴에 껴안고 마지막 순간에 소중한 선물을 허락하신 하나님께 감사드렸다.

그날따라 뜨거운 바람이 불어와서 불길이 아주 세차게 타올랐다. 구경꾼들이 이제는 죽었을 것으로 짐작하는 순간에 갑자기 그는 "주 예수여, 내 영혼을 받으소서" 하고 소리친 뒤에 순순히 목숨을 내어놓았다. 그가 화형당한 곳은 지저스 대학에서 멀지 않은 지저스 그린이었다. 그에게 화약을 매달긴 했으나 화약에 불이 붙기 전에 그는 이미 죽은 상태였다. 그런데 이 경건한 순교자는 특별한 광경을 보여주었다. 뼈들이 쓰러지지 않고 똑바로 서 있는 상태로 살이 탔기 때문에 마치 해골이 화형대에 묶여 있는 듯한 모습을 보여준 것이다. 많은 사람이 그의 유해를 정성스레 수습했다. 그의 신앙을 흠모하거나 비인간적인 편견을 싫어하는 사람들이 유해 앞에서 경의를 표했다.

콜체스터에서 처형당한 사람들

콜체스터 출신 스물두 명이 구치소에 갔다가 가벼운 항복으로 풀려났다. 그 가운데는 윌리엄 먼트와 아내 앨리스, 딸 로즈 앨런이 포함되어 있었다. 그들은 집으로 돌아온 뒤에 교회에 나가지 않았는데, 편협한 사제가 이 사실을 남몰래 에드먼드 보너 주교에게 통보했다. 3월 7일에 먼트 부부가 잠자리에 든 뒤에 관리들이 집에 들이닥쳐 콜체스터 성으로 가야 한다고 통보했다. 당시에 먼트 부인은 중병에 걸려 있었기에 딸에게 마실 것을 가져다 달라고 했다. 로즈는 그들의 허락을 받아 초와 컵을 들고 나갔다가 돌아오는 길에 한 관리와 마주쳤다. 이 관리는 그녀에게 부모한테 좋은 가톨릭교도가 되도록 조언해주라고 경고했다. 그러자 로즈는 관리에게 성령님이 부모님의 조언자로 곁에 계시다고 짧게 대꾸했다. 아울러 그녀 역시 동일한 대의를 위해 목숨을 내어놓을 준비가 되어 있다고 말했다. 그 관리는 자기 일행을 향해 그녀가 기꺼이 화형당할 채비를 갖추고 있다고 얘기했다. 그러자 그들 중 하나가 그녀가 앞으로 어떻게 할지 궁금하니 실험해보자고 제의했다. 이 무정한 사람은 즉시 그것을 실행에 옮

관리들이 어머니에게 물을 가져가는 로즈 앨런의 손에 불을 붙이고 있다.

순교자 열전

겄다. 그는 로즈의 손목을 붙잡고 촛불을 이용해 힘줄이 떨어질 때까지 손등을 열십자로 태우고 온갖 모멸의 말을 퍼부었다. 그런데도 그녀는 꼼짝하지 않고 고통을 참았으며, 그가 고문을 그치자 당신 고용주가 이런 짓에 신경이나 쓰겠느냐며 개의치 말고 발이나 머리에도 고문을 하라고 말했다. 그 후 그녀는 어머니에게 마실 것을 가져다 드렸다.

이런 잔인한 고문 행위는 다른 곳에서도 있었다. 에드먼드 보너는 눈이 먼 가난한 음악가가 모든 관절이 불에 탈지라도 믿음에서 달아나면 안 된다고 굳게 다짐하자 로즈에게 했던 것처럼 고문했다. 에드먼드 보너는 남몰래 부하들에게 불타는 숯을 가져 오라고 신호를 보냈고, 부하들이 숯을 그 가난한 남자의 손에 갖다 대고 손을 꼭 붙잡아 살 속 깊숙이 타들어가게 했다.

재봉사였던 조지 이글스는 하나님께서 메리 여왕의 마음을 돌이키든지 없애주시기를 기도했다는 이유로 고발당했다. 죽음을 초래한 표면상의 이유는 신앙이었다. 메리와 같이 저주받아 마땅한 인간을 변화시켜달라고 기도하는 사람에게 반역죄를 뒤집어씌울 수는 없었기 때문이다. 이로 인해 사형 선고를 받은 그는 함께 처형당할 두 강도와 썰매를 타고 처형장에 도착했다. 윌리엄 스왈로라는 집행관이 그를 썰매에서 끌어내리더니 무딘 칼로 머리를 난도질하고 똑같이 무지막지하고 잔인한 방법으로 몸을 갈라서 심장을 끄집어냈다.

그토록 격심한 고통 중에도 이 가난한 순교자는 불평조차 하지 않고 끝까지 구원자의 이름만 불렀다. 괴팍한 인간들의 만행은 거기에서 그치지 않았다. 내장을 불에 태우고 몸을 사등분하여 각 부위를 콜체스터, 하리치, 첼름스퍼드, 세인트루지스 등지에 보냈다. 조지 이글스의 머리를 받은 첼름스퍼드에서는 그의 머리를 긴 장대에 꽂아 장터에 세워놓았다. 시간이 흐르고 바람에 장대에서 떨어진 머리는 며칠간 시장 바닥을 뒹굴다가 한밤중에 교회 마당에 매장되었다.

조이스 루이스

조이스 루이스는 맨체스터의 루이스의 아내였다. 조이스는 경건한 순교자인 로런스 손더스가 코번트리에서 화형당하기 전만 해도 로마 교회의 교리를 진리로 받아들였던 인물이다. 미사를 거부했다는 이유로 죽게 되었다는 사실을 안 조이스는 로런스 손더스가 미사를 거부한 이유를 탐구하기 시작했다. 그리하여 양심이 깨어나기 시작하자 조이스는 안절부절 못했다. 이런 불안한 상태에서 조이스는 이웃에 사는 존 글러버를 찾아가서 알고 있는 풍부한 복음 지식을 설명해주되 특히 화체설에 관해 얘기해달라고 부탁했다. 존 글러버는 조이스에게 미사를 비롯한 로마 가톨릭의 어리석은 행습이 하나님의 거룩한 말씀과 상치되는 것임을 납득시켰다. 그리고 그녀가 악한 세상의 허영을 지나

치게 따르고 있다고 솔직하게 책망했다. 이는 아주 때맞은 충고였기에 조이스는 곧 예전의 죄스러운 생활에 지겨움을 느끼고 미사와 우상숭배적인 예배를 그만두기로 결심했다. 남편은 억지로 그녀를 가톨릭 교회에 데려가려고 했으나, 조이스는 성수를 비롯한 여러 의식을 경멸했다. 이런 태도는 성례를 멸시하는 것이었기에 주교 앞에서 비난을 받게 되었다.

곧 조이스에게 소환장이 발급되었다. 한 관리가 소환장을 건네주자 루이스는 홧김에 관리의 목에 칼을 들이대며 소환장을 물과 함께 삼키게 하고 돌려보냈다. 이 때문에 주교는 루이스와 그의 아내를 모두 소환했다. 루이스는 금방 순복했으나, 아내가 성수를 거절한 행위는 하나님을 불쾌하게 하는 것도, 그분의 법을 어기는 것도 아니라고 단호하게 주장했다. 조이스가 집에 돌아가 한 달을 지내는 동안 남편 루이스는 아내의 보증하는 보증금을 걸었다. 이 기간에 글러버는 조이스에게 허영심이 아니라 하나님의 영광을 위해 그녀가 행했던 대로 행할 필요가 있음을 각인시켰다.

글러버를 비롯한 여러 사람이 루이스에게 아내를 죽음에 처하게 하느니 보증금을 포기하는 것이 어떠냐고 열심히 권면했다. 그런데도 그는 그런 인도적인 목소리를 듣지 않고 그녀를 주교에게 넘겨주었고, 주교는 온갖 꼬투리를 잡아 조이스를 열악한 감옥에 가두었으며, 그때부터 그녀는 여러 차례 심문을 받았다.

마지막 심문에서 주교는 미사에 와서 성령의 성찬을 신성하게 받는 것이 합당한지 여부를 놓고 조이스와 논쟁을 벌였다. 조이스 루이스는 "만일 이런 것들이 하나님의 말씀 안에 있다면, 나는 전심으로 그것들을 받고 믿고 또 존중할 것이오"라고 말했다. 주교는 너무도 무식하고 뻔뻔스러운 태도로 "만일 당신이 성경이 보증하는 것밖에 믿지 않을 것이라면, 당신은 천벌을 받아 마땅하오!"라고 대답했다. 이 말을 듣고 깜짝 놀란 조이스는 그의 발언이 불경스럽고 불순하다고 대꾸했다.

조이스는 사형 선고를 받은 후에 열두 달 동안 감옥에 갇혀 있었는데, 행정관은 자기 임기 동안에 그녀를 죽이고 싶지 않았다. 마침내 런던에서 사형 집행 영장이 오자 조이스는 몇몇 친구들을 불러서 어떤 식으로 죽는 것이 하나님의 이름을 더 영화롭게 하고 하나님의 대적들의 대의에 손상을 줄 수 있는지 자문을 구했다. 그때 조이스는 미소를 지으며 이렇게 말했다. "난 죽음을 가볍게 여겨. 나는 곧 사랑하는 구원자이신 그리스도의 다정한 얼굴을 보게 될 것을 알고 있기에 죽음의 못난 얼굴이 나를 괴롭힐 수 없거든."

죽기 전날 밤, 사제 두 명이 그녀를 방문하고 싶어 했지만, 조이스는 영혼의 대제사장이신 예수 그리스도와 함께 더 나은 교제를 하게 될 생각에 고해와 면죄를 모두 거부했다. 새벽 3시경 사탄이 그녀에게 나타나서 과연 자기가 영생에 이르도록 선택받았는지, 그리스도께서 자기를 위해 죽었는지 여부를 의심하도록 마음에 불타는 화살을 쏘기 시작했다. 친구들은 그녀의 연약한 마음을 위로하고 세상 죄를 지고 가는 구속주를 가리키는 성경 구절들을 지적해주었다.

8시경이 되자 행정관은 조이스에게 이제 한 시간밖에 남지 않았다고 일러주었다. 처음에는 낙심했으나 그 순간은 곧 지나갔고, 조이스는 이제 자기의 생명이 하나님을 섬기는 데 바쳐질 것을 기대하며 그분께 감사드렸다. 행정관은 두 친구에게 그녀와 함께 화형대로 가도록 허락했고, 이런 관대한 대우에 대한 대가를 톡톡히 치러야 했다. 그리하여 마이클 레니거와 오거스틴 베르너가 그녀를 처형장으로 안내했는데, 거리는 멀고 심히 쇠약한 상태라 사람들이 밀려드는 바람에 기절하다시피 했다. 조이스는 하나님께 잉글랜드를 로마 가톨릭과 우상숭배적인 미사에서 구출해달라고 세 번 뜨겁게 기도했다. 이 기도에 행정관과 대다수의 사람들이 '아멘'으로 화답했다.

기도한 뒤에는 목을 축일 물이 가득 담긴 컵을 들고 "나는 진실로 그리스도의 복음을 사랑하고 로마 가톨릭의 폐지를 염원하는 모든 사람을 위해 이것을 마신다"고 말했다. 거기에 있던 친구들과 수많은 여성들이 그녀와 함께 마셨으며, 이 때문에 그들 대부분이 나중에 참회를 강요받았다.

화형대에 묶이자 조이스는 쾌활한 표정을 지었고 두 뺨의 붉은 빛이 가시지 않았다. 불길이 덮칠 때까지 양손을 하늘을 향해 높이 들었고 그녀의 영혼은 창조주의 품에 안겼다. 고통의 시간은 무척 짧았다. 부행정관이 그녀의 친구들의 부탁으로 양질의 연료를 준비한 결과 불과 몇 분 만에 연기와 불길이 그녀를 삼켰기 때문이다. 이 숙녀의 이야기를 듣는 사람 중에 인간성이 메마른 사람이 아니면 누구나 연민의 눈물을 감출 수 없었다.

이즐링턴에서 처형당한 사람들

9월 17일경에 이즐링턴에서 처형당한 이들은 그리스도에 대한 신앙을 고백한 랠프 앨러턴, 제임스 오스투, 마저리 오스투, 리처드 로스 등이다.

런던 교외의 바킹에 위치한 세인트올핼로즈의 제임스 오스투와 마저리 오스투는 성찬에서 그리스도의 실재를 믿지 않는다는 이유로 사형 선고를 받았다. 리처드 로스는 일곱 가지 성례를 부정하고, 콜체스터에 있는 친구들에게 보내려고 피로 쓴 편지가 이단들을 위로했다는 혐의를 받아 고발당했다.

이 편지는 에드먼드 보너를 '피에 굶주린 폭군'으로 일컫고 있는 만큼 동정의 여지가 전혀 없었다. 로스는 보너가 낮에는 사람들을 두려워한 나머지 밤에 몰래 심문했다고 비난했다. 그는 온갖 회유에도 넘어가지 않고 마침내 사형 선고를 받았다. 1557년 9월 17일에 네 명의 순교자는 하나님으로부터 구속을 받으려고 죽임당한 어린 양을 증언한 죄로 이즐링턴에서 숨졌다.

시슬리 옴스

스물두 살의 이 젊은 순교자는 노리치의 세인트로렌스에 살던 소모사 직조공인 에드먼드 옴스의 아내였다. 사이먼 밀러와 엘리자베스 쿠퍼가 죽는 순간 그녀는 자기도 똑같은 잔을 마시겠다고 서약했다. 이 서약 때문에 그녀는 종교법 고문에게 불려왔다. 만일 교회에 가겠다고 약속하고 자신의 신앙을 홀로 간직하겠다고 약속했다면 쉽게 풀려났을 것이다. 그러나 시슬리가 이 점에 동의하지 않자 고문은 본인은 누구보다 관대한 사람이고 그녀가 무식하고 어리석은 여인이라서 사형 선고를 내리고 싶지 않다고 말했다. 이 말을 들은 시슬리는 그녀의 죄 많은 몸을 살려주고 싶은 그의 심정이 아무리 애절할지언정 그처럼 큰 싸움에서 육신을 내어놓고 싶은 자신의 마음에는 필적할 수 없을 것이라고 응답했다. 그러자 고문은 화형을 선고했고, 그녀는 1557년 9월 23일 아침 8시에 화형대에 끌려왔다.

시슬리는 사람들에게 신앙을 고백한 후 화형대에 손을 얹고 말했다. "환영하오, 그리스도의 십자가여!" 밀러와 쿠퍼도 이 화형대에서 화형을 당했다. 그녀는 손이 새까맣게 되자 처음에는 손을 닦았다. 하지만 곧바로 다시 화형대를 "향기로운 그리스도의 십자가"로 환영하며 끌어안았다. 집행인들이 장작에 불을 붙이자 이렇게 말했다. "내 영혼이 주를 찬양하며, 내 마음이 하나님 내 구주를 기뻐합니다." 이어서 가슴 위에 양손을 교차한 뒤에 지극히 평온한 자태로 위를 쳐다보며 뜨거운 용광로를 참고 견뎠다. 양손은 계속해서 조금씩 올라갔으나 결국 힘줄이 다 타서 떨어져 나갔다. 그녀는 고통스러운 탄식을 발하지 않고 그 생명을 의탁했으니, 이는 영원한 축복이 있는 곳, 곧 하나님이 계시는 천상의 낙원에 들어갔다는 상징이었다.

종교법 고문이 믿음을 홀로 간직하게 하는 것 말고는 어떤 참회의 행위도 끌어낼 수 없었으니, 어쩌면 시슬리 옴스는 자신의 죽음을 자초한 셈이다. 하나님께서 그녀를 반짝이는 빛으로 선택하신 것이다. 시슬리는 처음에 변절한 뒤 12개월 동안 너무 괴로워하다가 마침내 진심으로 자신의 변절을 회개한다는 편지를 고문에게 보냈다. 그리고 배교를 뉘우치고 가톨릭교도들에게 자신은 더 이상 개인의 안전을 위해 타협할 생각이 없음을 밝히기라도 하듯이, 타협을 권유하는 고문의 제안을 담대하게 물리쳤다. 대의를 위한 그녀의 용기는 실로 사형을 자초할 만한 것이다. 그녀는 "누구든지 땅에서 나를 부끄러워하면, 나도 하늘에서 그를 부끄러워하리라"고 말씀하신 그분의 대의에 자신을 던졌다.

화형당하는 시슬리 옴스

커스버트 심슨

그리스도를 믿는 신앙을 고백한 사람 가운데 커스버트 심슨보다 더 활동적이고 열정이 넘쳤던 사람도 드물다. 그는 친구들이 로마 가톨릭에 오염되지 않도록 막으려 했을 뿐 아니라 박해의 공포에서 그들을 보호하려고도 애썼다.

커스버트 심슨은 자신의 고난에 관해 진술한 적이 있으므로 그의 글을 인용하는 것이 좋겠다.

1557년 12월 13일, 나는 추밀원에 의해 런던 타워에 수용되었다. 이튿날인 목요일 사관실로 불려가서 런던 타워의 보안 무장관과 런던의 판사 로저 컬멀리 앞에 섰고, 이들은 나에게 영어 예배에 참석한 이들의 이름을 밝히라고 했다. 아무것도 말하지 않겠다고 하자, 거부한다는 이유로 쇠 고문대에 묶어놓고 세 시간 동안이나 고문했다!

그 후에 이제는 자백하겠느냐고 물어서 이전과 똑같이 대답했다.

고문대에서 풀려난 뒤에 숙소로 돌아왔다. 그다음 주일에 다시 동일한 장소에서 런던의 경관과 판사 앞에 서서 심문을 받았다. 나는 이전에 대답했던 대로 대답했다. 그때 경관은 나를 반드시 자백시키겠다고 하나님께 맹세했다. 그러고는 나의 두 집게 손가락을 함께 묶은 뒤 그 사이에 조그마한 화살을 집어넣었다. 화살을 아주 빨리 끌어당기는 바람에 피가 흘렀고 화살은 부러졌다. "고문을 두 번이나 더 당한 뒤에 나는 숙소로 돌아왔고, 열흘이 지난 뒤에 경관은 이제는 자백하겠느냐고 물었다. 나는 할 수 있는 대답은 이미 다 했다고 대답했다. 3주가 흐른 뒤에 나는 사제에게 보내졌고, 거기에서 큰 폭행을 당했으며, 그리스도의 부활을 증언한다는 이유로 교황의 저주를 받았다. 그러므로 나는 진실로 예수의 이름을 부르는 모든 이들과 함께 여러분을 하나님과 그분의 은혜의 말씀에 의탁한다. 한없이 자비로운 하나님께서 당신의 사랑하는 아들, 예수 그리스도의 공로로 말미암아 우리 모두를 그분의 영원한 나라로 인도하시기를 바라노라, 아멘. 나는 우리에게 보여주신 하나님의 큰 자비로 인해 그분을 찬양한다. 나와 함께 지극히 높은 분에게 호산나 찬송을 부르자. 하나님이여, 내 죄를 용서하소서! 나는 온 세상을 용서해달라고 간구하며, 온 세상을 용서하고 이렇게 기쁨의 부활을 소망하는 가운데 세상을 떠나노라!

그가 얼마나 많은 고문을 받았는지 그저 놀라울 뿐이다! 그러나 이처럼 잔인한 이야기도 고문을 참고 견딘 그의 온유한 성품에 비하면 아무것도 아니다. 여기에는 어떤 악의도, 하나님의 보복을 탄원하는 목소리도, 부당한 고난에 대한 불평도 없다! 오히려 하나님께 드리는 찬양, 죄 용서, 모든 세상을 용서하는 소리로 끝을 맺는다.

에드먼드 보너조차 커스버트 심슨의 변함없는 침착함에 깊은 감명을 받았다. 그는 교회 법정에서 심슨에 대해 이렇게 말했다.

"여러분은 그가 얼마나 품위 있는 사람인지도 알고 그의 인내심에 대해서도 알고 있습니다. 설사 그가 이단이라도, 그는 이제까지 내 앞에 온 사람들 중에 가장 큰 인내심을 지닌 사람임을 내가 인정합니다. 그는 타워에서 하루에 세 번씩 고문을 당했고, 내 집에서도 많은 슬픔을 겪었지만, 나는 그의 인내심이 바닥난 것을 본 적이 없습니다."

처형당하기 전날 차꼬를 찬 채로 주교의 석탄 저장소에 갇혀 있을 때 커스버트 심슨은 어떤 영광스러운 존재의 환상을 보고 큰 격려를 받았다.

기독교 종교개혁을 대변하는 이 빛나는 인물과 함께 휴 폭스와 존 데비니쉬도 체포되었다. 세 사람은 1558년 3월 19일에 보

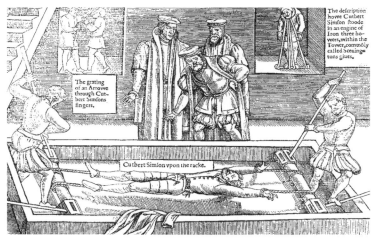

고문받는 커스버트 심슨

너 앞에 끌려왔고 보너는 그들 앞에 가톨릭 신조를 내밀었다. 이들은 가톨릭 신조를 배척했다. 그리하여 모두 사형 선고를 받았다. 이들은 이즐링턴의 동일한 공동체에서 함께 예배를 드렸던 것처럼 스미스필드에서 3월 28일에 함께 순교했다. 이 죽음을 통해 은혜로운 하나님은 영광을 받으셨고 참 신자들은 믿음의 확신을 얻게 되었다!

로저 홀런드

이즐링턴의 들판 근처에 있는 한적한 곳에 마흔 명이 모였다. 그들은 기도와 성경 강해 등 종교 활동을 하다가 그중 스물일곱 명이 붙잡혀서 로저 컬멀리 경 앞으로 끌려갔다. 그중에서 여자 몇 명이 도망갔고 스물두 명이 뉴게이트에 갇혔다. 그들은 심문을 받기에 앞서 간수에게 미사만 올리면 석방될 수 있다는 소식을 들었다. 아주 쉬운 조건처럼 보이지만, 이들은 목숨이나 재산보다 양심의 순결을 더 소중하게 여겼다. 그리하여 스미스필드에서 일곱 명, 브렌트퍼드에서 여섯 명 등 모두 열세 명이 화형을 당했고, 두 명은 감옥에서 죽었으며, 나머지 일곱은 하나님의 섭리로 목숨을 건졌다. 이들은 1558년 6월 16일에 뉴게이트로 이송되어 27일에 처형되었다. 그 이름을 열거하면 폰드, 이스틀랜드, 사우세인, 리카르비, 플로이드, 홀리데이, 로저 홀런드 등이다.

런던에서 양복점을 운영하던 로저 홀런드는 맨 처음 워틀링 가의 블랙보이에서 캠션 밑에서 도제로 일했는데, 춤과 펜싱, 게임과 파티에 탐닉하고 바람둥이들과 어울려 다녔다. 주인을 대신하여 30파운드의 거액을 받았다가 노름으로 모두 탕진한 뒤에 바다 건너 프랑스나 플랑드르로 도망갈 계획을 세웠다.

그리하여 어느 날 아침 일찍 일어나서 그 집에서 일하는 신중한 하녀인 엘리자베스를 찾아갔다. 엘리자베스는 신앙을 고백하고 부끄럽지 않은 삶을 사는 인물이었다. 홀런드는 그녀에게 자신이 저지른 어리석은 짓을 털어놓았다. 그녀의 충고를 듣지 않은 것을 후회하면서 그녀에게 자기가 쓴 메모를 주인에게 전해 달라고 부탁했는데, 내용인즉 자기가 큰 빚을 졌으므로 장차 능력이 되면 갚겠다는 것이었다. 아울러 그의 부끄러운 행위를 비밀로 간직하여 연로한 아버지가 슬픔에 빠져 일찍 돌아가시는 일이 없게 해달라고 간청했다.

엘리자베스는 그가 파멸에 빠질까 봐 염려하여 기독교 정신을 발휘하여 보기 드문 관대함을 베풀었다. 최근에 받은 유산에서 30파운드를 떼어내어 그에게 준 것이다. "여기에 필요한 돈이 있소. 당신은 이 돈을 가져가고 나는 각서를 보관하겠소. 하지만 분명한 조건이 있소. 이제부터 무분별하게 맹세하거나 말하지도 말고 게임도 하지 마시오. 만일 당신이 또 그런 짓을 하는 것을 알게 되면 즉시 이 각서를 당신 주인에게 보여줄 것이오. 아울러 올핼로즈에서 매일 개최되는 강의에 참석하고 일요일마다 세인트폴 교회에서 설교를 듣겠다고 약속하시오. 그리고 당신이 갖고 있는 로마 가톨릭 서적을 모두 버리고 성서와 예배서로 대치하며, 경외심과 두려운 마음으로 성서를 읽으면서 하나님께서 당신을 그분의 진리 가운데로 인도해주시도록 간구하시오. 또한 하나님께 당신의 예전 허물을 용서해주시고 다시는 젊은 날의 죄가 기억나지 않게 해달라고 간절히 기도하시오. 그러면 하나님께서 당신을 보호하시고 마음의 소원을 이루어주실 것이오."

하나님은 엘리자베스의 소원을 그냥 흘려버리지 않으셨다. 불과 여섯 달도 안 되어 방탕했던 로저 홀런드가 복음을 믿는 열성적인 신자가 되었고, 랭커셔를 방문하여 아버지를 비롯한 여러 사람을 회심시키는 도구가 되었다.

로저의 아버지는 아들이 개관천선한 것이 기뻐 런던에서 사업을 시작하도록 40파운드를 주었다.

그 후에 로저는 다시 런던으로 돌아와 예전에 주인에게 돌려줄 돈을 빌려주었던 엘리자베스를 찾아가 이렇게 말했다. "엘리자베스, 당신에게 빌린 돈이 여기 있소. 내가 당신에게 받은 우정과 선의와 좋은 충고를 생각해보니 당신을 아내로 삼는 것 말고는 달리 보상할 길이 없소." 그 후에 그들은 곧 결혼했는데 때는 메리 여왕이 즉위한 첫 해였다.

이후 그는 줄곧 신자의 공동체에 소속해 있다가 메리 1세 통치 말년에 앞서 언급한 여섯 사람과 함께 체포되었다.

로저 홀런드가 처형된 뒤에는, 하나님의 은혜로, 복음을 증언한다는 이유로 스미스필드에서 순교한 사람이 더 이상 없었다.

아그네스 프레스트

프레스트 부인은 한동안 콘월 근처에 살았는데 남편과 자녀들의 편협한 신앙 때문에 로마 교회의 혐오스러운 관행을 자주 접하게 되었다. 그러다가 양심에 따라 행동하기로 결심하고 그런 행습을 그만두고 베 짜는 일로 생계를 유지했다. 시간이 조금 흐른 뒤에 이웃이 그녀를 고발하는 바람에 엑서터로 끌려가서 제임스 터버빌 주교와 종교법 고문인 블랙스톤에게 심문을 받게 되었다. 아그네스 프레스트는 당시에 지적으로 열등한 인물로 간주되었던 만큼, 이제 프레스트 부인과 엑서터의 주교 제임스 터버빌을 비교할 테니 둘 중 누가 영생에 이르는 지식을 갖고 있는지 판단해보길 바란다. 주교가 빵과 포도주가 곧 그리스도의 살과 피인지 여부에 관한 논제를 들고 나오자 프레스트 부인은 이렇게 말했다. "나는 당신에게 과연 당신의 신조를 부인할 수 있는지 여부를 물어보겠소. 그 신조에 따르면 그리스도는 몸과 영혼이 모두 아버지 하나님의 오른편에 영원히 앉아 있다고 하오. 달리 말하면, 그는 우리의 대변인으로 하늘에 계시면서 우리를 위해 아버지 하나님께 기도하신다는 뜻이오. 만일 그렇다면, 그는 땅 위에 있는 이 빵 조각 안에 계시지 않은 것이오. 만일 그가 여기에 계시지 않다면, 그리고 만일 그가 손으로 만든 성전이 아니라 하늘에 계시다면, 왜 우리는 그를 여기에서 찾아야 하는 것이오? 만일 그가 단번의 제사로 모두를 온전하게 했다면, 왜 당신은 거짓 제사로 모두를 불완전하게 하는 것이오? 만일 그를 영과 진리 안에서 예배하게 되어 있다면, 왜 당신은 빵 조각을 예배하는 것이오? 나는 가난한 여인이고, 당신이 행하라는 대로 하기보다는 차라리 죽음을 택하겠소. 나는 이제 할 말을 다했소이다."

그 자리에 있던 몇몇 사람이 주교에게 그녀가 제정신이 아니니 보내주자고 설득해 프레스트 부인은 그 자리를 떠날 수 있었다. 주교 감옥의 간수가 그녀를 자기 집으로 데려갔고, 그녀는 베를 짤 때도 종으로 일할 때도 도시를 거닐 때도 제단의 성찬에 관해 얘기했다. 남편이 그녀를 데리러 왔으나 거절하고 종교 활동을 지속했다. 주교가 허락한 자유시간에 세인트피터 교회에 들어가 보니 한 화란인 기술자가 에드워드 6세 시절에 손상된 성상에 새로운 코를 붙여주고 있었다. 그를 향해 프레스트 부인은 "결국 머리를 잃게 될 성상들에게 새로운 코를 만들어주다니 당신은 미친 사람이오"라고 말했다. 이에 그 화란인은 그녀를 심하게 비난했다. 그러자 그녀는 "당신은 저주받은 자이고 당신의 성상들도 마찬가지요"라고 대꾸했다. 이에 분노한 화란인은 그녀를 매춘부라고 불렀다. 이에 그녀는 "아니오, 당신의 성상들이 매춘부이고 당신이 포주요. 하나님께서 '너희는 너희 손으로 만든 형상, 곧 낯선 신들을 숭배하고 있다'고 말하지 않으셨소? 이 일이 있은 후에 프레스트 부인은 감금되어 더 이상 자유를 누리지 못하게 되었다.

프레스트 부인은 감금되어 있는 동안 많은 사람의 방문을 받았는데, 일부는 주교가 보낸 자들이고 일부는 자발적으로 찾아온 이들이었다. 그 가운데 대니얼이라는 사람은 에드워드 6세 왕 시절에는 위대한 복음 전도자였는데 훗날 심한 박해를 견디다 못해 변절한 인물이었다. 그래서 프레스트 부인은 그에게 베드로처럼 회개하고 좀 더 한결같은 신앙을 유지하라고 권면했다.

당시에 존경받던 인물인 월터 롤리의 아내와, 윌리엄, 존 케이디 등은 그녀와 나눈 경건한 대화에 대해 여러 차례 증언하면서, 만일 하나님이 그녀와 함께하지 않았더라면 그처럼 훌륭하게 그리스도를 변호할 수 없었을 것이라고 말했다. 이 가난한 여성의 성품을 요약하자면, 최고의 지혜와 최대의 소박함을 겸비한 뱀과 비둘기의 합체였다고 할 수 있겠다. 그녀는 감옥생활을 견뎌냈다. 위협과 조롱과 지독한 모멸, 그 어떤 것도 그녀를 바른 길에서 벗어나게 할 수 없었다. 마음이 확고부동했던 만큼 온갖 박해를 당해도 소망의 반석 위에 굳게 서서 결코 흔들리지 않았다.

프레스트 부인은 정식 교육을 받지 않았는데도 성경의 어느 본문이 어떤 장에 있는지를 말할 수 있을 정도로 기억력이 비상했다. 이런 그녀를 고참 사제인 그레고리 바셋은 정신착란에 빠져서 아무런 뜻도 모른 채 앵무새처럼 말한다고 지적했다. 모든 수단을 동원해도 가톨릭교도로 만들 수 없게 되자 마침내 그녀에게 사형을 선고했다.

화형에 처한다는 선고가 낭독되자, 그녀는 목소리를 높여서 "바로 이날 나는 오랫동안 찾던 것을 발견했습니다" 하고 하나님을 찬양했다. 그들이 돌이키라고 유혹하자 프레스트 부인은 대답했다. "그렇게 하지 않겠소. 어떻게 이 덧없는 육신의 생명을 위해 영원한 생명을 잃을 수 있겠소? 나는 결코 천상의 남편으로부터 지상의 남편에게로, 천사들과의 교제로부터 죽을 자녀들에게로 전향하지 않을 것이오. 내 남편과 자녀들이 신실하다면 나는 그들의 것이요. 하나님은 나의 아버지요, 하나님은 나의 어머니요, 하나님은 나의 자매요, 나의 형제요, 나의 혈족이며, 하나님은 가장 신실한 나의 친구요."

프레스트 부인은 먼저 행정관에게 넘겨졌고 한 관리의 안내를 받아 소덴헤이라고 불리는 엑서터 성벽 밖에 있는 처형장으로 끌려갔다. 화형대에 묶이는 동안 계속해서 "하나님이여, 나 같은 죄인에게 자비를 베푸소서!" 하고 진지하게 소리쳤다. 자기를 삼키는 불 속에서 참고 견디다가 결국 한 줌의 재가 되어 생을 마쳤는데 그리스도에 대한 흔들리지 않는 믿음은 이전의 어떤 순교자보다 뛰어났다.

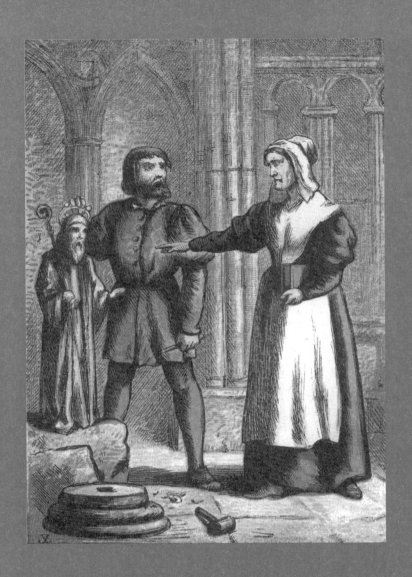

성상을 수리하는 석공을 꾸짖는 프레스트 부인

리처드 샤프와 토머스 헤일

브리스틀에서 베 짜는 직업을 갖고 있던 리처드 샤프는 1556년 3월 9일에 브리스틀 지방의 종교법 고문 달비 박사 앞에 불려왔고, 제단의 성찬에 관한 심문을 받은 뒤에 설득에 넘어가서 입장을 번복하기로 했다. 그래서 29일에 교구 교회에서 공개적으로 입장을 철회하라는 명을 받았다. 그러나 배교를 공언하기 직전에 강한 양심의 가책을 느껴 도무지 일에 집중할 수 없었다. 그래서 그다음 일요일에 템플이라는 교구 교회에 들어가서 미사를 마친 후에 성가대석 앞에 서서 큰 목소리로 이렇게 외쳤다. "이웃들이여, 제단 위에 있는 우상은 역사상 가장 혐오스러운 것임을 증언하오. 내가 나의 주 하나님을 부인한 적이 있다면 참으로 유감스럽소!" 경관들은 그를 체포하라는 지시를 받았지만 그가 교회 밖으로 나가도록 내버려두었다. 하지만 그날 밤에 체포되어 뉴게이트로 끌려갔다. 그 후 고문자 앞에서 제단의 성찬이 그리스도의 몸과 피라는 것을 부인해, 달비에게 화형 선고를 받았다. 그리하여 1558년 5월 7일, 프로테스탄트의 신조를 고백하면서 죽을 때에도 경건하고 인내심 많고 한결같은 모습을 보여주었다. 그와 함께 고난을 받은 인물은 종교법 고문 달비에게 사형 선고를 받은 브리스틀의 구두수선공 토머스 헤일이었다. 두 사람은 서로 등을 맞대고 묶였다.

존 페티와 그의 아들

무자비하고 무정한 에드먼드 보너가 저지른 수많은 만행 중에서도 이 죄 없는 아이를 죽인 것은 가장 끔찍한 짓으로 꼽힐 것이다. 그의 아버지 존 페티는 클러큰웰 교구 소속의 재봉사로서 불과 스물네 살에 영원한 소망을 확고히 품게 되었고, 지옥의 문이 이기지 못할 하나님의 교회를 세우시는 그분을 의지하게 되었다. 그런데 사랑하는 아내가 진리를 외면하고 거짓 교리를 가르치는 교사들의 영향을 받아 그를 고발했다.

클러큰웰 교구의 성직자요 교황파였던 브로켄베리는 그의 아내 델릴라의 고발을 받아 존 페티를 체포했다.

담당 판사는 심문을 통해 그동안 그들이 온갖 잔인한 행위로 유지해왔던 미신적인 교리와 반대되는 견해를 갖고 있음을 확인하고 그를 롤라드 타워에 감금하고 고문하라고 선고했다. 그리하여 그는 고통스런 차꼬에 채워진 채 물 한 접시밖에 먹지 못했는데, 이는 그에게 다른 음식이 제공되지 않을 것이라는 표시였다.

고난을 당한 지 세 번째 주가 되는 첫 날에 그의 눈앞에 누군가 나타났는데 이로 말미암아 그는 이루 말할 수 없는 고통을 느끼게 되었다. 그는 다름 아니라 여덟 살에 불과한 그의 아들이었다. 지난 15일 동안 이 불행한 아버지는 오른팔이나 왼쪽 다리 때로는 양쪽 모두가 천정에 매달리기 일쑤였고, 견딜 만큼만 쉬게 하고 또 고통을 느끼게 하려고 자세를 바꿔가며 고문하는 악랄한 손에 시달려왔다. 이 온순하고 죄 없는 아이는 오로지 아버지를 보고 싶은 마음에서 에드먼드 보너에게 면회를 신청했다. 보너 주교의 부제가 이 가난한 아이에게 의도를 묻자 그냥 아버지가 보고 싶어서라고 대답했다. "네 아버지가 누구냐?" 하고 성직자가 물었다. 아이는 "존 페티"라고 대답하며 아버지가 갇혀 있는 곳을 가리켰다. 이 말을 들은 부제는 "네 아버지는 이단이야!" 하고 말했다. 그러자 이 작은 투사는 "당신이 발람의 표시를 갖고 있는 걸 보니 내 아버지는 이단이 아니에요"라고 대꾸했다. 파렴치하고 무정한 보너의 수하를 제외한 모든 사람의 마음을 감동시키기에 충분한 명답이었다.

아이의 명답으로 체면을 구긴 사제는 끓어오르는 분노를 숨긴 채 그 용감한 소년을 감옥 안으로 끌어들여서 자기와 똑같이 잔인하고 비열한 동료들에게 넘겼다. 그들은 아이를 발가벗긴 뒤에 너무도 난폭하게 괴롭혔다. 유약한 몸에 심한 채찍질을 하는 바람에 아이는 졸도했고, 온몸이 피투성이가 되었으며, 부당한 처벌을 받아 거의 죽을 지경에 이르렀다.

소년은 피범벅이 된 무력한 상태로 셔츠만 걸친 채 그 끔찍한 짓에 동참한 악한의 손에 이끌려 아버지에게 갔고, 그 모습을 본 아버지는 가슴이 찢어지는 것 같았다. 이 악한은 그를 조롱했고 또 자기가 한 짓에 대해 크게 기뻐했다. 아버지를 보는 순간 약간의 힘을 회복한 듯 아이는 무릎을 꿇고 아버지를 축복했다.

"아아, 윌!" 고통스런 아버지는 너무 놀라서 떨리는 목소리로 "누가 너에게 이런 짓을 했니?"라고 물었다. 아이는 이런 야비한 만행이 가해지기까지 있었던 일을 이야기했다. 그런데 아이가 부제를 비난하는 말을 되풀이하자 그들은 울고 있는 아버지에게서 아이를 떼어내어 다시 감옥으로 데리고 갔고, 거기에서 아이는 엄중한 감시를 받았다.

에드먼드 보너는 잔인한 경찰견 같은 자기 수하가 저지른 그 만행을 정당화할 도리가 없는 것을 우려해 음흉한 마음으로 곰곰이 생각한 끝에 영원한 진리의 영광스러운 대의를 위해 온갖 고난을 견뎌온 존 페티를 한동안이나마 석방하기로 결정했다. 소심한 보너의 영혼이 뒤따를 결과를 두려워하며 벌벌 떨었던 것이다. 소심한 마음은 본래 두려움을 잘 느끼는 법이다. 그동안 비겁하게 제멋대로 행했던 이 사제는 그 소행으로 인해 초래될 결과를 의식한 나머지 전혀 생소한 가면을 쓰게 되었으니, 그 가면의 이름은 바로 '자비'였다.

아버지는 폭군 보너에게서 풀려나 무거운 마음으로 집에 돌아왔으나, 아들은 잔인한 만행의 후유증에 시달리다가 며칠 후에 숨지고 말았다.

이제 메리 1세의 통치 기간에 개신교 신앙을 위해 죽은 마지막 순교자 다섯 사람, 위샘의 존 콘퍼드, 메이드스톤의 크리스토퍼 브라운, 에슈퍼드의 존 허스트, 앨리스 스노스, 연로한 여성

캐서린 나이트에 대해 기록해야겠다. 당시에 메리 여왕이 병에 걸려 어떻게 될지 모르는 상황이었으므로 이들의 순교는 충분히 연기될 수도 있었는데, 교황파들은 서둘러 그들을 죽일 정도로 악랄했다. 소문에 의하면, 캔터베리의 부주교는 여왕의 갑작스런 죽음으로 처형이 일시 정지될지도 모른다고 판단한 나머지, 교황파의 제물 명단에 페이지를 덧붙일 의도로 재빨리 런던을 떠나 여행길에 올랐다고 한다.

그들의 죄목도 성찬용 빵과 포도주 문제와 성상에게 절하는 우상숭배 문제와 관련되어 있었다. 그들은 "우상을 경계하라!"는 요한의 말을 인용했다. 그리고 성찬에서 실제 임재에 관해서는, 바울에 따르면 "보이는 것은 잠깐이라"고 주장했다. 그들에 대한 선고가 낭독되어 정식으로 파문이 발표되려는 순간에, 성령의 조명을 받은 존 콘퍼드는 엄숙한 태도로 그들의 파문에 대해 맞고소했다.

전능하신 하나님의 아들, 우리 주 예수 그리스도의 이름으로, 그분의 성령의 능력과 그분의 보편적이고 사도적인 거룩한 교회의 권위에 힘입어, 우리는 여기에서 거짓 교회나 이방 종교를 지키기 위해 그분의 거룩한 말씀에 조금이라도 어긋나는 주장을 하거나 그분의 거룩한 진리를 이단사설로 정죄하는 저 모든 신성모독자와 이단의 집단이 파멸하도록 사탄의 손에 그들을 넘기노니, 이는 전능하신 하나님의 대적들에 대한 당신의 의로운 심판으로 당신의 참 종교가 널리 알려져서 당신의 큰 영광이 드러나고 우리는 위로를 받고 모든 국민이 교훈을 얻게 하려 함이라. 선한 주님이여, 이렇게 되게 하소서. 아멘.

이 문장은 공개적으로 선포되고 또 기록되었으며, 하나님께서 이것이 헛되이 돌아가지 않게 하시려는 듯이, 엿새 뒤에 모든 선량한 사람의 혐오와 하나님의 저주를 받은 메리 여왕이 죽었다. 하나님이 주신 상급이 아닌가 싶다.

이 다섯 순교자는 화형대에서 그들이 최후의 희생자가 되게 해달라고 간절히 기도했으며, 이 기도는 결코 헛되지 않았다. 그들은 영광스럽게 죽었고, 하나님께서 이 무시무시한 통치 기간에 진리를 증언하도록 선택했던 사람들의 수를 채웠으며, 그들의 이름은 생명책에 기록되었다. 성도들 가운데 최후의 순교자가 된 그들은 어린 양의 구속의 피로 영원한 생명을 얻었다!

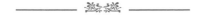

누구든지 자기 목숨을 구원하고자 하면 잃을 것이요,
누구든지 나의 복음을 위하여 자기 목숨을 잃으면 구원하리라(막 8:35).

마침내 메리 여왕의 피의 통치가 끝나자 영국에 살던 프로테스
탄트들은 크게 기뻐했다. 하지만 슬프게도 고난 받는 성도들의
이야기는 여기에서 끝나지 않는다. 역사 기록에 따르면, 순교는
후대에도 계속 이어져서 예수 그리스도의 교회의 영원한 표징이
되었다.

폭스가 위대한 저서를 완성한 이후에 그리스도의 복음을 위해
자기 목숨을 내어놓은 신자들의 수를 집계하는 일은 이만저만 어
려운 작업이 아니었다. 적게는 1년에 1만 명, 많게는 1년에 20만
명이 순교한 것으로 알려져 있다. 이런 차이는 누가 집계하는지,
'그리스도인'과 '순교자' 같은 용어를 어떻게 정의하는지에 따라
생긴 것이다. 그럼에도 그 합계는 참으로 어마어마하다.

범세계적인 박해의 실상을 자세하게 문서로 남기는 공신력 있는 기독교 기관은 꽤 많은 편이다. 현재는 공산주의 시대에 러시아와 동유럽 지역에서 강제노동수용소, 정신병원, 총살대 등에서 죽은 수백만 명 가운데 일부 순교자의 기록이 남아 있다. 수단을 비롯한 아프리카 국가에서 그리스도인에게 행한 잔학 행위는 미디어를 통해서도 보도되고 있다. 중국 그리스도인들은 아직도 남몰래 모이고 있고 발각되면 체포될 위험에 처해 있다. 이란, 이집트, 사우디아라비아 등 무슬림이 통치하는 중동 국가들은 기독교 활동을 심하게 제한하고 있다. 인도나 네팔에서는 성난 힌두교도들이 기독교인을 무참히 살해하고 있다. 또 버려진 땅에서 세상은 모르는 가운데 햇볕에 말라가는 뼈들, 오직 하나님만 아시는 중에 쓸쓸하게 죽어가는 사람들도 있다.

　장래에 순교할 사람들도 있을 터인데, 그들을 처형하는 자들은 과연 무슨 명분으로(정부의 이름으로, 종교의 이름으로, 혹은 다른 어떤 실체의 이름으로) 그런 짓을 할 것인가? 오직 하나님만 아실 따름이다. 아울러 그분은 순교자의 수도 알고 계신다. 그리고 최후의 순교자가 예수 그리스도를 증언하다가 자기 목숨을 내어놓을 때가 되면, 위대한 구세주의 사랑스런 품 안에서 영원한 안식을 얻는 상급이 주어지리라.

　다섯 째 인을 떼실 때에 내가 보니 하나님의 말씀과 그들이 가진 증거로 말미암아 죽임을 당한 영혼들이 제단 아래에 있어 큰 소리로 불러 이르되 거룩하고 참되신 대주재여 땅에 거하는 자들을 심판하여 우리 피를 갚아 주지 아니하시기를 어느 때까지 하시려 하나이까 하니 각각 그들에게 흰 두루마기를 주시며 이르시되 아직 잠시 동안 쉬되 그들의 동무 종들과 형제들도 자기처럼 죽임을 당하여 그 수가 차기까지 하라 하시더라(계 6:9-11).

주

1. 헤게시푸스는 AD 150년경 초기 기독교 역사를 연대순으로 기록한 인물이다.
2. 로마 신화에서 토지의 경계를 주관하는 신 테르미누스를 기념하는 축제.
3. 아리우스파는 기독교 안에서 발생한 최초의 이단으로 알려져 있다. 아리우스파는 예수 그리스도를 성부 하나님과 분리된 신으로 주장함으로써 삼위일체 교리를 부정한다.
4. 개혁파 프로테스탄트를 일컬을 때 사용하는 다른 용어다.
5. 갤리선은 남자 1,000명이 노를 저어 운행하는 큰 배다.
6. 발바닥을 때리는 형벌을 가리킨다.
7. 뇌물을 주고 교회의 직분을 사는 관행을 말한다.
8. 위클리프를 따르는 자들을 롤라드파라고 불렀다.
9. 현 체코를 둘러싼 영토.
10. 루터는 말년에 이르러 심하게 반反유대주의 색채를 띠었고, 이 책의 출판사들은 마지막 몇 년 동안 유대 민족을 바라보는 루터의 견해와 거리를 두고 싶어 했다. 페리와 페덴과 폰 라우에가 지적하듯이 "처음에 루터는 유대인을 자신의 개혁주의 기독교로 끌어들이고 싶어 했다. 젊은 루터는 《예수는 유대인으로 태어났다 *That Jesus Was Born a Jew*》라는 책에서 유대인

이 당한 핍박과 고난에 동정심을 드러내면서 박해가 회심의 걸림돌이라고 박해자들을 비난했다. "우리가 유대인을 친절하게 대하고 성경을 토대로 그들을 신중하게 가르쳐 그들 중 다수가 진정한 그리스도인이 되기를 나는 바라오. … 우리[그리스도인]는 거류 외국인이요 인척이지만, 그들은 우리 주님의 혈족이자 사촌이며 형제들이오." 이 점에 기초하여 루터는 이렇게 말을 이었다. "만일 혈과 육을 자랑하는 것이 합당하다면, 유대인이 우리보다 더 그리스도에게 속해 있소. 그러므로 나의 사랑하는 교황파들이여, 당신네가 나를 이단으로 매도하는 일이 싫증나면 제발 나를 유대인으로 욕하시오." 과거에 로마가 '그리스도의 이름으로' 유대인을 심하게 박해했기 때문에 대다수의 유대인은 기독교로 개종하지 않았다. 게다가 로마가 유대인에 관한 거짓 가르침을 많이 유포했기에 루터는 로마인들에게 이렇듯 통렬한 비난을 퍼부었다. 또 하나 염두에 둘 것은 루터가 극심한 반유대주의 시대에 반유대주의가 유독 심한 지역에서 살았다는 점이다. 그러므로 출판사들은 루터가 말년에 내놓은 견해에는 전혀 동의하지 않지만, 그 전에 루터가 그리스도를 위하여 이룬 놀라운 공헌들을 잊어서는 안 된다고 생각한다.

11. 공동 감옥.

작품 해설

편견과 증오를 넘어, 화해를 위한 독서

《순교자 열전》 약사

1517년 잉글랜드 링컨셔에서 태어나 1587년 4월 18일 사망할 때까지 존 폭스의 생애는 잉글랜드 종교와 정치의 변혁기를 관통한다. 그는 가톨릭 신봉자 메리 1세 통치기에 박해를 피해 가족과 함께 독일로 피신한다. 그곳에서 폭스는 프로테스탄트들과 계속 교제했으며, 그가 쓴 순교의 역사는 1554년 스트라스부르에서 《교회의 임무에 대한 해설*Commentarii rerum in ecclesia gestarum*》이라는 제목으로 웬들린 리엘에 의해 라틴어로 출판된다. 주후 1500년 이전에 발생한 사건들에 중점을 둔 이 책에는 존 위클리프, 롤라드파, 얀 후스를 비롯하여 폭스가 종교개혁의 선구자로 여기는 인물들의 이야기가 주를 이룬다. 이후 폭스는 프랑크푸르트로 거처를 옮겨 존 녹스와 교제했고, 바젤로 내려가 망명 동지인 로런스 험프리, 존 베일과 함께 지내며 프로테스탄트 종교개혁 계획을 이어간다. 바젤에서 폭스는 그린달로부터 잉글랜드에서 자행되는 로마 가톨릭의 박해에 관한 자료를 계속 수집한다.

폭스는 1558년 메리 여왕이 사망하고 프로테스탄트 지지자 엘리자베스 1세가 즉위한 지 1년 만인 1559년에 잉글랜드로 돌아온다. 그해 프로테스탄트 인쇄업자 오프리우스와 니콜라우스 브릴링거는 《교회의 임무에 대한 해설》의 라틴어 확장판을 출판한다. 이 책은 폴리오 판형 740쪽짜리 책으로 존 위클리프부터 토머스 크랜머의 이야기까지 단어 수만 약 55,000개에 달한다.

폭스는 잉글랜드에 돌아온 해부터 사망하기 전까지 프로테스탄트 도서 출판의 사명을 지닌 존 데이와 함께한다. 그리고 1563년 3월 20일, 마침내 존 데이가 운영하는 올더스게이트 인쇄소를 통해 《교회 문제와 관련된 근래의 위태로운 날들의 행적과 공적

Acts and Monuments of These Latter and Perilous Days, touching matters of the Church》(이하 《행적과 공적》)이라는 제목의 영어판을 출판한다. 큰 폴리오 판형으로 출간된 《행적과 공적》은 무려 1,800쪽에 이르고 약 1,880,000개 단어로 구성되었다. 존 데이는 이 영문 초판에 순교 기록의 정점을 이루는 처형 장면을 100편 이상의 목판으로 제작하여 150편 이상의 삽화로 삽입했다. 책에 삽입된 목판화는 순교자들의 영웅적인 모습과 정의롭지 못한 사형 집행관들이 거만

하게 말을 타고 있는 모습이 대조를 이루고 있다. 깃발 안에는 순교자들의 최후 발언인 "아버지, 내 영혼을 받으소서"라는 문구가 쓰여 있다. 목판화는 극한의 폭력적 상황에서 순교자들이 얼마나 신실하게 신앙을 지켰는지 독자들에게 생생히 보여줌으로써 프로테스탄트의 승리와 함께 순교자들이 당한 고통을 상징적으로 드러낸다. 라틴어판에 많이 의존하고 있는 《행적과 공적》 영문 초판은 대략 주후 1000년, 특별히 존 위클리프의 행적을 강조하는 것으로 시작하여 엘리자베스가 공주 시절에 언니 메리 1세에 의하여 런던탑에 수감되는 내용을 마지막에 배치했다. 폭스는 이를 통해 엘리자베스 1세가 기적적으로 생존하고 여왕으로 즉위한 것이 하나님의 섭리임을 강조함으로써 잉글랜드에서 프로테스탄트가 승리했음을 입증하고자 했다.

1570년에 폭스와 데이는 《행적과 공적》의 두 번째 편집본을 출판하는데, 그 규모가 1563년 초판의 2배인 약 3,500,000 단어에 이른다. 폭스는 두 번째 판에서 상당 부분의 내용을 보태거나 삭제하고 고쳐 썼는데, 이는 로마 가톨릭 신봉자인 니컬러스 하프스필드가 프로테스탄트 역사가를 비판한 데 대응한 것이다. 폭스는 제2판 《행적과 공적》의 내용을 초기 기독교까지 확대하여 로마 박해 이후 교회 권력과 세속 권력의 야합으로 인한 그리스도인들의 순교를 기술한다. 이는 중세 후기 이후 로마 가톨릭은 '참' 교회가 아니라는 확신을 표현한 것이기도 하다. 이를 증명하기 위해 폭스는 제2판에 순교자들의 편지, 순교 이야기의 필사본, 증언 등 다양한 형태의 자료를 덧붙인다. 특히 교황에 대한 적대감을 계속 피력하는데, 이는 엘리자베스의 종교 정책에 도전하는 로마 가톨릭에 맞서는 민족주의적 반응이다. 교회에 성경과 함께 비치하여 사람들에게 읽게 한 것이 바로 이 1570년 판본이다. 이후 제2판은 1684년까지 출판되는 다섯 개의 완판 편집본의 모델이 된다.

1570년에 출간된 제2판은 일부 수정과 편집을 거쳐 1576년 6월 27일에 다시 출판되는데, 존 데이의 아들 리처드가 출판을 감독했다. 그리고 7년 뒤인 1583년 10월《행적과 공적》제4판이 두 권의 폴리오 판으로 출판되는데, 두 단으로 구성된 2,000쪽 분량으로 약 3,800,000 단어에 달한다. 제4판이 출판된 이듬해인 1584년 7월에 폭스의 신실한 동료 존 데이가 사망한다. 그리고 3년 뒤인 1587년 4월 18일 존 폭스가 사망하자 그의 아들 새무얼과 플레밍이 폭스의 뒤를 이어 순교자 열전의 출판을 도왔다. 폭스와 데이가 죽은 뒤에도《행적과 공적》은 완본으로 1610년 제5판과 1632년 제6판이 출판되었으며, 1641년 제7판은 총 세 권으로 재구성되었고, 1620년대 사건까지 포함된 108쪽 분량의 외국인 순교자들의 역사가 첨가되었다. 그리고 1684년 스테이셔너스 사社에서 폭스와 데이가 출간한 원판 형식을 따른《행적과 공적》완판이 마지막으로 출판되었다.

1732년에는 존 하트와 존 루이스가 대부분 메리 1세 통치기에 박해받은 순교자들의 이야기를 900,000 단어로 구성한 연대기 형태의 폴리오 판을 출판하는 등 1710년 이후 출판사들이 경쟁적으로《행적과 공적》을 축약판, 선별판 등 다양한 형태로 출판했다. 현재 존 폭스의《행적과 공적》의 디지털 판인 *The Unabridged Acts and Monuments Online or TAMO*(HRI Online Publications, Sheffield, 2011)은 http//www.johnfoxe.org에서 열람할 수 있다.

순교자 열전, 화해를 위한 독서

존 폭스의《행적과 공적》은 1563년에 존 데이가 영문으로 출판하자마자《순교자 열전*Book of Martyrs*》으로 알려졌다.《행적과 공적》에 실린 내용이 대부분 종교적 신념 때문에 죽음을 맞은 '참' 그리스도인 순교자들로 채워졌기 때문이다. 존 폭스는 순교자의 죽음을 고문, 조롱, 투옥, 화형, 겁탈, 몸을 쪼갬 등 폭력에 의한 잔혹한 죽음으로 '자극적'으로 묘사하며 가해자의 야만성을 고발한다.

발톱과 손톱은 빨갛게 달아오른 펜치로 뜯겨지고, 양 손은 단도 끝으로 구멍이 뚫렸다. 몸 한가운데가 끈으로 묶인 뒤에 양쪽에 병사가 배치된 상태로 길거리에 끌려 다녔다. 거리를 돌 때마다 오른편 병사는 살을 한 조각씩 베어내고 왼편 병사는 곤봉으로 치면서…

마침내 다리로 끌고 가서 난간에서 머리를 자르고 몸과 머리를 강
물에 던졌다.

이 때문에 순교를 생각할 때 흔히 떠올리는 것은 끔찍한 고문
과 처형 장면이다. 폭스는 특히 '가장 잔인한 행위를 중심'으로
순교자 열전의 일부를 채운다고 진술한다. 이런 폭력성과 야만
성 때문에 라이트하우스 트레일스 편집진은 '독자들이 감당하기
어려울지도' 모르는 고통스런 이야기가 이 책에 담겨 있다고 밝
힌다. 그렇다면 이렇게 고통스럽고 잔혹하며 인간의 야만성을
가득 담은 폭력적인 이야기를 기록하고 읽는 이유는 무엇일까?
순교자 열전을 읽는 것은 우리에게 어떤 의미가 있을까?

존 폭스는 《행적과 공적》 즉, 순교자 열전을 기록하는 이유가
"하나님의 교회 안에서 이루어진 그분의 놀라운 사역을 그분의
영광을 위해 드러낼 목적"으로 "현존하는 역사"를 다루어 독자들
로 하여금 "기독교 신앙을 함양"하게 하기 위함이라고 밝힌다.
끔찍한 박해를 신앙의 힘으로 인내하며 죽음을 맞은 그리스도인
의 모습을 통해 신앙을 고양시키는 것이 폭스가 이 책을 쓴 목적
이다. 이를 위해 폭스는 예수님의 열두 제자의 죽음부터 종교개
혁 시기에 이르기까지, 특히 피의 메리라 불리는 메리 1세 통치
기까지 '신실한', '참' 그리스도인의 고난과 고통을 자극적으로
묘사한다. 폭스에게 순교는 신앙의 '신실함'을 입증하는 행위다.

그러나 문제는 '누구'의 신앙이 신실한 참 신앙이냐는 데 있다. 박해받던 교회가 박해하는 교회가 된 상황에 대해서 폭스는 침묵한다. 폭스는 자신과 다른 신앙을 고백하는 자들의 죽음은 철저히 배제한다.

콘스탄티누스 대제가 313년에 기독교를 공인하고 기독교가 로마의 국교로 발전하기 전까지 기독교인은 로마 사회에서 철저한 소수자였다. 기독교인은 로마 신들에게 바치는 제의에 참여하지 않는 무신론자였고, 따라서 로마 '신들의 평화Pax Deorum'에 도전하는 무리이자 '로마의 평화Pax Romana'를 해치는 무리로 인식되어 박해를 받았다. 본서에서 폭스는 313년 이전까지 로마 사회의 소수자였던 기독교인들이 열 번의 박해를 받았다고 기록한다. 박해의 주요 원인은 폭스가 반복해서 지적하듯이 "나는 그리스도인입니다"라는 정체성 고백 때문이었다. 이때 박해를 가한 주체는 이방 황제와 지방 관료, 즉 로마의 지배층과 이에 동조한 로마 시민이 주를 이룬다. 폭스는 이 박해를 콘스탄티누스 대제가 종식시켰다고 기록한다. 따라서 폭스의 눈에 비친 콘스탄티누스 대제는 '위대한 기독교 신앙 옹호자'였고, 폭스는 이후 교회가 "1,000년이라는 세월 동안 정치적 박해를 받았다는 기록을 찾아볼 수 없다"고 장담한다. 문제는 1,000년 이후의 시대다.

이방 세력에게 박해받던 초기 그리스도인들이 이제 존 위클리프를 필두로 그리스도교, 즉 가톨릭 세력, 폭스의 표현에 따르면

'우상숭배자'에 의해 폭행과 고문을 당하고 죽음을 맞게 된 것이다. 폭스가 그토록 칭송한 정통 기독교 세력이 이제는 신실한 프로테스탄트 그리스도인을 박해하기 시작했다. '하나의 거룩하고 보편적인 사도' 교회가 이제 더 이상 하나의 교회로 존재할 수 없게 된 종교개혁 시기에 교회가 교회를 박해하기 시작했고, 그 과정에서 상호간의 폭력은 불가피했다. 신교와 구교는 각각의 순교자를 배출하게 되었다. 한쪽에서의 '순교자'는 다른 한쪽의 '이단자', '반역자'가 되었다. 폴 미들턴의 말을 빌리자면 이 시기는 '그리스도인들이 다른 그리스도인 순교자를 창출'한 시기였다. 좀 더 엄밀히 말하면, 초창기에는 순교 개념이 '하나님을 위하여 죽임을 당하는' 것인데 반해, 기독교가 국가 종교로 자리매김한 이후에는 국가 권력을 바탕으로 교회의 권위에 도전하는 이들과의 갈등과 투쟁 속에 발생한 죽음, 곧 교회 밖 사람들을 '죽이는' 행위 가운데 발생한 죽음까지 포함하게 되었다. 하지만 폭스는 다른 한편의 순교자에 대해서는 철저히 침묵한다. 그리고 독자들로 하여금 선-악, 참-거짓의 신앙, 양자 간에 한쪽을 선택하도록 유도한다. 이는 프로테스탄트들을 박해하며 "죽거나 가톨릭교도가 돼라"고 요구한 가톨릭 진영의 논리와 다르지 않다.

따라서 폭스가 《순교자 열전》을 기록한 의도와는 달리 독자들은 순교자들이 당한 폭력적 죽음을 통해 가해자에 대한 분노와 복수를 기대하기도 한다. 폭스는 본인이 특별히 칭송하는 콘스탄티누스 대제의 입을 통해 "박해자들에게는 반드시 복수"를 하겠다고 명시하고 있으며, 나아가 '악', '우상숭배자'로 묘사되는 가톨릭에 대해 발도파의 무장 투쟁과 프로테스탄트 진영 독일 군주들의 군대 개입 등을 '성전'으로 묘사하고 있다. 따라서 폭스의《순교자 열전》은 가해자가 된 가톨릭 세력에 대항하는 프로테스탄트 진영의 폭력 행위도 칭송 대상으로 삼는다. 이런 측면에서 폭스의 순교 개념에는 흑백 논리가 분명히 자리 잡고 있다고 할 수 있다. 프로테스탄트들은 '신실하고 참 그리스도인들'인 반면에 가톨릭 진영은 심판을 받아야 할 악의 세력 혹은 우상숭배자들이다. 따라서 폭스의 순교 개념에는 '프로테스탄트의 폭력 행위는 정당하다'는 논리가 내포되어 있는 셈이다. 이런 측면에서 폭스를 두고 '폭력적 당파주의자'라고 평가하는 것도 타당하다고 하겠다.

논쟁적이고 일방적인 폭스의 이런 흑백논리는 곧바로 로마 가톨릭 진영의 악의적 비판의 대상이 된다. 특히 니컬러스 합스필드와 파슨스는 폭스의《순교자 열전》은 신뢰할 수 없는 허구와 거짓으로 꾸며진 이야기라고 비난한다. 이에 폭스는《순교자 열전》을 전폭 수정하면서 자신이 기록한 이야기는 주교의 공문서와 기록 보관소에서 얻은 자료이며, 순교자들이 남긴 편지와 목격자들의 증언으로 확인한 사실이라고 주장한다. 이로써 종교개혁 시기 구교와 신교의 전쟁은 각 진영의 순교사가들의 치열한 출판 전쟁으로 이어진다. 순교 열전에 관한 책을 경쟁적으로 출간하는 치열한 상황에서 폭스는 독자들에게 선택의 자유를 허락하지 않는다. 균형 잡힌 시각은 설 자리를 잃는다. 이런 점에서 폭스의 《순교자 열전》의 가장 큰 약점은 단조로운 일방성이다. 폭스는 매 쪽마다 가해자가 가하는 야만적 폭력성과 순교자들이 당하는 극한 고통을 드러내어 독자를 자극하고 선동한다. 따라서 지금 폭스의 《순교자 열전》을 접하는 독자들에게 필요한 자세는 바로 균형이다. 폭스의 기록에서 야만적 폭력과 극한의 고통을 걷어내고, 극한 상황에서 그리스도를 본받아 의연하게 죽음을 받아들이는 신앙인의 태도를 배워야 한다. 첫 3세기 순교자들이 죽음을 받아들이고 가해자를 대하는 모습에서 우리는 신앙인의 자세가 어떠해야 하는지 분명히 배울 수 있다.[*]

신앙을 위해 그리스도를 본받아 죽음을 수용하는 행위가 순교라면, 신앙을 위한 살해, 즉 자신의 신앙을 수호하기 위해 상대를 물리적 폭력으로 살해하고 보복하다가 죽는 행위까지 순교로 보는 것은, 그리스도의 삶과 십자가에서의 죽음을 본받는 행위로서의 순교의 본래 의미가 명백히 변질된 것으로 볼 수 있다.

---

[*] 이하 첫 3세기 그리스도교 순교 담론에 관한 서술은 필자의 졸고 "한국교회 순교신학 정립을 위한 순교담론연구: 손양원의 사례를 중심으로", 《신학과 목회》 제40집(2013)의 일부를 각주를 제거하고 논의와 표현을 그대로 옮긴 것임을 밝힌다.

예수 그리스도는 하나님의 뜻에 따라 폭력적인 십자가 죽음 앞에서 어떠한 물리적 저항 없이 죽음을 수용하고 받아들였기 때문이다.

카루푸스, 파피루스, 리온의 순교자들 등 첫 3세기 순교자들에 관한 기록에 순교자들이 종말론적 우주 전쟁에서 '신실함과 인내'로 무장하여 그리스도의 궁극적인 승리에 참여하기를 기대하는 '하나님의 군사'로 묘사되기도 하지만, 콘스탄티누스 대제의 기독교 공인 이전까지만 해도 초기 그리스도교 공동체에서 올린 순교자 추서를 보면 순교자는 대적자를 향해 결코 물리적 폭력으로 저항하거나 대항하지 않은 것으로 묘사된다. 오히려 첫 3세기 그리스도인들은 폭력적인 박해를 '비상한 인내'로 '기쁨과 평화와 조화' 가운데서 자신에게 직면한 죽음을 받아들였다.

첫 3세기 그리스도인들은 예수 그리스도의 십자가 죽음을 그들이 본받아야 할 '순교의 원형'으로 삼았다. 즉 십자가 사건은 예수 그리스도의 '기이한 승리'로서 자신을 '모욕하고 처형하고 변절하고 혹은 저버린' 자들을 향해 보복이 아닌 용서를 선포함으로써 폭력을 봉인하고 중지시킨, '자발적 죽음 수용' 사건이기 때문이다. 따라서 초기 그리스도인들은 박해로 죽임을 당한 동료 신자들의 죽음을 예수 그리스도를 본받아 죽음으로 하나님의 뜻을 선포하고 성취한 순교로 해석했다.

순교 담론이 본질적으로 신앙을 증거하는 가운데 발생한 죽음과 그 죽음에 대한 사회적 혹은 문화적 기억을 바탕으로 그것을 순교로 부르려는, 살아 있는 자들의 지배 이데올로기와 목적, 의도에 따른 기념적 해석 행위라 할지라도, 최소한 콘스탄티누스 시대 이전의 순교 담론은 예수 그리스도의 복음의 선포와 신앙에 대한 증거로서 충실하게 기능한다고 볼 수 있다. 이런 측면에서 순교는 '어떤 행위를 위한 하나의 전략이 아니라, 〔인간이〕 할 수 있는 일이 아무것도 없을 때에 행하는 하나님의 신실하심에 대한 증거"라고 지적한 공공신학자 올리버 오도노반의 지적은 타당하다고 할 수 있다.

그렇다면 정확히 순교자들이 예수 그리스도에게서 본받고자 한 것은 무엇일까? 그리스어에서 '본받음'의 개념은 주인의 특별한 행위를 모방하는 것을 의미한다. R. E. O. 화이트에 따르면, 그리스도를 본받는 것은 도덕적 절대성에 가장 가까운 기독교 원리이며 '기독교 윤리의 핵심'이다. 따라서 '제자이자 본받는 자'로서 순교자가 그리스도로부터 모방하고자 한 것은 박해에 직면했을 때 그리스도가 행한 말과 행위들이다.

첫 세기 그리스도인들은 예수의 십자가 죽음을 타인을 위한 자기희생적 대속 죽음(마 20:28; 막 10:45; 롬 8:32; 고전 15:3; 딤전 2:6)으로, 하나님과 인간 사이에, 그리고 갈등 속에 있는 인간들 간의 화해의 성취(고후 5:11-21; 엡 2:14-16; 고전 12:24-26)로 해석하고 있다.

여기서 주목해야 할 것은 십자가에서 폭력적 죽음을 맞은 예수 그리스도의 죽음에 대한 이러한 해석이 콘스탄티누스 대제가 기독교를 공인한 313년 이전에 그리스도인 공동체들이 박해를 받던 때에 시작되고 완성되었다는 점이다. 그들은 폭력적 박해에 대해 지상에서의 '복수'가 아닌, 타자를 위한 (대속적) 죽음, 화해, 그리고 해방의 십자가 영성을 명백히 선포했다. 박해받는 그리스도인들이 대중적 증오와 잔혹한 박해를 극복하는 무기는 물리적 폭력을 상징하는 '검'이 아니라 예수 그리스도가 확실하게 보여준 '죽음의 수용'이었다. 그리스도 안에서의 죽음은 곧 영생이라는 초기 그리스도교 전통에서 삶과 죽음의 이런 역설은 예수 그리스도의 삶과 죽음에 대한 해석의 핵심이며, 이는 그리스도의 부활로 명백히 실현되고 선포되었다.

> 우리가 항상 예수의 죽음을 몸에 짊어짐은 예수의 생명이 또한 우리 몸에 나타나게 하려 함이라. 우리 살아 있는 자가 항상 예수를 위하여 죽음에 넘겨짐은 예수의 생명이 또한 우리 죽을 육체에 나타나게 하려 함이니라. 그런즉 사망은 우리 안에서 역사하고 생명은 너희 안에서 역사하느니라(고후 4:10-12).

초기 순교자들이란, 이런 삶과 죽음의 역설 가운데 철저히 예

수 그리스도를 본받아 자기를 희생하여 타자를 구하고 억압된 그들에게 해방을 선포하며, 나아가 이를 바탕으로 하나님과 인간 사이에, 갈등과 투쟁 속에 있는 인간들 사이에 화해를 성취하고자 한 자들을 가리키는 이름이었다.

모든 순교 기록에는 가해자와 피해자가 동시에 존재한다. 그러나 순교 이야기를 읽는 독자들은 가해자 혹은 대적자에 대한 증오와 보복을 꿈꾸는 것이 아니라 철저히 그리스도의 삶과 죽음을 본받아 기꺼운 마음으로 의연하고 평화롭고 기쁘게 죽음을 받아들인 순교자의 모습에서 화해를 꿈꿔야 한다. 비록 매 쪽마다 가해자의 야만성과 피해자가 겪는 잔혹한 고통과 죽음을 묘사했지만, 1583년판 《행적과 공적》에 명시하고 있듯 폭스 역시 이 책을 읽는 독자들이 순교자들을 본받아 일상에서 그리스도와 같은 삶을 살길 바랐다. 따라서 폭스의 《순교자 열전》을 읽는 작업은 피해자와 가해자가 다시 하나님이 창조하신 공동체를 이루어가기 위한 화해의 독서가 되어야 할 것이다.

본서 편집진이 지적한 대로 오늘에도, 그리고 장래에도 여전히 폭력적인 박해 아래 순교하는 신실한 그리스도인들이 있다. 그들의 이야기에 대한 기록과 독서는 반목과 갈등, 보복과 폭력의 재생산이 아니라 어떻게 그들과 신실하게 화해할 수 있는지에 대한 탐구가 되어야 할 것이다. 1978년 세계교회협의회 신앙과직제위원회의 인도 방갈로 보고서 《죽음에 이르는 증언*Witness* *unto Death*》에서 천명한 것과 같이, 진실로 "순교자들의 이야기는 우리로 하여금 신앙의 기본, 희망의 원천으로 돌아가 하나님과 이웃을 사랑하는 본보기로 삼도록 우리를 독려한다"는 사실을 기억하고, 존 폭스의 《순교자 열전》읽기가 편견과 증오를 넘어 균형과 개방을 통한 화해의 독서가 되기를 희망해본다.

최상도

영남신학대학교 역사신학 조교수

삽화 출처

20쪽: 1583년에 출간된 존 폭스의 책 표지 이미지

21쪽: 존 폭스. 1641년 초판에 실린 조지 글로버의 판화.

24쪽: 얀 라이컨

26쪽: 얀 라이컨

28쪽: 얀 라이컨

29쪽: 영문 축약판에 실린 요제프 마르틴 크론하임의 작품

31쪽: 얀 라이컨

33쪽: 얀 라이컨

40쪽: 얀 라이컨

43쪽: 얀 라이컨

48쪽: 얀 라이컨

51쪽: 얀 라이컨

53쪽: 얀 라이컨

61쪽: 얀 라이컨

69쪽: 슈테판 로흐너

76쪽: 얀 라이컨

287쪽: 존 폭스

292쪽: 존 폭스

299쪽: 존 폭스

301쪽: 존 폭스

309쪽: 존 폭스

310쪽: 존 폭스

311쪽: 요제프 마르틴 크론하임

318쪽: 존 폭스

321쪽: 존 폭스

326쪽: 존 폭스

335쪽: 존 폭스

338쪽: 존 폭스

346쪽: 요제프 마르틴 크론하임

*Foxe's
Book of Martyrs*

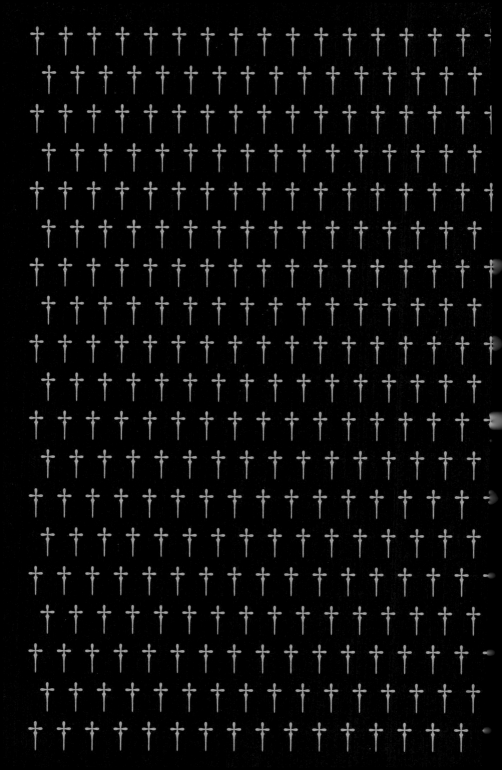